周易研究经典丛书

《周易音义》集成

［唐］陆德明 著 郭彧 整理

责任编辑：郑建军　董　巍
责任印刷：李未圻

图书在版编目（CIP）数据
《周易音义》集成 / (唐) 陆德明著；郭彧整理 -- 北京：华龄出版社，2019.1
ISBN 978-7-5169-1339-0

Ⅰ. ①周… Ⅱ. ①陆… ②郭… Ⅲ. ①《周易》—研究 Ⅳ. ①B221.5

中国版本图书馆CIP数据核字 (2018) 第 278929 号

书　　名：《周易音义》集成
作　　者：[唐] 陆德明 著　郭彧 整理

出 版 人：胡福君
出版发行：华龄出版社
地　　址：北京市东城区安定门外大街甲 57 号　**邮　编：**100011
电　　话：010-58122241　　**传　真：**010-58122264
网　　址：http://www.hualingpress.com

印　　刷：鸿博昊天科技有限公司
版　　次：2019 年 1 月第 1 版　2019 年 4 月第 1 次印刷
开　　本：710 × 1000　1/16　**印　张：**18.75
字　　数：226 千字
定　　价：58.00 元

目 录

一、敦煌石室唐寫本經典釋文周易音義殘卷整理稿

郭彧

整理所用符號體例：□ 原缺之字

（） 內為北宋《經典釋文》刻本之字

[] 內為殘卷別處所有相同之字

◎ 難以辨認之字

周易音義

唐國子博士兼太子中允增齊州刺史吳縣開國男陸德明撰

……

乾傳第一

䷀乾下乾上

乾……

䷁坤下坤上

坤……

䷂震下坎上

屯……

䷃坎下艮上

蒙……

☰乾下坎上

需……

☵坎下乾上

訟……

☵坎下坤上

師……

☷坤下坎上

比……

☰乾下巽上

小畜……

☱兑下乾上

履……

泰傳第二

☰乾下坤上

泰……

☷坤下乾上

否……

☲離下乾上

同人……

（以上為敦煌石室經典釋文周易音義殘卷所缺之十三卦，以下始為殘卷所有卦象及文字。）

☰乾下離上

大有包容豐富之象也乾宫歸魂卦遏於葛反止也徐又謁休命虚虬反

美也徐許求反大車□□□□□□□□□□（王肅剛除反蜀才作輿）不泥乃計反用亨許庚反通也眾家並香兩反京云獻也干寶云饗宴也姚云亨祀其彭步郎反夏作旁干［寶］云□□□（彭亨驕）滿皃也虞作尫姚□□□（云彭旁）上近附也下比毗志反至知可舍捨辯晢章舌反王廙作晣音徐李作哲□□□□（鄭作□读）如明星晢晢陸讀作逝虞作折□□□如字一音□□□易以豉反祐之音又不累劣偽反下同盡津忍反繫辞◎◎反

☷艮下坤上

謙卑退為義屈己下物也兌宫五世卦夏作嗛而上時掌反下注同虧盈馬作毀盈而福□□□富（京本作而富）（惡）盈烏路反注同而好呼報反□（裒）蒲□□□□□□□□□□□□□□□□□（蒲侯反鄭荀董蜀才作捊云取也字書作掊廣雅云掊減）□□（稱物）尺證反平施始□□◎□（豉反注同）大難乃旦反自牧牧養徐作目一音茂名者聲名聞之讀聲絶句名聞之為二句聞音問上承◎□反□（匪）解佳賣反撝毀皮反指撝也馬云離也鄭讀為宣下下上遐嫁下如字下同用侵王廙作寢征國或作征邑國者非□□（不與）□□（音預）所惡烏故反爭鬬爭

☷坤下震上

豫悦也备豫也馬王云豫樂也震宫一世卦剛應應對之應也不忒他得反鄭云差也京作貸清清□也鄭云猶常也奮方問反動殷於勤反馬云盛也説文云作樂之盛稱殷京作隱薦将電反又作［薦／豕］獸名或廌並非介于音界纖介也古文作砎鄭古八反謂磨也馬作扴云觸小石聲荀説音悦□（盱）香于反向云睢盱小人喜悦之皃馬王云盱大也鄭云□□□□□□□□□□□□□□（誇也説文云張目也字林火孤反）又火于

反子夏作紆京作汙姚作盱云日始出也引詩盱如日旦也睢香維反說文云仰目也字林云火佳反由由從也鄭用也馬稽豫疑也盍胡臘反簪徐側林反子夏云□（傳）也鄭云速也肅又祖感古文作貸京作撍馬作□（臧）荀作宗虞□□□□□□□□□□□□□（作戠叢合也蜀才本依京戠叢）義從鄭也冥覓經反馬云冥昧耽樂也王廙云深也又亡定反鄭□□□（讀為鳴）有渝羊朱反盡津忍反樂洛

☱☳震下兑上

隨◎◎（從也）震宮歸魂卦

而下遐嫁反注下同而說悦注同大亨貞本又作大亨利貞而令力呈反否之備鄙反以嚮許亮反肅作鄉入宴徐烏練反肅烏顯反官有蜀才作館乘夫符故舍音捨□□□（下文同）（以擅市戰反盡隨津忍反位正中也一本作中正拘句于反）用亨）許□□□□□□□□□□□□（庚反通也陸許兩反云祭也）之濵賔◎◎◎作◎◎

☶☴巽下艮上

蠱音古事也惑亂也左傳云於文皿蟲為蠱又女惑男風落山謂之蠱徐又姬祖反一音故巽宮歸魂卦先息薦反彖并注同斷丁亂反争鬭也治也直吏反注同說隨音悦創刱上初亮下制音治復扶又反以振舊音之慎育德肅作古毓考无咎馬云以考字絶句裕羊樹反馬云寛也不累劣偽反

☷☱兑下坤上

臨序卦云大也坤宮二世卦浸子鴆反而長丁丈反說悦下同敎思息吏反彊居良反注同媚密備反位當或作當位非也知智音

䷓坤下巽上

觀官喚反示也乹宫四世卦盥音管顒魚恭反足復扶又反灌官喚反忒他得反神道或有以神道童觀馬云童猶獨也鄭云稚也遠袁万反朝美直遥反所鑒古暫反下同闚苦規反或作窺狹户夾反女貞或有利字比毗志反最近附也德見賢遍反易以豉反夫觀至大觀肅音官觀天徐唯此一字作官音觀廣◎官音居觀主觀必盡夫觀盛以下並官喚反餘不出者悉音官

噬嗑傳第三

䷔震下離上

噬市制反齧也嗑胡臘反合也巽宫五世卦齧研節反有間間厠之間與過或作有過頤以之反不合或作而合溷胡困反濁也雜也乱也韋昭云汙辱也上行時掌反注同勑法俗字也字林作勅鄭云猶理也一云整也屨紀具反校爻教反馬音教滅止或作趾趾足於着張慮反桎章實反懲直冰反不重自勇反絞交惑反不行也本或作止不行膚肥美曰膚其分符問反脆七歲反腊肉音昔馬云晞於陽而煬於火曰腊肉鄭周禮云小物全乾曰腊乾音干胏緇美反馬云有骨謂之胏鄭云簀也字林云食所遺也一曰脯也□□□□□□□（子夏作脯徐音甫）荀董同聰不明馬云耳所聞也鄭云目不明耳不聰也肅云聰不明可解佳買反

䷕離下艮上

賁彼偽反徐甫寄反李府盆反傅氏賁古斑字文章皃鄭云實變也變文飾之皃王肅符文反云賁有坎飾黄白色艮宫一世卦剛上時掌反注同解天蟹下同以明蜀才作命敢折之舌反注同鄭云斷也斷音丁乱反上附時掌反皤白波反說文云老人白也董音槃云馬作足横行皤鄭陸作音燔荀波翰户

旦反董黄云馬舉頭高卬也馬荀云高也鄭云白也媾古豆反趾止鄭云趾足也舍捨注同車音居鄭作輿須字從彡水邊非比毗志反闃五戴反寇難乃旦反下同賁于黄作世束帛子夏云五疋為束三玄二纁象陰陽戔戔在千反馬云委積皃薛虞云礼多也黄云猥積皃一云顯見皃子夏傳作殘殘有喜如字徐許意反无妄大畜卦放此

☷坤下艮上

剥邦角反彖云剥剥也馬云落也説文云裂也乹宮五世卦人長丁丈反下注皆同彊其良反亢苦浪反激經歷反拂附弗反忤五故反殞于敏反失處昌呂反又昌預反蔑莫結反猶削也楚俗削蔑之言馬云無也鄭輕慢也荀作滅也猶削相略反或作消此從荀也下皆然以辨徐音辦具之辦足上也馬鄭云牀簀也薛虞云膝下也鄭符勉反肅不勉反浸子鴆反下同近附也六三剥无咎作剥之无咎非以膚方于反京作簠祭器近巨靳反貫魚古亂反徐官音駢薄田反輿徐董作徳車廬力居反覆芳富反蔭於鴆反所芘或作庇必利反又悲備反

☷震下坤上

復音服反還也巛宮一世卦朋如字京作崩反復芳福反彖注同剛反絶句長丁丈反下注同心見賢遍具存或作其存不省悉井反旅鄭云資貨而行曰商旅客無祇支音辝 ※ 也馬同音之是反韓康祁支反大也鄭云病也肅作禔時支反陸禔安也九家本作多字音支幾悔音機又祈難乃旦反遠袁万反錯之七故反休七虬反軍比毗志反仁行下孟下仁遐嫁反以下徐戸嫁反仁也頻頻眉也鄭馬云憂頻也頻戚千寂反又子六反自考鄭云考成也向云察也有灾鄭作栽按説文栽正字也或灾字災籀文也眚生領反子夏云傷害曰灾妖祥曰眚鄭云異自内曰眚自外曰祥害物曰灾雖復扶又反

☰☳震下乾上

无妄亡亮反无虚妄也説文妄乱也誣也馬鄭肅云妄猶望也謂所无希望巽宮四世卦柔邪似嗟反不佑音又鄭云助也或作祐馬作右謂天不右行下賤遐嫁反穫黄郭反注不耕而穫非菑側其反馬云田一歲也董云反草也畬餘音田三歲董悉耨曰畬説文云三歲治田也字林弋恕反不造曹早反擅市戰反行違下孟反之行同爲獲作穫非比毗志反近附也自復服也試試驗也一云用也

☶☰乾下艮上

大畜有作蓄者勑六反義与小畜同艮宮二世卦剛健絶句煇輝光絶句日新絶句物厭於豔令賢力呈反險難乃旦反多識如字一試音劉表作志往行下孟反利已夷止反畜己紀輿音餘已則夷止反説吐活反馬云解輹音福又服音車下縛也老子云卅輻共轂也釋云輹似人屐又似菟在軸上似之也又輹輹伏於軸上也憑河皮氷反良馬逐逐鄭兩馬走也姚云逐逐並馳之皃一音胄曰閑越音又人質反猶言鄭云日習車徒也閑閒也鄭習也險阨於革反童牛無角牛蒼作撞劉作童牿古毒反九家作告説文云牛觸角着横木有喜許意反抑鋭上於力反又史臥反彊爭上其良反有喜許意反豶符文反劉云豕去勢曰豶之牙鄭讀為牙猾于八反又作骨剛突反禁暴上金音何天音河梁武帝何可反衢其俱反馬云四達衢亨許庚反

☶☳震下艮上

頤以之反養也篆文字也巽宮遊魂卦舍捨朶都果反動也京作椯嚼詳略反能令力呈反離力智反顚顚丁田反拂符弗反違也薛敷弗反履夫符此行下孟反悖布内反逆眈眈丁南反虎視皃逐逐敦實也薛云速也子夏攸攸志云攸當為逐蘇林音迪荀爽作悠悠劉表跾跾云遠也音式六反施

賢始玻反上施上同得頤或作順難乃旦反厲吉嚴厲也馬王危也羡息練反豢躁音

☱☴巽下兌上

大過徐古臥反過罪也超也震宮遊魂卦棟橈乃教反曲折也拯拯救也弱或讀溺而説悦救難乃旦反遯徒遜反藉在夜反馬云在下曰藉唯慎辰震反枯如字鄭姑謂无姑山榆梯徒奚反特或作持令力呈反少詩照反稺直吏反長丁丈反溺乃歷反喪如字華花譽預又餘

☵☵坎下坎上

習便習也重劉云水流不休故曰習坎徐苦感反又作埳京劉作欿險也八純卦象水謂便婢面反重直龍反下同陗七妙反洊在薦反徐又在問干寶在荐尔疋云再也劉云仍也臻也德行下孟反難乃旦反夫符窞徒坎反説文坎中更有坎也一云窞底也字林坎中小坎一曰旁入而復扶又反險且如字鄭向作檢鄭云木在手曰檢枕徐針鴆反鄭木在首曰枕陸云閑礙險之皃九家作玷古文作沉樽酒絶句缶方有反絶句簋貳軌絶句自牖誘比毗志反食嗣音飯也祇音支又祈支鄭云小丘京作禔説文上支反安也纆墨音三股曰徽兩股曰纆皆索名寘置也之玻反

☲☲離下離上

離離麗也麗着也八純卦象火牝頻忍反徐扶死反下同猶着直畧反木麗説文作蘼乎土肅作地重直龍反兩作鄭作起荀云用明照相繼一本無明照二字錯鄭七洛反馬七路反警言領反辟音避鼓鄭作擊耋田節反馬云七十肅云八十之嗟如字肅遭哥反荀爽作差突字林云暫出出如字徐尺遂反涕徐他米反又弟音沱徒河反荀作池若如也戚千寂反咨慼也勝音升逆首逆遁兩道離離麗也梁武力智反折徐之舌反去羌吕反

咸傳第四下經

☱☶艮下兑上

咸彖云感也兊宫三世卦取女七具反又娶相與與猶親也而説恱下遐嫁反見於賢遍反受人如字時冑反拇茂后反馬鄭薛云足大指也夏作碍云陰位之尊排（腓）房非反膞腸也王廙腓腸也膞音市◎（巒）反荀肥五也尊盛故稱肥離拇力智反躁早報反股古憧憧昌容反馬云行皃肅云往來不絶皃劉云意未定也字林云遲也徐音鐘脢武杯反心上口下也鄭云背脊肉也廣疋云胂謂之脢胂音以人反頬兼叶反滕徒登反口説徐脱又始鋭反

☳☴巽下震上

恒久也震宫三世卦長陽長陰並丁丈反媲普計反配也復始扶又反見去浚荀潤反深也鄭作濬令物力呈反緼紆粉反積也或或有也德行下孟反詰去吉反振恤（恒）之刃反馬云動也鄭云摇也張作震

☰☶艮下乹上

遯徒巽反字又道隱退也匿迹避時退隱之謂鄭云逃之名乾宫二世卦也非否偹鄙反浸子鴆反長丁丈反以遠袁万反辟内避難乃旦反何灾河可反勝升證反説肅云解説脱又始鋭反皆遯已以音或紀係古詣畜許六反憊蒲拜反鄭困也肅斃也好遯呼報反人否音鄙惡也能舍捨肥云饒裕累劣偽反繳章署反

☳☰乹下震上

大壯莊亮反威彊猛之名也鄭云氣力浸彊之名肅云壯盛也廣云健也馬云傷也郭璞云淮南人呼壯為傷巛宫四世卦也慎禮慎或作順義亦通罔罔羅

王馬云无也羝音低張云羖羊藩方袁反徐甫言反下同馬云籬落羸律悲反馬云大索也鄭虞作纍雖復扶又反藩決音穴大輿餘輹音福鄭作復伏反行下孟反能説吐活反喪息浪反于易以豉反鄭謂狡易也陸作埸壃埸也難則難並乃旦反長猶與上丁丈反下預音其分扶問反不詳詳審也王作祥善也不長直良反

☷☲坤下離上

晉進也乹宮遊魂卦康美之名也馬云安也鄭云尊也陸云安樂也蕃音煩多也鄭發袁反庶如字鄭止奢反謂蕃遮也晝竹又反三息暫反接如字鄭捷捷勝也上時掌反着直畧反褫勅紙反又直紙反摧罪雷反退也鄭如南山崔崔自喪息浪反愁狀由反鄭變色皃介戒和之胡過反鼫石

☲☷離下坤上

明夷夷傷也坎宮遊魂卦大難乃旦反莅履二反蔽或敝偽並依字讀所辟音避下同遠袁万反遁徒困反匿女力反遑皇夷如字鄭六同云旁視曰睇左股古肅云旋也日隨天左旋也姚作槃云自辰右旋入丑用拯拯救也子夏作抍也字林云抍上舉也音承示行或作亦近難附近也憚但旦反狩手又反作守去羌吕反忤五故反箕子蜀才箕作其劉向云◎◎◎（今易箕）子荄滋鄒湛云訓箕為荄詁子為滋漫衍無經不可致詰以譏荀爽比毗志反

☲☴離下巽上

家人説文家居也案人所居稱家室内謂之家也巽宮二世卦熾也尺志反而行下孟反閑馬闌饋巨愧反食也嗃嗃呼落反又呼學反馬云悦樂自（得）之皃鄭苦熱之意荀作確確劉作熇熇也嘻嘻喜悲反馬云笑聲鄭驕佚喜笑之意張璠作嬉之陸作喜喜之長丁丈反以近附也王假更白反徐

古雅反愛樂洛

☲☱兑下離上

睽苦圭反序卦云乖也雜卦云外也説文不相聽（視）也艮宮四世卦上時掌反同行王説悦喪息浪反必顯或作類可援于眷反又袁辟音避巷字書作衖曳以制反掣昌逝反徐市制反説文作云角一俯一仰也子夏一角仰也荀作觭◎（説）文依鄭人天◎（天）剠也馬云剠鑿其額曰天劓魚器反截鼻也肅作臲魚一反比毗志反噬市制反之弧音胡後説吐活反又始鋭反之弧京馬鄭肅作胡（壺）媾古豆□（反）恢苦回反詭譎上久委反乖也下古穴反詐也吁況于反剠其京反

☵☶艮下坎上

蹇紀免反兊宮四世卦難乃旦反下同解蟹未否備鄙反知音智得中如字又張仲反正邦荀陸作正國為漢朝諱宜待張璠宜時也鄭宜待時也遠害袁万反喜又許意反璉（連）力善反長丁丈反碩音石

☳☵坎下震上

解音蟹云緩也震宮二世卦濟厄或作危解王（音）蟹得中丁仲反坼勑宅反説文云裂也廣云分也馬陸作宅云根也否結備鄙反亨許庚反宥又音磐步丹反有遇或作過稱尺證反失枉紆往反且乘如字肅繩證反邪似嗟反戎或作致冦解徐佳買反拇茂后反陸足大指比毗志反有解蟹用射食亦反隼荀尹反鶚也高墉容悖布内反

☶☱兑下艮上

損虧忘減損之義序卦云緩必有所失是也艮宮三世卦曷何葛反簋蜀才作軌享香兩反下同才作許庚反上行時掌反陰説悦非長丁丈反下德長

遂長同爲邪似嗟反能拯救也難乃旦反簋應對應分扶問反徵直升反止也鄭云清也劉作懲云清也才作澄也忿芳粉反窒珍栗反徐得悉反鄭作懫懫止也孟作恎陸作脊欲孟浴已事以音虞（虞）作祀遄速也荀作顓復自扶又反二注同以上時掌反化淳尚春反以離力智反知者音智上祐音又亦作佑不制或作下制

☳震下巽上

益增長之名也又弘裕為義繫辞云益長而不設也巽宫三世卦民說悦无疆居良反下下上遐嫁反難乃旦反天施始豉反之處昌預反下其處同用享香兩反虞許庚反用圭王肅作用桓圭不爲于偽反不處本或作不屆用費芳貴反盡物津忍反無厭於鹽反莫和胡臥反惡盈鳥路反偏辞音篇

下經夬傳第五

☱乾下兌上

夬古快反決也坤宫五世卦孚號胡報反剛幾祈決古穴反而說悦齊長丁丈反則邪斷上似嗟反下丁亂反上時掌反以施去（始豉反）壯側亮反趾止惕勑歷反荀作錫錫賜也號戶羔反莫夜暮音鄭云莫無也無夜悲夜號呼火故反頄求龜反顴也又求音又丘倫反翟云面顴頰間骨也鄭作頯夾面也肅音龜江氏音琴威才作仇濡而朱反慍紆運反恨也權如字字書作顴累劣偽反臀徒敦反次或作趑又作［足＋次］說文作趀說文倉卒也七私反馬云郤行不前也下卦放此且或作趄七餘反義連上同上牽子夏作掔苦年反牴丁禮反或作羝又丁啼反很胡懇反莧閑辯反陸陸商陸也才作睦脆七歲反易以豉反比必幾反咷徒刀反

☰巽下乾上

姤古豆反古文遘遇也乾宮一世卦用娶七喻反又作取正乃亦作疋誥古報反鄭作起一反柅徐乃履反又女紀反説文作檷云絡絲趺也讀若昵才云尼云止也子夏鑈羸劣隨反鄭力追反陸作累蹢直戟反徐治益反或作躑古文［足＋帝］躅重録反牝頻忍反豭家音包或作苞白交反荀作胞鄭百交反虞云白茅苞利賓如字才作嬪擅市戰反遠袁万反杞音起張云苟杞馬大木也鄭柳也薛云杞柳柔刃木也包瓜上白交反下工花反不舍捨復扶又反爭爭鬭也

☱坤下兑上

萃在李反聚也兊宮二世卦亨許庚反肅同馬鄭陸虞等無亨字王假更白反注同以説悦則邪似嗟反孝享香兩反聚荀作取上時掌反除戎陸云除猶修理也鄭云除去也若號戸報反絶句鄭云戸羔反握烏學反鄭握當為屋好呼報反愞乃乱反正亦作疋妃配音禴羊略反殷春祭名僻多疋亦反遠袁万反之省生領反下同比毗志反未光亦有一本志光齎徐將池反肅將啼反咨音諮嗟歎之辞也鄭悲聲涕徐音體又做苐洟他麗反又夷音鄭云自目曰涕自鼻曰洟也

☷巽下坤上

升式陵反上也鄭昇也馬云高也震宮四世卦用見或作利見以順德或作慎以高或作以成高大閑邪似嗟反升虚空也用亨許庚反通也馬鄭陸並許兩反云祭也岐山其宜反攘如羊反冥覔經反闇昧之義又日冥則喪息浪反

☱坎下兑上

困窮悴掩蔽之義故云剛掩也兊宮一世卦揜掩以説悦臀徒敦反株張愚

反谷徐古木反覿大歷反拯救也遯徒困反數歲色柱反亦作三歲解蟹朱紱弗亨祀許兩反注同難乃旦反不勝升音蒺疾藜梨音蒺藜茨草比毗志反焉得於虔反徐徐徐徐疑懼皃馬云安行也夏作荼荼翟云内不定意也金車或作金轝劓魚器刖徐五刮反月音祭祀亦作享祭本遐遠或作遐迩藟力軌反似葛之草也毛詩云一名巨荒似虆薁之連蔓幽州人謂之推虆𪖙五結反肅妍喆反說文作劓卼五骨反月音說文作◎（𣶒）云不安也曰動音越令生力呈反

䷯巽下坎上

井雜卦云通也彖養而不窮也周書黃帝穿井世本云伯益作井堯臣也廣云井深也鄭云井法清絜為義震宮五世卦也无喪息浪反汔徐許訖反肅其乞反繘音橘鄭綆也方言關西謂綆為繘璞云汲水索也又述羸律悲反徐力追反瓶白經反幾棘或機音覆芳福反上水時掌反下同井養以向反以勞力報反注同勸相息亮反上時掌反井泥乃計反注及下同滓側里反嚮向舍捨井谷古木反又浴射食亦反徐食夜反厭也鮒附魚名也子夏謂蝦蟇甕屋送反說文罋汲缾敝婢世反徐又扶滅反谿喻啼反復扶又反與之或莫之與渫息列反徐食列反治也心惻緇力反說文痛汲急汙烏行下孟反井甃側舊反馬云為瓦裹下達上也子夏傳云脩治也才云以塼壘井也◎謬反洌音烈絜也說文水清不橈乃孝反不食又嗣收徐詩救反馬云為乞汲也陸云井幹勿幕音莫覆也

䷰離下兑上

革馬鄭云改也坎宮四世卦已曰上已下越樂洛相息馬云滅也說文相熄欲上時掌反信之

一本無之以說悅治曆直吏反鞏九勇反仞仁震反行有如字又下孟反比毗志反炳兵領反

蔚音尉又紆弗反廣云茂也敷也說文作斐

䷱巽下離上

鼎丁冷反法象也即鼎器也離宫二世卦革去羌吕反愚别彼列反火烹一普庚反煑也聖人烹大烹之飪並音同飪入甚反熟也又徐而鴆反以享香兩反享上帝同上行時掌反凝魚承反嚴皃鄭云成也翟作擬云度顛丁田反倒也趾止出否上徐尺遂反下悲紀反惡也是覆芳目反趾倒丁老反以爲于偽反下為同悖必内反逆也仇音求鄭云怨偶曰仇復扶又反其行下孟反膏食之美者折足之舌反餗送鹿反虞云八珍之具鄭云菜人馬云鍵也音（之）然反渥於角反沾也鄭音屋施始豉反所盛成知小智鉉玄典反徐又古玄反馬云鉉扛鼎舉之用勁古政反

䷲震下震上

震止慎反動也八純卦象雷以成成亦作盛虩虩許逆反馬云恐懼荀作愬愬啞啞烏客反馬云笑鄭云樂惰徒卧反解慢佳賣反喪息浪反匕必以反鬯勅亮反香酒長丁丈反已出音紀洊在薦反徐在悶反億噫於其反辝也鄭云十万曰億貝又音敗喪息浪反荀如字躋子西反升也雖復扶又反蘇蘇疑懼皃肅云躁動皃鄭云不安也馬云尸禄素餐皃无眚生領反遂泥乃計反難乃旦反索索桑洛反懼也馬云内不安皃鄭云猶縮縮足不正也矍矍俱縛反徐許縛反馬云中未得皃鄭云目不正皃媾古豆反

䷳艮下艮上

艮止也鄭云艮之言很八純卦象山背必内反徐甫載反相背音佩否之備鄙反令物力呈反而彊其兩歼邪似嗟反應又音膺趾止腓符非反拯救也快苦夬反其限腰也夤引真反夾脊肉也徐音胤荀作腎互體有坎坎為腎薰許云反互體荀震震為動喪息浪反

☴☶艮下巽上

漸捷撿反階漸之道艮宮歸魂卦女歸吉也肅本吉利貞善俗王作風俗于干鄭干水傍故停水處陸云水畔稱干毛詩傳云涯也澗也王云澗水也困於又本困讒於小子也謗博浪反䛫臾磐山石之安也馬云山中石磐行衎衎苦旦反馬云饒衎養羊尚反樂洛陸陸高之頂也馬云山上高平曰陸孕以證反説文懷子鄭云有娠復扶又反邪似嗟反好呼報反能間間厠之間離力智反桷角音椽也陸云榱也之勝升證反棲西累劣僞反峩五何反

☳☱兑下震上

歸妹婦人謂嫁曰歸妹者少稱兊宮歸魂卦少詩照反之稱尺證反長丁丈反説悅不樂洛邪似嗟反弊婢◎（世）反娣大計反跛波我反娣從才用反眇妙小反以須待也荀陸作嬬陸云妾也愆起虔反遲晚也緩也待也不應或无應字待而行或待作時袂弥勢反幾機又作祈荀作既承匡曲亡反刲苦圭反馬云刺也一音工恵反

下經豐傳第六

☳☲離下震上

豐芳宗反字林匹忠反字作豐今並三直畫是變體若曲下作豆禮字非也代人乱之久矣彖序皆云大也案豐是腆光厚大之義也鄭云豐之僎充滿意也坎宮五世卦王假庚白反至也下同馬古雅反大也闡昌善反通夫符下同而令力呈反徧遍昃側音孟作稷則食或作蝕非則溢或方溢非以折之舌反斷也其配如字鄭作妃云嘉偶曰妃雖旬如字均也肅尚純反或脣荀作均劉昞作鈞蔀音部徐蒲户反肅普苟反畧例云大暗謂之蔀馬云小也薛作菩云小席見斗孟作見主覆芳富反曖愛彰章又止尚反又作鄣斗見賢遍下不見同不邪似嗟反沛蒲貝反或作旆謂幡幔也姚云滂沛也徐普蓋反

夏作茅云小也茅方末反鄭同夏云祭祀之蔽膝也沬徐武蓋反又亡對反微昧之光也字林作昧音云斗杓後星也鄭同服虔云日中而昏也夏曰昧星之小者馬同薛云輔星肱古弘反幡芳袁反幔末半反禦魚吕反微昧妹其屋說文云豐大屋闚苦規反李登云小視闃苦鵙反徐苦鴂反一音苦馘反馬鄭云无人皃字林云靜也姚作閲孟作窒覿徒歷反瘞於鴆反其行下孟反不見賢遍反治道直吏反天際如字鄭党為瘵瘵病也翔鄭肅作祥翳於計反自藏如字衆家作戕慈羊反馬肅云殘也鄭云傷也有爲于偽反戸庭應云門庭門户通語也作户誤也

☲☶艮下離上

旅力舉反羇旅也序卦云旅而无所容雜卦云親寡旅也離宫一世卦肅等以為軍旅特重直用反物長丁丈反而復扶又反下同令附力呈反非知音智瑣瑣悉果反鄭云瑣瑣小也馬云疲弊皃云小細懷其或作資斧非也喪息浪反下同施始豉反與萌如字又預其資斧如字夏及諸家並云齊斧張軌云齊斧蓋黄鉞也張晏云整齊也應劭齊利也虞喜云齊當作齋戒入廟而受斧下同坦吐但反射雉食亦反而上時掌反逮代又大計反號咷上戸羔反下道羔反于易以豉反注同肅音亦而當丁邦反於難諾安反義焚馬云義宜也或作宜其焚之凶作喪牛于易非

☴☴巽下巽上

巽孫問反入也廣疋云順也八純卦象風象木巽弟大計反亦作悌重巽直龍反邪似嗟反下同治直吏反紛芳云反衆也喜也盛也復扶又反下同神祇祁支反頻顣千寂反又子六反不樂洛遠袁万反庖步交反先庚西薦反後庚胡豆反卒以寸忽反下同說悅先申身或作甲令著張慮反其資作齊者多以斷都乱反

☱☱兌下兌上

兌徒外反悅也八純卦象澤說悅以先西薦反犯難乃旦反麗澤如字麗連也鄭云猶併也黨繫亦作◎說商兌量也鄭隱度也介界音隔也馬云大也近去比毗志反道長丁丈反

☵☴坎下巽上

渙呼乱反散也序卦云離也離宮五世卦王假格下同梁武賈而上時掌反之難乃旦反下同累劣僞反享于香兩反以逝或作遊拯◎◎反拯救也厄劇或作危處又作厄處机几有丘姚作近匪夷荀作匪弟丘墟去魚反汗下旦反大號胡報反盪徒黨反阨於隔反假古雅反血去羌呂反逖湯歷反遠袁万反近◎鄞反

☱☵兌下坎上

節明礼有制度之名也止也又分段支節之義坎宮一世卦女別彼列反復扶又反說悅澤上上或作中今不用制數色具反德行下孟反下同匿女力反則嗟如字荀作差所怨紆万反又紆元反

☱☴兌下巽上

中孚芳夫反信也艮宮遊魂卦豚徒尊反說悅之行下孟反畜許六反或作獸涉難乃旦反鶴戶各反和胡卧反好如字王呼報反爾靡亡池反散也干同徐武寄反又亡彼反韓詩云共也孟同蒼作靡云散陸作緜重陰直龍反徇似俊（反）或罷如字徐扶彼反少陰詩照反長陰丁丈反相比毗志反閡五代反勝升證反物校交皃反憊備拜反幾望音機又祈京云近荀作既而上時掌反攣力圓反舍捨翰胡旦反內喪息浪反

☶☳艮下震上

小過古卧反大過同義肅音戈兌宮遊魂卦遺如字肅夷幾反宜上時掌反

浸子鴆反行下孟反所錯七路反妣必履反僭子念反或戕徐在良反故令力呈反先過西薦反而復扶又晏安於諫反又音宴鴆除蔭反或作酖怯去業反公弋餘職反蒸職勝反小畜勑六反上時掌反其施始豉反難乃旦反已上並如字上又時掌反陽已上上故少陰上也少乀多少上六弗遇王付反本多誤故詳之災眚生領反鳥離力知反

䷾離下坎上

既濟節計反鄭云已也盡也濟度也坎宫三世卦亨小絶句以小連利貞者非則邪似嗟反下同之要於妙反濡儒燥西早反未造七報反易以豉反棄難乃旦反下同喪息浪反茀方拂反首飾也干云鬊也鄭車蔽也子夏作鬊荀作紱董作髢不比毗志反鬼方蒼云鬼遠憊備拜反陸云困劣也繻有作濡而朱反子夏作襦薛古文繻衣袽女居反絲袽也肅音如説文縕也廣云絮塞也夏作茹郄去逆反禴羊畧反沼之紹反趾止蘋音頻蘩繁馨呼庭反

䷿坎下離上

未濟離宫三世卦小狐徐音胡汔許訖反説文水涸也鄭幾也拔難乃旦反令物力呈反得所或當經綸或作論同音倫又魯門反屯張倫反蹇紀勉反循難似遵反猶履也喪息浪反已比毗志反以近附也暉許歸反耽丁南反於樂音洛

繫辤上傳第七

繫徐胡詣反本系也又係係續也序從繫若直作繫下安糸者音口奚反非也辤本作辭依字應作詞鄭云詞説文云詞者意内而言小也辤不受辛宜辤籀文辤字也本亦作繫辤上馬王肅本皆作繫辤傳訖於雜卦皆有傳字第七韓

康伯注

地卑如字又音婢本亦作埤同易之易之門戸斷矣丁乱反分符問反章末同著張慮反卷内同見賢徧反縣玄施始豉反相摩末何反又作磨京云磑切磑音古代反馬云摩切也鄭玄注礼記云迫也相盪振蕩肅作唐當反徐云除也桓玄云動也唯韓云相推盪也鼓之虞陸董黄鼓動霆王吕音庭徐徒鼎反又音定京云霆者雷之餘氣挺生万物運行姚作違行大行（始）音泰肅作泰坤作虞姚作坤化姚云當為作易知以豉反訖章末同鄭荀董並音亦簡能如字姚云能當為從其分符問反而成位肅作易成位繫音系卷内皆同焉而明吉凶虞本更有悔吝二字往復服迭田節反剛柔者晝夜象也虞作晝夜者剛柔之象三極陸云極至也馬云三極三統也鄭韓云三才也肅云陽剛柔仁義也能見賢遍反序也陸云序象也京云次也虞本作象所樂音岳適會也虞本作所變而玩正乱反研玩也馬云貪也鄭作翫祐之音又後同爻者戸交反說文云交也小疵徐才斯反馬云瑕也辯吉凶如字京云明也虞董姚顧蜀才云别也見乎賢遍反之差楚佳反乎介音界木纖纖息廉反震震敬也鄭云懼也韓云動也周云救也險易以豉反險惡也易善也之否備鄙反地準準等也鄭云中也平也弥又作彌綸音倫京云知也肅云纒裹也荀云終也天下有作天地俯甫察於有作觀於反終鄭虞作乃終之說如字宋如鋭反之數色具反烟音因熅紆云反散蘇旦反知周音智道濟如字鄭云道當作導不流京作留樂音洛虞作變天贍涉豔反範鄭云法也馬王云犯違也張云犯違猶裁成也而知如字僧紹音智上時掌反之稱尺證反知者智分符問反鮮悉淺反藏才剛反鄭云善也衣於既反被皮寄反營之功或無功字或作功迹成象蜀才作盛象爻法胡孝反馬韓如字蜀才作效極數色具反詰去吉反大虚泰音已下太極同欻況勿反而稱尺證反禦魚吕反禁也止也乎迩尔也專如字陸作摶音同翕虛急反歙也闢婢亦反開也易簡以豉反知崇智禮蜀才作體卑必弥反賾仕責反下同京作嘖典禮姚作典體以斷丁乱反惡也

於嫁反荀作亞又烏路反馬鄭烏洛反至動而不可九家同冊也鄭云至賾為動也可遠袁万反惡烏路反錯之七各反議之陸姚桓荀作儀之子和胡臥反縻之又作靡亡池反徐亡彼反行下孟反下同見乎賢遍反樞尺朱反王廙云户樞一云門臼也機廙云弩牙號戶羔反默亡北反利斷丁乱反肅丁管反臭昌又反六藉在夜反白茅卯交反无咎以此為章今不用苟錯七故反慎斯術也時震反鄭云術道不德鄭陸云置當為德也下人遐嫁反爲階姚作機爲易者或作易者乘釁許靳反致寇寇或作戎宋衷云戎誤乘也者如字又繩證反慢藏才浪反誨謂悔恨冶容妖野容儀教誨滛泆大衍延善反衍演也命也廣也大極音泰掛卦買反別也肅音卦揲時設反按揲猶數也說文云閱持也是音思夾反徐息列反鄭云取也歸竒紀宜反扐力得反馬云指間也荀云別後掛京作卦云再扐而後布滿卦也之策初革反或作筴期音基伸音身又作信長丁丈反德行下孟反酬市由反徐音疇酢才洛反京作酬與祐音又助也馬配也荀侑以言下三句無以字如嚮許兩反又作響能與音預參伍七南反錯七各反綜宗統反之文陸作之爻籌直周反研蜀才作揅幾也如字鄭幾當作機機微也夫易開肅作闓音物成務或無夫易二字冒天覆也斷丁乱反下二章同蓍音尸圓音員以知音智下同分符問反易以以豉反韓音亦謂變易貢如字告也京陸虞作工荀作功洗心劉瓛悉珍反盡也肅韓悉礼反虞董張等作先石反濯直角反藏往如字劉作臧云善也能與音預不殺馬鄭王干所戒反徐所例反陸韓同者夫音符齋側皆反則從德夫荀虞顧絶句諸家皆以夫為下句闔户胡臘反闢婢亦反施始豉反見乃賢遍反注同大極音泰大極元也馬云北辰也肅云此章首獨言是故者揔衆章之意无稱之稱並尺證反縣象音玄探吐南反賾九家作冊索隱色白反亹亹亡偉反莫善乎蓍龜本亦作莫見見吉賢遍反河出如字一音尺遂反下同洛出王肅又作雒以斷都乱反下同又以尚也鄭本亦作有以書不盡如字又津忍反下同之緼紆粉反徐於憤反王肅又於問反奥也烏報反而上時掌反而錯七

故反注同本又作措之賾本亦作之至賾而裁音才本又作財黙而成本或作默而成之德行下孟反注同

周易繫辞下第八

而重直龍反注同明治直吏反繫辞音係卷内皆同而命孟喜作明或否備鄙反而斷丁乱反則見賢遍反下及文皆同趣時七樹反貞勝姚本作貞稱乎累劣偽反下同殉吉辞俊反後同未離力智反盡會津忍反下同貞夫音符確然苦角反馬韓云剛皃說文云確云高至也人易以豉反注同隤然大迴反馬韓云柔皃孟作退陸董姚作妥像此音象施生始豉反大寶孟作保曰人王肅卜伯玉桓玄明僧紹作仁禁民音金又金鴆反包本又作庖白交反鄭云取也孟京作伏犧許宜反字又作羲鄭云鳥獸全具曰犧孟京作戲化也氏包犧氏大皥也三皇之最先也之王于況反不究九又反爲罟音古馬姚云猶网也董本作為网罟云取獸曰网取魚曰罟以佃音田本亦作田以漁音魚本亦作魚又言庶反馬云取獸曰佃取魚曰漁斲木陟角反爲耜音似京云耒下耓也陸云廣五寸耓音勑丁反楺木如九反京姚作柔說文作煣云曲申木也爲耒力對反京云耜上勾木也説文云耜曲本垂所作也字林同音力佳反徐力猥反本或揉木為耒耨非耒耨之利奴豆反馬云鋤也孟云耘除也爲市世本祝融為市宋衷云顓頊臣也說文云市時也噬嗑市制反胡臘反不解佳賣反祐之音又又作佑下治直吏反章末同以别彼列反亦作辯挎又作刳口孤反徐又口溝反剡以冉反楫將輒反楫謂之橈或謂之櫂也致遠以利天下一本無此句諸渙喚以利天下蓋取諸隨一本無以利天下一句重門直龍反柝他洛反馬云兩木相擊以行夜也說也說文作［木+橐］字林他各反暴客白報反鄭作虣斷木丁緩反爲杵昌吕反掘地其月反又其勿反臼求酉反爲弧音胡剡木以冉反字林云剡鋭也因冉反諸睽苦圭反又圭厚衣於既反決斷丁乱反

卦奇紀宜反德行下孟反畫音獲憧憧又作僮昌容反以貫古乱反屈也丘勿反信也作伸尺蠖紆縛反蟲名也徐又烏郭反龍蚍又作蛇蟄直立反全身亦存身思慮息吏反累劣偽反死其其亦作期射食亦反隼恤允反墉容括古活反結閡五代反懲直升反屨俱遇反校胡孝反滅止指弗去羌吕反何校河可反又河音治直吏反知小音智尠仙善反少折足之設反覆公芳六反餗速形渥於角反不勝升而上時掌反未離力智反先見賢遍反介徐音戒衆家砎王廙古黠反斷丁乱反復行扶又反造形七報反之分符問反祇韓祁支反輔嗣音支舍捨絪音因緼音氳化醇淳易其以豉反迕五路反其易之門邪本又作門戶邪之撰仕勉反下章同數廣疋云定也王肅仕篡反數也色主反爻繇直救反下同服虔云抽也抽出吉凶韋昭云由也吉凶所由而出者也於稽古兮反考也闡幽昌善反明也辯物如字徐扶勉反斷辝丁乱反注同辝文如字一音問而中丁仲反注同因貳音二鄭云當為式民行下孟反注同所蹈徒報反之柄兵病反之脩如字鄭云治也馬作循之辯如字王肅卜免反不厭於豔反注同後易以豉反注同長裕丁丈反注同其施始豉反下同巽稱尺證反又尺升反和行下孟反以遠袁万反注同不濫力暫反不可遠馬王肅韓袁万反注皆同師讀如字上下時掌反章末注同典要於妙反又杳音腰音趣舍音捨處昧音妹而揆葵癸反度也以度待洛反以要一遥反下文要終同易知以豉反注同撰德鄭作算云數也噫於其反王肅一◎又云辝也馬同按噫歎辝亦要一妙反絶句又一遥反則句至吉凶則居馬如字處也師同鄭王肅音基云辝知者音智彖辝吐貫反馬云彖辝卦辝也鄭云爻辝也周同王肅云彖先象之要也師説通謂爻卦之辝也一云夫子彖辝也則思息吏反轉近附近之近下章以近同須援于眷（反）剛勝升證反一音升勝其音升閑邪似嗟反其當如字下當文王同紂直久反蒙難乃旦反能亨許庚反易者以豉反注同其治直吏反德行下孟反下德行同易以以豉反下注險易同知阻莊吕反能説音悦注同亹亹亡偉反鄭云汲

也王肅云勉也役思息吏反探吐南反射食亦反不厭於艷反以盡津忍反下同愛惡烏路反注同鄭烏洛反泯然亡忍反比爻毗志反辯枝音支誣善音無

說卦第九

幽贊本又作讚子旦反幽深也贊明也蓍音尸説文云蒿屬也生千歲三百莖易以為數天子九尺諸侯七尺大夫五尺士三尺毛詩草木疏云似藾蕭青色科生洪範五行傳云蓍百年一本生百莖論衡云七十歲生一莖神靈之物故生遲也史記云生滿百莖者其下必有神龜守之其上常有雲氣覆之淮南子云上有叢蓍下有伏龜嚮香兩反本又作響參天七南反三也而倚於綺反馬云依也王肅其綺反云立也虞同蜀才作可反參奇紀宜反觀變一本作觀變化發揮音輝鄭云揚也王廙韓云散也盡性津忍反要其一遥反迭用田節反六位而成章本又作六畫相薄旁各反陸云相附薄也馬鄭顧云薄入也相射食亦反入也京虞陸董姚王肅音亦云厭也數往色具反又色主反逆數色主反而數色主反下文同烜況晚反京云乾也本又作晅徐古鄧反又一音香元反以說音悦後皆同嚮明許亮反而治直吏反妙萬物如字王肅作眇音妙董云眇成橈徐乃飽反王肅乃教反又呼勞反燥悉早反熯王肅云呼但反火氣也徐本暵音漢云熱暵也文同莫盛是政反鄭音成云裹水火不相逮音代一音大計反鄭宋陸王廙無不字悖必内反逆也爲豕京作彘爲狗音茍一索色白反下同馬云數也王肅云求也長男丁丈反下長女長男皆同中男丁仲反下中女同少男詩照反下少女皆同爲圜音圓瘠在亦反王廙云健者為多骨也京荀作柴云多筋幹也駁邦角反爲釜房甫反爲吝京作遴嗇音色爲柄彼病反爲龍如字虞干作駹虞云倉色也干云雜色也爲旉王肅音孚干云花之通名鋪為花皃為敷本又作旉如字虞同姚云專一也鄭市戀反蒼筤音郎本或作琅萑音丸廣疋云薍也薍音狄

葦韋鬼反蘆也鳴鳴聲昦注荀云陽在下的丁歷反顙桑黨反的顙白頰也反生麻豆之屬生戴孚甲而出蕃煩鮮息連反臭香臭寡髪又作宣髪黑白雜爲宣髪爲廣或作黄倍步罪反究九又反鞣如九反肅奴又反云使曲者乾直京作柔荀作橈弓輪姚作綸脊精亦反爲亟紀力反蹄徒低反爲曳以制反眚生領反王云病甲胄丈又反乾古丹反鄭云乾當作幹正也鱉卑列反蟹户買反蠃力禾反姚作蠡京作螺蚌步項反科空也槁苦老反鄭作槀干作熇爲徑古定反果蓏力火反馬云果桃李之屬蓏瓜瓠之屬應劭云木實曰果草曰蓏張晏云有核閽寺如字徐音侍蜀才作閹黔其廉反徐作禽肅作其嚴反鄭作黚謂虎豹之屬貪冒也喙況廢反徐丁遘反爲堅或本無堅者爲巫亡符反附如字徐完音剛鹵力杜反鹹土爲羊虞作羔此依求索而為次第也本亦有以三男居前三女在後者兩通從乹健也章至此韓無注或有有注者疑非也荀爽九家集解本乹後更有四云爲龍直爲衣為言巛後有八云爲牝爲迷爲方爲囊為裳爲黄爲帛爲漿震後有三云爲主爲鵠爲鼓巽後有二云爲楊爲鸛坎後有八云爲宫爲律爲可爲叢棘爲狐爲蒺蔾為桎梏離後有一云爲牝牛艮後有三云爲鼻爲虎爲狐兌後有二爲常爲輔頰注云常西方神也不同故記之

周易序卦第十

之穉直吏反或作稚同以觀官喚反亨則許庚反鄭許兩徐同實喪息浪反所錯七各反徐七路反之緼紆粉反又作蘊遠袁万反有難乃旦反以解音蟹下同決邪似嗟反而上時掌反去故起吕反以和胡卧反齊才細反又如字若長丁丈反說音悦下注同行過下孟反

周易雜卦韓云雜糅衆（卦）也孟云雜乱反（也）

雜糅女九反比毗志反樂音洛臨觀古乱反來觀官屯見賢遍反注及

下皆同經綸又作論音倫力門反上升時掌反而着張慮反豫怠如字京虞作怡則飾（飭）音勅注同愸洽也升食反剥爛老旦反晝竹又反誅滅也韓云傷也解蟹難乃旦反衆也終去故起吕反豐多故絶句親寡旅也故親絶句寡旅別爲句道長丁丈反

周易畧例案略例本無上字此是輔嗣所作既釋文故相承講之今亦隨世音焉或題爲第十一者蓋後人輒加非也

明彖

動不能制或本作天地不能制動貞夫音符後皆同琁音旋璣音機輻福湊千豆反則克音科可遠于万反能渝羊朱反至賾仕責反能與預觀彖或作彖觀可見

明爻通變

非數色具反好靜呼報反度量亮朝直遥反廷定比毗志反隆墀直其反又作坻坻螘冢也壑火各反而濟或作而載能說悦善又作繕愛惡烏路反有格或作括者能與豫

明卦適變通爻

否泰備鄙反險易以豉反於斷丁乱反要其一遥反辟險音避比復毗志反好先呼報反

侮妻亡甫反故當如字其介音界亦符問反

明象

觀意又作見意猶蹄啼在兔他故反筌七全反事見庄子重畫直龍反應鷹滋漫末半反縱復扶又反

辯位

不說如字繫辭戸計反下同位分扶問反下同去羌吕反無六爻無亦作損

畧例下或無下字

率音類又所律反相比毗志反險易以豉反之行下孟反去六羌吕反

咥直結反所怨紆万反又紆元反

卦畧凡十一

屯難乃旦反明夷同所馮皮氷反陰昧妹諂作資四逺袁万反明夷同初比毗志反履不處昌吕反謂陽爻不處其位爲美履者禮也撿今雜卦本多此句韓注有或傳寫者誤臨剛長丁丈反遯卦同觀古乱反所見或作知見以近附也明夷同棟橈乃孝反同好呼報反所贍常豔反褊必淺反睽見賢遍反洽乃咸夾反豐惡烏路反之沛普貝反又步貝反之蔀步口反明昧妹又作沬皆末貝反下同無與如字又預折其之舌反

周易經典釋文一卷

開元廿六年九月九日於蒲州趙全岳本寫此年八月七日

勑簡過放冬集勑頭盧濟甲頭張抃◎書

勑放春選差御史王倍乾軍試勑頭陳令◎

己卯開元廿七年正月十七日在新泉勘音寺◎一遍

五月廿五日於晉州衛杲本寫指例略

（以上為敦煌石室經典釋文周易音義殘卷全文。）

附禄：敦煌石室唐寫本周易音義照片

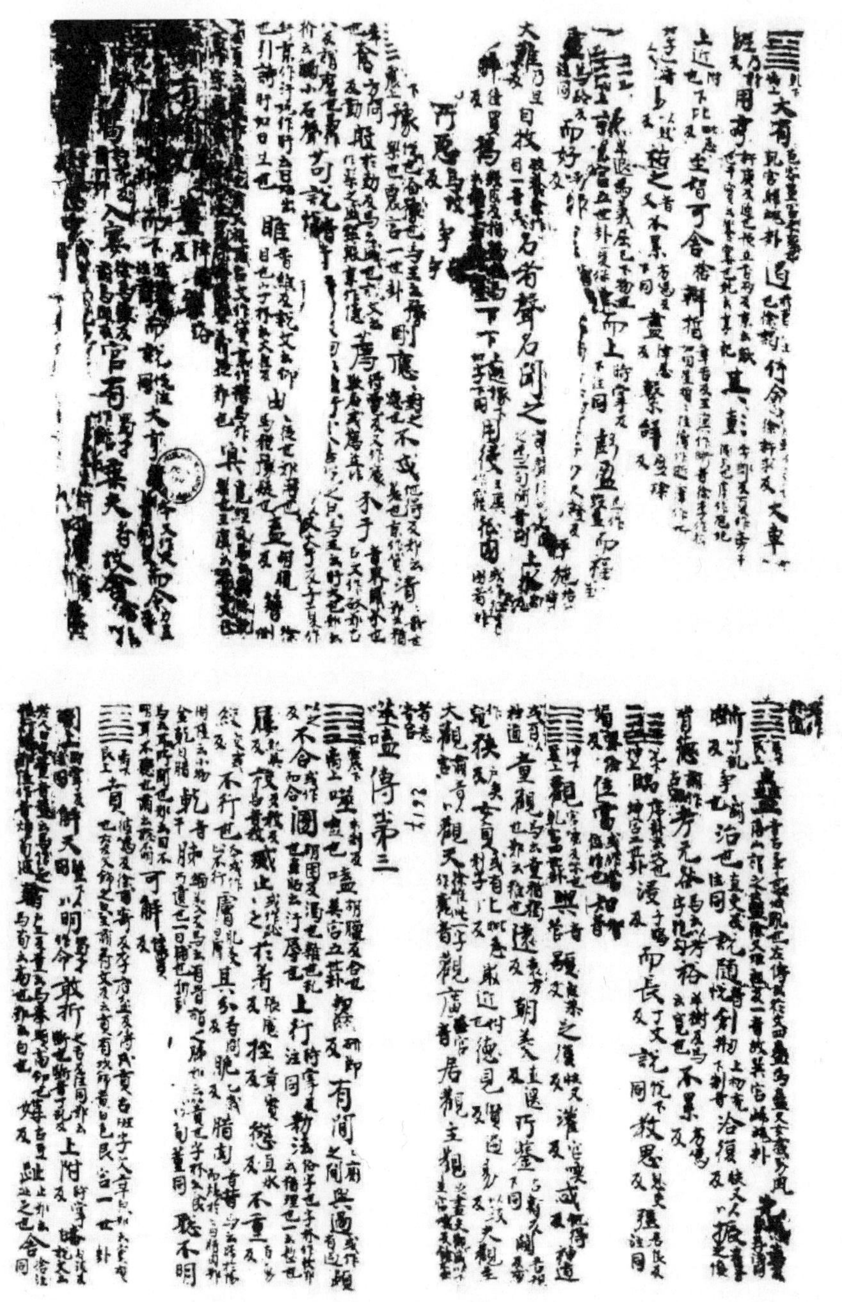

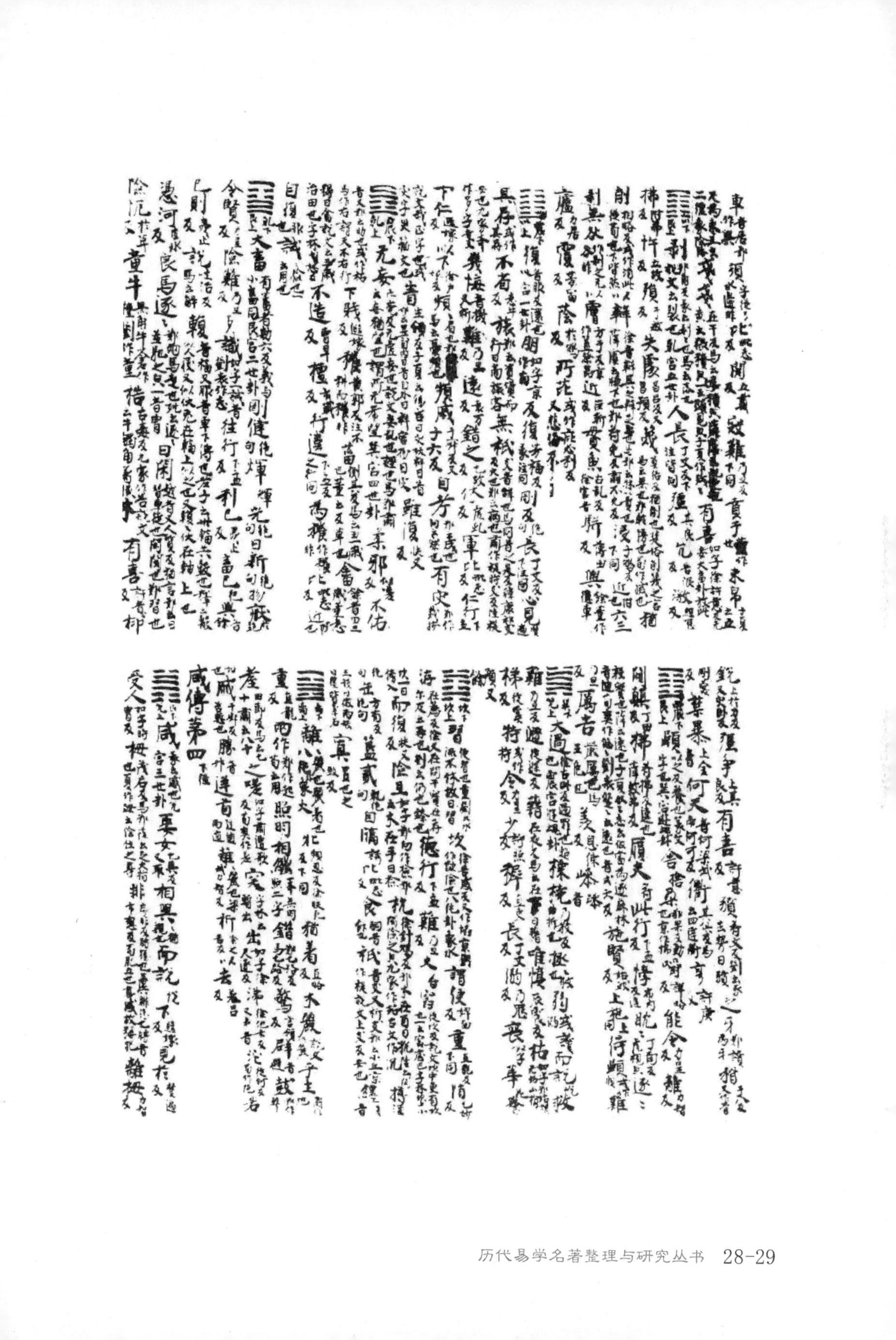

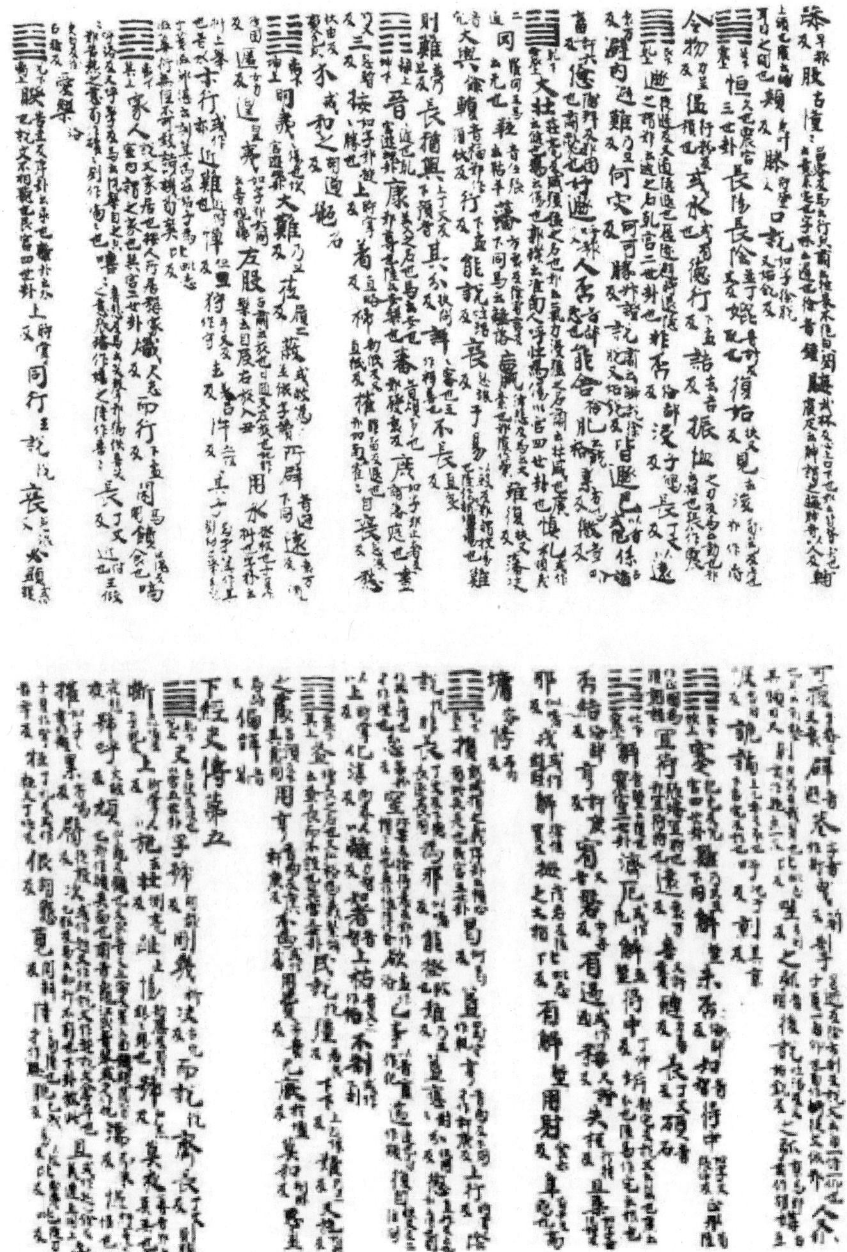

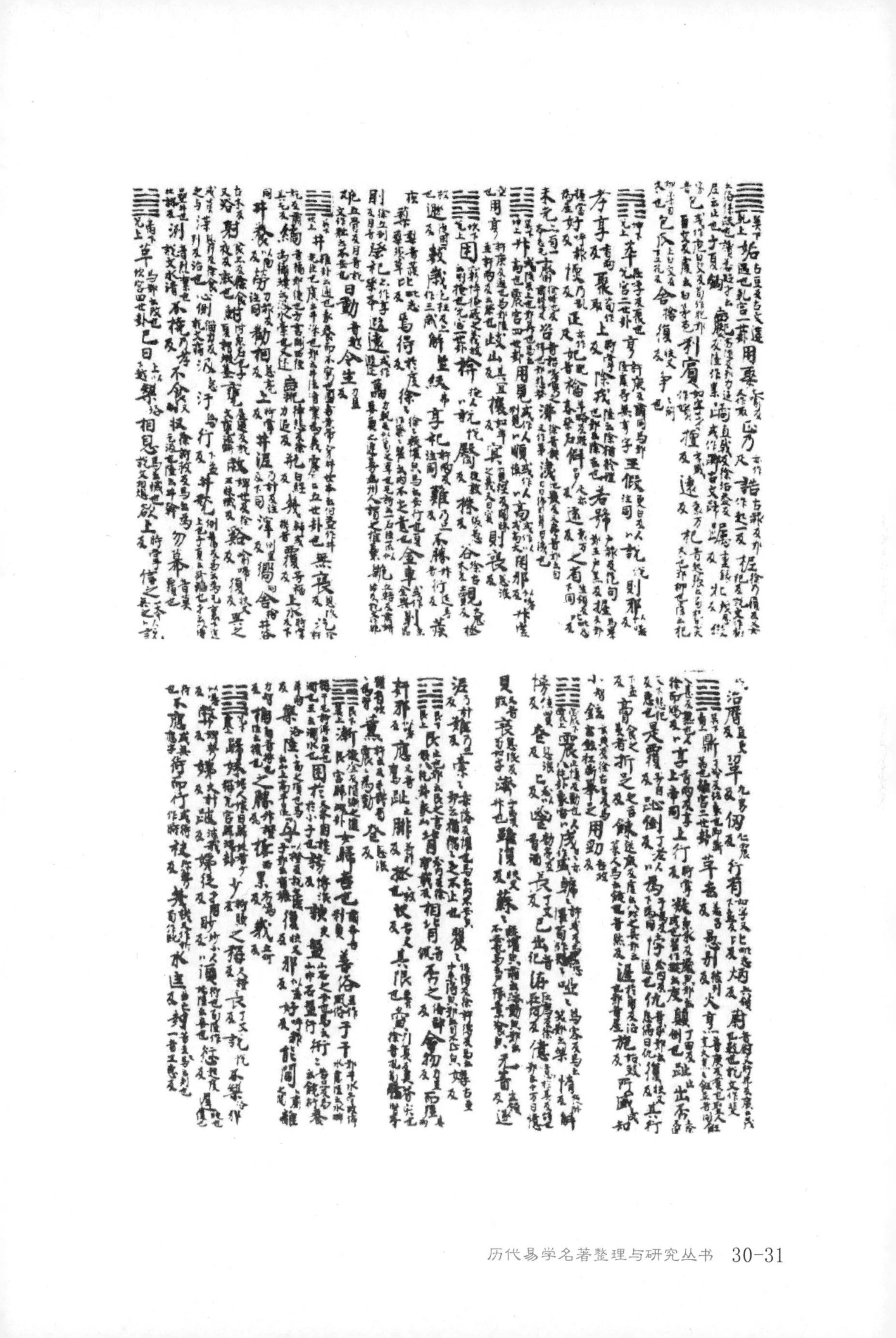

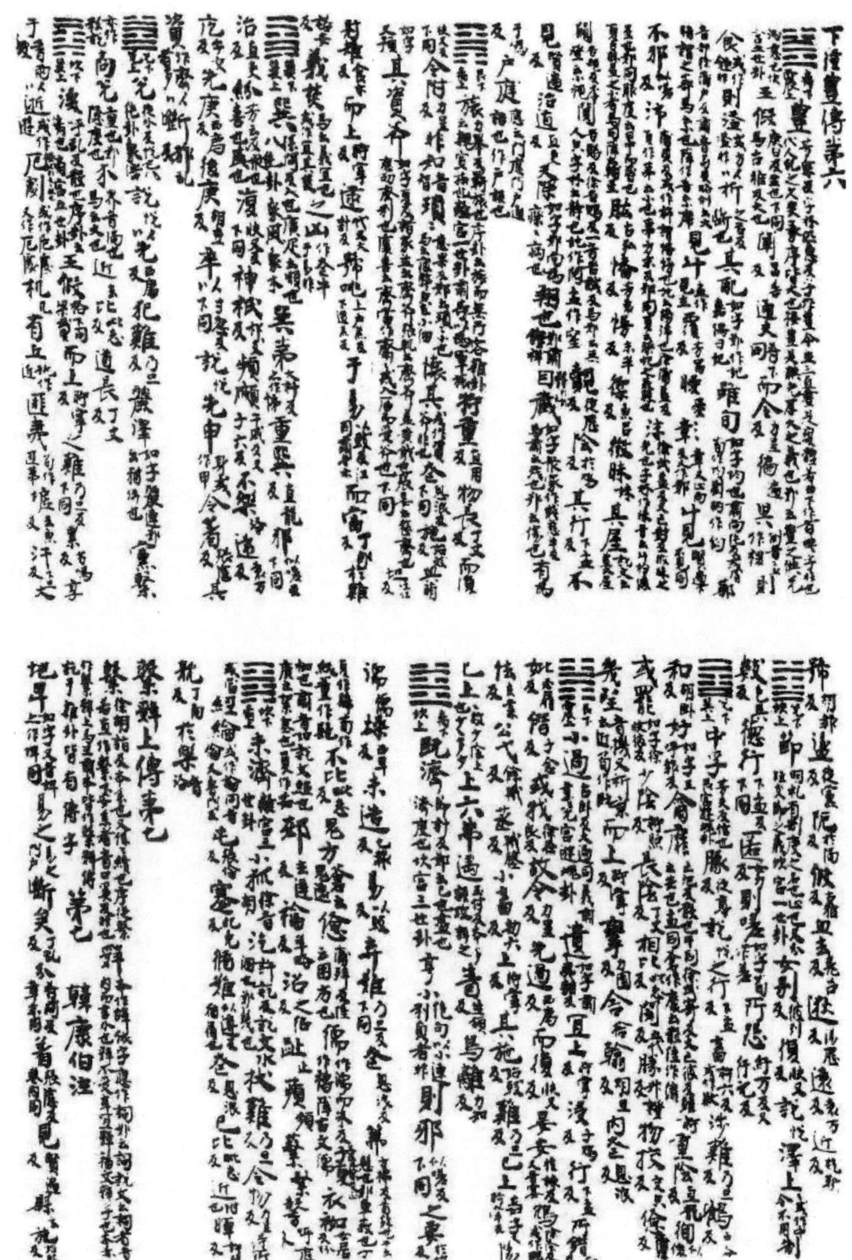

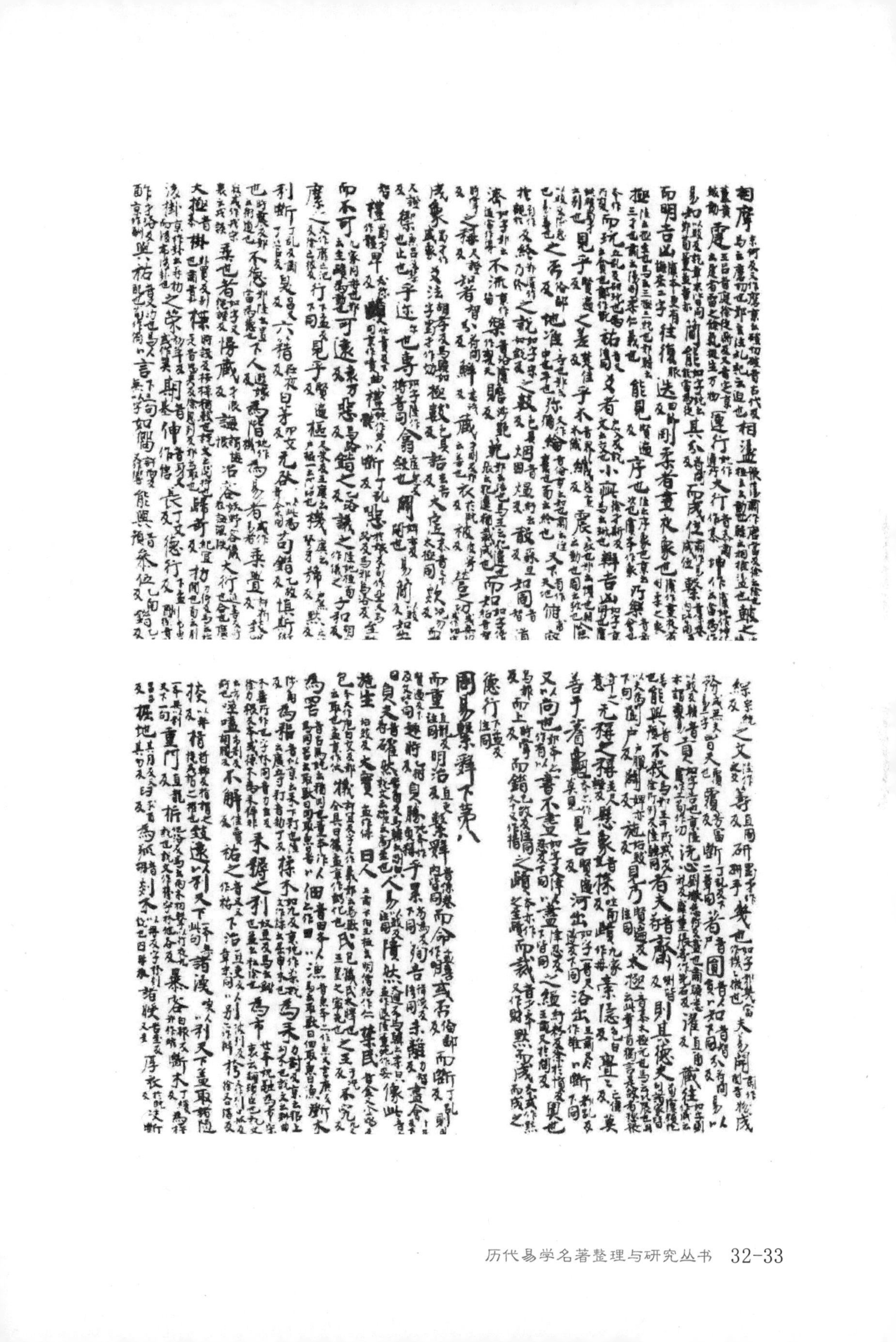

周易繫辭下第八

[illegible]

周易說卦第九

[illegible]

周易序卦第十

[illegible]

周易雜卦

[illegible]

振也 故觀凡句宜 遁長丁丈反

周易略例 略例本無上字此是輔嗣所作故釋文故相承錄之 今人謂略者為繫辭為第十者是後人解加作也

明彖 動不能制 不能制動 貞夫 音符 皆同 旋璣 音機 輻湊 可見

則夫 音扶 可遠 能渝 至賾 能與預 觀彖 朝直遙反 莛

明爻通變 非數 其好靜 度量 朝 遐反 莛

[巠]埒 發 而濟 能說 善僞 愛惡 有格

或作能興預

明卦適變通爻 否泰 險易 於斷 丁亂反 要其

辟險 隱 好先 儀長 故當 其介 音介 重畫

明象 觀意 猶蹄 在兔 筌 見莊子

應膚 滋漫 縱復

辯位 不繫 繫辭 位分 無六爻

略例下 或無下字

以人勝 卑 相比 險易 之行 五六 生

卦略 屯難 所濁 陰昧 昭 四遠 初比 履

不處 履者禮也 臨剛長

觀 所見 近 同好 所聽

睽見 通 咸其 豈悲 之沛 之紼 明昧

作沫 其興 折其

周易經典釋文一卷

開元廿六年九月九日於蒲州趙全嵒本寫 此年八月七日

勅頭盧渙甲頭張休

勅放春選 嘉節又三倍試 勅頭陳

開元廿七年

月廿五日於其則衛果本寫

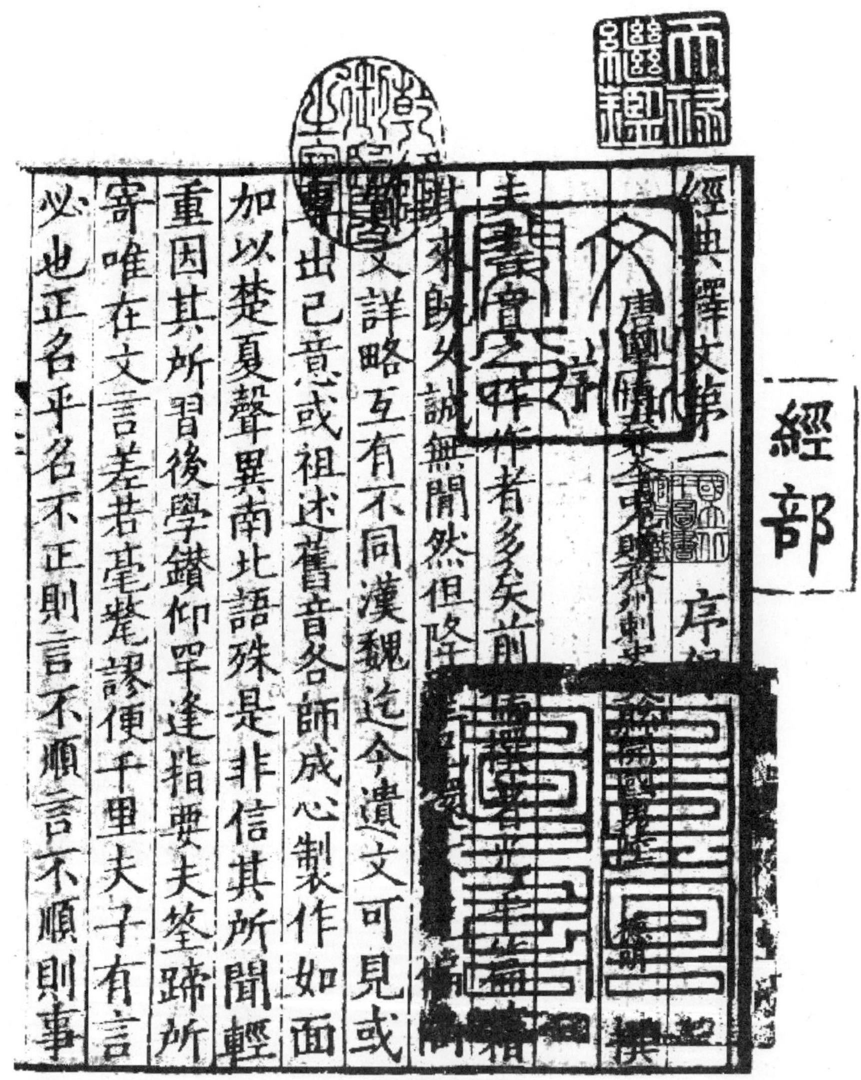

經部

經典釋文第一　序錄

唐國子博士兼太子中允贈齊州刺史吳縣開國男陸德明撰

夫書音之作作者多矣前儒撰著光乎篇籍其來既久誠無閒然但降聖已還不免偏尚質文詳略互有不同漢魏迄今遺文可見或專出己意或祖述舊音各師成心製作如面加以楚夏聲異南北語殊是非信其所聞輕重因其所習後學鑽仰罕逢指要夫筌蹄所寄唯在文言差若毫釐謬便千里夫子有言必也正名乎名不正則言不順言不順則事

二、乾隆珍藏宋刻本《周易音義》影印本

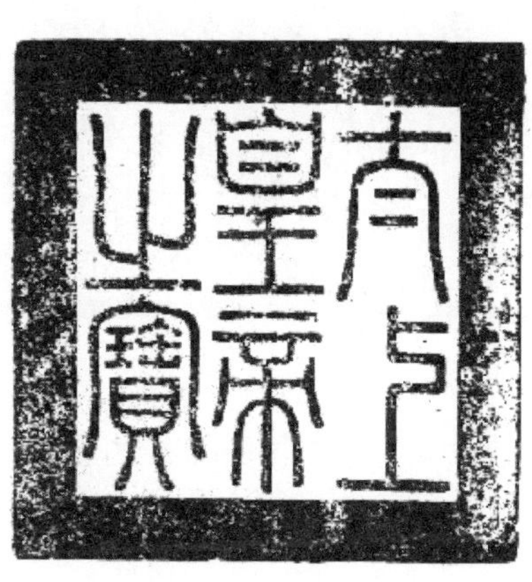

惕他歷反怵惕也鄭玄云懼也廣雅同若厲力世反危也无音無易內皆作此字
說文云奇字無也通於无者虛无道也王述說天屈西北爲无咎其久反易內同重剛直龍
反下同竭知音智或躍羊灼反廣雅云上也上音時掌反所處一本作可
處近平附近之近猶以救反與音預不謬靡幼反本或作繆音同夫
位音將下皆同亢苦浪反子夏傳云極也廣雅云高也則佞乃定反邪字又
作耶似嗟反彖吐亂反斷也斷音都亂反資始鄭云資取也乃統鄭云統本
也雲行如字雨施始豉反卦內皆同之累劣僞反者邪或作耶同
餘嗟反後協句辭皆放此象翔丈反精象擬象也自強其良反反復芳服反注
同本亦作覆大人造鄭徂早反爲也王肅七到反就也至也劉歆父子作聚文言
文飾卦下之言也夫子之十翼梁武帝云文言是文王所制之長張丈反之幹古旦
反體仁如字京房荀爽董遇本作體信利物孟喜京荀陸績作利之不成名

經典釋文第二

周易音義

唐國子博士兼太子中允贈齊州刺史吳縣開國男陸德明撰

周 代名也周至也遍也備也今名書義取周普 易 盈隻反此經名也虞翻注參同契云字從日下月正从日勿 上經 上者對下立名經者常也法也徑也由也 乾 卦名 傳 直戀反以傳述爲義謂夫子十翼也解見發題

第一 亦作弟 王弼注 本亦作王輔嗣註音張具反今本或無注字師說無者非

☰ 乾 竭然反依字作𠦝下乙乾從旦㫃㫃音偃說卦云乾健也此八純卦象天 元亨 許庚反卦德也訓通也餘放此 潛 捷鹽反 龍 喻陽氣及聖人 見龍 賢遍反示也注又下見龍皆同 利見 如字下皆同 大人 王肅云聖人在位之目 離隱 力智反 處於 昌呂反衆經不音者放此 德施 始豉反與也 不偏 音篇 則過 古卧反諸經內皆同 夕

大一三十五 周易音義 一

七二

下月

䷁坤 本又作巛巛今字也同困魂反說卦云順也八純卦象地 利牝 頻忍反徐邈扶忍反又扶死反
有攸 音由所也 喪朋 息浪反馬云失也下及注並同 必離 力智反 无疆 或作壃同
居良反下及注同 必爭 爭闘之爭 履霜 如字鄭讀履爲禮 積著 張慮反衆經不
音者皆同 始凝 魚冰反 馴 似遵反向秀云從也徐音訓此依鄭義 任其 而鴆反衆經皆同
知光 音智注同 不擅 善戰反專也 括 古活反結也方言云閉也廣雅云塞也 囊 乃剛
反 无譽 音餘又音預 不造 七到反又曹早反 否 皮鄙反 閉 必計反字林方結反
云闔也 施愼 並如字愼謹也象詞同本或作順非 之飾 申職反本或作餝俗字 坤至柔
本或有文言曰者 爲邪 似嗟反 餘殃 於良反鄭云禍惡也說文云凶也 臣弑 式志
反本或作殺音同下同 由辯 如字馬云別也荀作變 言順 如字 直方大不習
无不利則不疑其所行 張璠本此上有易曰衆家皆無 木蕃 伐袁反
而暢 勑亮反 陰疑 如字荀虞姚信蜀才本作凝 爲其 胡僞反注爲其同 嫌 戶謙

一本作不成乎名遯世徒頓反无悶門遯反樂則音洛確乎苦學反鄭云堅高之
皃說文云高至可拔蒲八反鄭云移也廣雅云出也庸行下孟反閑邪似嗟反下同
幾既依反注同理初始微名幾能全一本作能令尟克本亦作鮮同仙善反少也怵
敕律反解怠佳賣反上下並如字王肅上音時掌反非離力智反相應應對之應
易內不出者並同流濕申入反就燥蘇早先皂二反聖人作如字鄭云起也馬融
作起而當都浪反易內皆同有異者別出故盡津忍反當其如字上治直吏反下
及注同放遠于萬反見而賢遍反粹雖遂反揮音輝廣雅云動也王肅云
散也本亦作輝義取光輝爲行下孟反下之行行而皆同日可人實反未見賢遍反以
辯如字徐扶免反重剛直龍反下同夫大人音符發端之字皆放此先天
悉薦反後天胡豆反知喪息浪反其唯聖人乎王肅本作愚人
後結始作聖人

反大也 博施式豉反及下文同 拯拯救之拯 亨于許庚反 他閒閒厠之閒

漣如音連說文云泣下也 應援于眷反又音袁 闉音因塞也春秋傳云當陳隧者井堙木刊

是也 阨於革反又於賣反 委仰如字又魚亮反 長也直良反

䷃蒙莫公反蒙蒙也稚也稽覽圖云無以教天下曰蒙方言云蒙萌也離宮四世卦 童如字字書作僮

鄭云未冠之稱廣雅云癡也 筮市制反決也鄭云問也 告古毒反示也語也 再三息暫反又如字

瀆音獨亂也鄭云褻也 則復扶又反 能斷丁亂反 夫疑音扶六五注同

閡山五代反 時中張仲反注時中決中同又如字和也 童蒙求我一本作來

求我 不諮本亦作咨又作資並通 果行下孟反注及六三注象同 用說吐活反注同徐又音

稅 桎音質 梏古毒反在足曰桎在手曰梏小爾雅云杻謂之梏械謂之桎杻音丑 所惡烏路反

苞蒙如字鄭云苞當作彪彪文也 用取七住反本又作娶下及注同 獨遠于萬反下

文同 能比毗志反 以巽音遜鄭云當作遜 擊蒙經歷反王肅云治也馬鄭作繫

反注同鄭作謙荀虞陸董作嗛 未離 力智反
屯 張倫反難也盈也坎宫二世卦 則否 備鄙反 得主則定 本亦作則寧
而難 乃旦反卦內除六二注難可餘並同賈逵注周語云畏憚也 天造 祖早反注同 草昧
音妹廣雅云草造也董云草昧微物 而不寧 而辭也鄭讀而曰能能猶安也 經論 音論鄭如字謂論撰
書禮樂施政事黄穎云經論匡濟也本亦作綸 磐 本亦作盤又作槃步干反 桓 馬云槃桓旋也 晏安
本又作宴各依字晏一諫反宴一見反 下賤 遐嫁反 屯如 子夏傳云如辭也 亶如 張連反馬
去難行不進之皃 乘馬 繩證反四馬曰乘下及注並同鄭去馬牡牡曰乘子夏傳音繩 班如 如字子夏傳云相牽
不進皃鄭本作般 媾 古后反馬云重婚本作冓鄭去猶會本或作構者非 相近 附近之近下近並同又如字
即鹿 王肅作麓去山足 君子幾 徐音祈辭也注同又音機近也速也鄭作機去弩牙也
舍 式夜反止也注下同徐音捨 往吝 力刃反又力慎反馬去恨也 雖比 毗志反下皆同 之易
以豉反 不揆 葵癸反 以從 如字鄭黄手用反 合好 呼報反下同 恢弘 苦回

周易音義 三

七七

反正夫音符下法同斷不丁亂反下注並同契之苦計反下同其分符問
反相濫力暫反爭何爭鬭之爭陰和胡卧反而逋補吳反徐方吳反眚
生領反子夏傳云妖祥曰眚馬云災也鄭云過也下物遐嫁反竄七亂反徐又七外反逃也掇徐都
活反說文云拾取也鄭本作惙陟劣反憂也忤也五故反復即音服後同者更不音渝以朱
反變也馬同鄭云然也不邪似嗟反錫星歷反又星自反賜也鞶步干反馬云大也徐云王
肅作縏帶音帶亦作帶終朝馬云旦至食時爲終朝三息暫反注同或如字褫徐致紙反
又直是反本又作褫音同王肅云解也鄭本作拕徒可反
䷆師彖云衆也馬云二千五百人爲師坎宮歸魂卦貞丈人絶句丈人嚴莊之稱鄭云能以法度長於
人之稱尺證反以王如字物歸往也徐又往況反毒徒篤反役也馬云治也畜衆
敕六反聚也王肅許六反養也否音鄙惡也注同馬鄭王肅方有反臧作郎反善也三錫星歷反徐音賜
鄭本作賜天寵如字鄭云光耀也王肅作龍云寵也背高音佩有禽徐本作擒長

去紀呂反下同為之于僞反又如字扞胡旦反禦魚呂反本又作衛

䷄需音須字從雨重而者非飲食之道也訓養鄭讀爲秀解云陽氣秀而不直前者畏上坎也坤宮遊䰟卦

有孚徐音敷信也又作尃光師讀絕句亨貞吉一句馬鄭撼爲一句不陷陷没

之陷位乎如字鄭音涖雲上時掌反干寶云升也於天王肅本作雲在天上宴烏練反徐

烏殄反安也干同鄭音享宴也李軌烏衍反樂音洛注同最遠袁万反干遠險同於難乃旦反及下文皆同

利用恒未失常也本亦有无咎者于沙如字鄭作沚轉近附近之近後

時胡旦反衍在以善反徐怡戰反致寇如字鄭王肅本作戎則辟音避下同已

得音紀又音巳所復扶又反不速如字馬云召也釋詁云疾也釋言云徵也召也

䷅訟才用反爭也言之於公也鄭云辯財曰訟離宮遊䰟卦窒張栗反徐得悉反又得失反馬作至云讀

爲躓猶止也鄭云至覺悔皃惕湯歷反王注或在惕字上或在下皆通在中吉下者非中如字馬丁仲反吉

有孚窒一句惕中吉一句涉難乃旦反猶復扶又反下同不枉紆往反而令力呈

七九

則讀即以也字絕句有難乃旦反可盡津忍反

䷉履利恥反禮也艮宮五世卦咥直結反齧也馬云齕說而音悅注及後同行夫音符

下同使邪似嗟反疚久又反馬云病也陸本作疾坦坦吐但反說文云安也廣雅云平也明也蒼頡篇云著也不憙虛備反又音喜險厄於革反又作戹眇妙小反字書云盲也說文云小目

跛波我反足跛也依字作跛不脩本又作循行未下孟反愬愬山革反子夏傳云恐懼皃何休注公羊傳云驚愕也馬本作虩虩音許逆反云恐懼也說文同廣雅云懼也逼近附近之近夬古快反考祥本亦作詳

周易上經泰傳第二

䷊泰如字大通也鄭云通也馬云大也坤宮三世卦道長丁丈反財成音才徐才載反荀作裁輔相息亮反注同以左音佐注同右民音佑注同左右助也拔蒲八反

茅卯交反鄭音苗茹汝據反牽引也鄭湛同王肅音如彙音胃類也李于鬼反傅氏注云彙古偉字

子丁丈反注及下同 軍帥色類反

䷇比毗志反卦內並同彖云輔也序卦云比比也子夏傳云地得水而柔水得地而流故曰比徐又扶畏反坤宮歸魂卦 凶邪似嗟反 求有本亦作求得 其炎于廉反 缶方有反瓦器也鄭云汲器也爾雅云盎謂之缶 有它敕多反本亦作池 匪人非鬼反馬云匪非也王肅本作匪人凶 三驅匡愚反徐六鄭作敺馬云三驅者一曰乾豆二曰賓客三曰君庖 狹矣戶夾反 則舍音赦又音捨 背已音佩 則射食亦反 惡而烏路反 舍逆音捨

䷈小畜本又作蓄同敕六反積也聚也卦內皆同鄭許六反養也巽宮一世卦 施未始䜴反注皆同 陽上時掌反 蒸職膺反 車說吐活反下文并注並同說云解也 輻也音福 雖復扶又反上九云同 輿音餘 輻音福本亦作輹音服馬云車下縛也鄭云伏菟 陰長丁丈反下同 血如字馬云當作恤憂也 去起呂反注同 亦惡烏路反覆卦同 攣力專反馬云連也徐又力轉反子夏傳作戀云恵也 幾徐音祈又音機注同子夏傳作近 唯泰也則然一本作然

八一

莽莫蕩反王肅冥黨反鄭云叢木也 物黨物或作朋 所比毗志反 所當如字 量斯音良又音亮 其璛徐音容鄭作庸 而效下教反 則得則得則吉也一本作反則得得則吉也 號户羔反 咷道刀反號咷啼呼也 而遠袁万反 內爭爭鬭之爭 異災本作灾

䷍大有包容豐富之象乾宫歸魂計 過於葛反止也徐又音謁 休命虚虯反美也徐又許求反 大車王肅剛除反蜀才作輿 不泥乃計反 用亨許庚反通也下同衆家並香兩反京云獻也干云享宴也姚云享祀也 其彭步郎反子夏作旁干云彭亨驕滿皃王肅云壯也虞作尫姚云彭旁徐音同 上近如字亦附近之近 下比毗志反 至知音智 可舍音捨 斯數色助反 晢章舌反王廙作晰同音徐李之世反又作晢字鄭本作遰去讀如明星晢晢陸本作逝虞作折 何難依象宜如字一音乃旦反 易而以豉反 祐之音又 不累劣僞反下同 盡夫津忍反 繫辭音係

美也古文作曹蕫作蕢出也鄭云勤也苞木又作包必交反下卦同音薄交反荒本亦作巟音同鄭注禮云 八三
穢也說文水廣也又大也鄭讀爲康云虛也用馮音憑注同荒穢於廢反不陂彼僞反徐
甫寄反傾也注同又破河反偏也象曰无平不陂一本作无往不復篇篇如字子夏傳作
翩翩向本同云輕擧皃古文作偏偏以祉音恥一音勑子反又音立女處本亦作文處盡夫音符
後皆放此以意求之隍音皇城塹也子夏作堭姚作湟所應如字舊音應對之應上承時掌反
下施始豉反否道備鄙反
䷋否備鄙反卦內同閉也塞也乾宮三世卦道長丁丈反辟難上音避下乃旦反
入邪似嗟反不諂勑檢反否亨許庚反疇直留反鄭作否𠷎字休否
虛虬反美也又許求反息也注同
䷌同人和同也離宮歸魂卦以邪似嗟反炎上時掌反辯物如字王肅卜免
反繫吝繫或作係本作黨係則否方有反又備鄙反褊必淺反狹戶夾反于

日始出引詩盱日始旦 雎 香維反說文云仰目也字林火隹反 山豫 由從也鄭云用也馬作猶云猶豫疑也

盍 胡臘反合也 簪 徐側林反子夏傳同疾也鄭云速也埤蒼同王肅又祖感反古文作貸京作撍馬作臧荀作宗虞作戠戠叢合也蜀才本依京義從鄭 冥 覓經反馬云冥昧耽於樂也王廙云深也又亡定反鄭讀爲鳴 有渝 羊朱反 盡 津忍反 樂 音洛

䷐ 隨 從也震宮歸魂卦 而下 遐嫁反注下柔同 而說 音悅注下皆同 大亨貞 本又作大亨利貞 而天下隨時 王肅本作隨之 隨時之義 王肅本作隨之時義 而令 力呈反 否之 備鄙反 以嚮 本又作向許亮反王肅本作鄉音同 入宴 徐烏練反王肅烏顯反 官有 蜀才作館有 故舍 音捨下文同 以擅 市戰反 盡隨 津忍反盡卷末同 位正中也 一本作中正 拘 句于反 用亨 許庚反通也陸許兩反云祭也 之濱 音賓

䷑ 蠱 音古事也惑也亂也左傳云於文皿蟲爲蠱又云女惑男風落山謂之蠱徐又姬祖反一音故巽宮

八六

䷎謙 卑退爲義屈已下物也兌宫五世卦子夏作嗛云嗛謙也 下濟 節細反 而上 時掌反下注上承上行同 虧盈 馬本作毁盈 而福 京本作而富 惡盈 烏路反卦末注同 而好 呼報反 裒 蒲侯反鄭荀董蜀才作捊云取也字書作掊廣雅云掊減 稱物 尺證反 平施 始豉反注同 大難 乃旦反 自牧 牧養之牧徐音目一音茂 名者聲名聞之謂也 一讀名者聲絶句聞音問 匪解 佳賣反 撝 毁皮反指撝也義與麾同書云右秉白旄以麾是也馬云撝猶離也鄭讀爲宣 下下 上遐嫁反下如字下句同 用侵 王廣作寢 征國 本或作征邑國者非 不與 音預 爲爭 爭鬭之爭

䷏豫 餘慮反悅豫也備豫也馬云豫樂震宫一世卦 不忒 他得反鄭云差也京作貣 地奮 方問反 殷 於勤反馬云盛也說文云作樂之盛稱殷京作隱 薦 將電反本又作薦同本或作廌獸名耳非 介于 音界纖介古文作砎鄭古八反云謂磨砎也馬作扴云觸小石聲 苟說 音悅 盱 香于反睢盱也向云睢盱小人喜說之皃王肅云盱大也鄭云誇也說文云張目也字林火孤反又火于反子夏作紆京作汙姚作盱云

八五

周易上經 二

教一本作以神道設教省方悉非反童觀馬云童猶獨也鄭云稚也最遠袁万
反朝美直遥反所鑒古暫反下同趣促裕反闚苦規反本亦作窺▇
者狹下夾反象曰闚觀女貞一本有利字不比毗志反觀國
之光如字或音官喚反最近附近之近居近如字德見賢遍反平易
以鼓反盡夫觀盛故觀至大觀在上王肅音官以觀天下
徐唯此一字作官音觀盥而不薦觀之爲道而以觀感風行
地上觀處於觀時君子處大觀之時處大觀之
時大觀廣鑒亦音官居觀之時爲觀之主觀之盛
也從盡夫觀以下並官喚反餘不出者並音官

周易上經噬嗑傳第三

䷔噬市制反齧也嗑胡臘反合也巽宫五世卦齧研節反有間如字下同又音

歸魂卦先甲息薦反彖并注同後甲胡豆反彖并注同以斷丁亂反施
令力政反下同競爭爭鬭之爭治也直吏反注同說隨音悅創制
初亮反此俗字也依字作刱復始扶又反以振舊之愼反齊也師讀音眞振振仁厚也育
德正肅作毓古育字有子考无咎絶句周依馬王肅以考絶句當事丁堂反
盡承津忍反下皆同裕父羊樹反馬云寬也不累力僞反
☷☱臨如字序卦云大也坤宮二世卦剛浸子鴆反而長丁丈反除六三注末及象彖不長皆
同一音此治良反說而音悅下同教思息吏反注同无疆居良反注同剛勝
升證反下同佞邪似嗟反下同媚密備反位當也本或作當位實非也知臨
音智注同又如字
☴☷觀官喚反示也乾宮四世卦盥音管而不薦本又作荐同牋反王肅本作而
膺顒魚恭反足復扶又反既灌官喚反不忒吐得反神道設

周易音義

八七

周易音義

命 折之舌反注同鄭云斷也斷音丁亂反 其趾一本作止鄭云趾足 舍音捨下及注同 車

音居鄭張本作輿從漢時始有居音 安夫音符 其須如字字從三水邊作非 而比毗志

反下同 上附時掌反 循似遵反 濡如臾反 皤白波反說文云老人皃董音槃云馬

作足横行曰皤鄭陸作燔音煩荀作波 翰戶旦反董黃云馬舉頭高卬也馬荀云高也鄭云白也亦作寒案反

媾古豆反 而閡五戴反 寇難乃旦反下同 賁于丘園黃本賁作世

束帛子夏傳云五匹爲束三玄二纁象陰陽 戔戔在千反馬云委積皃薛虞云禮之多也又音殘

黃云猥積皃一云顯見皃子夏傳作殘殘 有喜如字徐許意反無妄大畜卦放此

䷖剝邦角反彖云剝剝也馬云落也說文云裂也乾宮五世卦 人長丁丈反下注皆同 激經歷

反 拂附弗反 觸忤五故反 以殞于敏反 失處昌呂反又昌據反 蔑

莫結反猶削也楚俗有削蔑之言馬云無也鄭云輕慢荀作滅 猶削相略反或作消此從荀本也下皆然 辨

徐音辦具之辦足上也馬鄭同黃云牀簀也薛虞云膝下也鄭符勉反王肅否勉反 道浸子鴆反下同 稍

閒廁之閒與過一本作有過頤以之反不合本又作而合不圂胡困反溷也不

也亂也韋昭云汙辱也上行時掌反注同勑法恥力反此俗字也字林作勅鄭云勑猶理也一云整也

屨紀具反校交教反注及下同馬音教滅止本亦作趾趾足也桎章實反足懲直冰

反木絞交卯反械戶戒反不行也本或作止不行也噬膚方于反馬云柔色肥

美曰膚未盡律忍反下同其分苻問反肥七歲反腊肉音昔馬云晞於陽而

煬於日曰腊肉鄭注周禮小物全乾曰腊乾音干胏緇美反馬云有骨謂之胏鄭云簀也字林云食食所

遺也一曰脯也子夏作脯徐音甫荀董同未光大也本亦無大字何校何可反又音何本亦作荷

音同下同王肅云荷擔聰不明也馬云耳無所聞鄭云目不明耳不聰王肅云言其聰之不明可

解佳買反

䷕賁彼僞反徐甫寄反李軌府瓮反傅氏云賁古斑字文章皃鄭云有也文飾之皃王肅符文反云

有文飾黃白色艮宮一世卦剛上時掌反注剛上音同解天音蟹下同以明蜀才本作

八九

曰眚鄭云異自內生曰眚自外曰祥害物曰災 量斯 音良 雖復 扶又反

☰ 无妄 亡亮反无妄无虛妄也說文云妄亂也馬鄭王肅皆云妄猶望謂无所希望也巽宮四世卦

柔邪 似嗟反 不佑 音又鄭云助也本又作祐馬作右謂天不右行 茂對時 茂盛也馬云茂勉也對配也 下賤 遐嫁反 不耕穫 黃郭反或依注作不耕而穫非下句亦然 不菑 側其反馬云田一歲也董云反草也 畬 音餘馬曰田三歲也董云悉耨曰畬說文云二歲治田也字林弋恕反 不

擅 市戰反 行違 下孟反下之行同 稼 音嫁 穡 音色 爲獲 如字或作穫非

比 毗志反 近 附近之近 可試 試驗一云用也

☰ 大畜 本又作蓄勑六反義與小畜同艮宮二世卦 大畜剛健 絕句 篤實

煇 音輝 光 絕句 日新其德 鄭以日新絕句其德連下句 厭而 於豔反 夫能 音符發句皆然下非夫同 令賢 力呈反下同 險難 乃旦反下遇難同 多識 如字又音試劉作志 往行 下孟反 利已 夷止反下及注已則能已同或音紀姚同 輿 音餘下同本或作轝音同

近附近之近六三剝無咎一本作剝之無咎非以膚方于反京作簠謂祭器切近
如字徐巨靳反鄭云切急也貫魚古亂反徐音官穿也駢頭薄田反得輿音餘京作
德輿董作德車廬力居反覆蔭於鴆反所茈本又作庇必利反又悲備反
䷗復音服反也還也坤宮一世卦朋來如字京作崩反復芳福反劉本同本又作覆
豕并迋反復皆同剛反絕向剛長丁丈反下文注皆同心見賢遍反具存本亦
作其存商旅鄭云資貨而行曰商旅客也無祇音支辭也馬同音之是反韓伯祁支反云大也鄭云病也
王肅作禔時支反陸云禔安也九家本作敍字音支幾悔音機下同又音祈患難乃旦反遠
矣袁万反錯之七故反休復虛虯反最比毗志反仁行下孟反下
仁遐嫁反以下仁也如字王肅云下附於仁徐戶嫁反頻復如字本又作顰顰眉也鄭
作卑音同馬云憂頻也頻戚千寂反下同憂也又子六反自考也鄭云考成也向云察也
有災本又作災鄭作裁案說文裁正字也灾或字也災籀文也眚生領反下卦同子夏傳云傷害曰災妖祥

九一

也布内反逆也虎視徐市志反又常止反眈眈丁南反威而不猛也馬云虎下視皃一音大南

反逐逐如字敦實也薛云速也子夏傳作攸攸志林云當爲逐蘇林音迪荀作悠悠劉作跾云遠也説文跾

音式六反施賁始䜴反下文同又如字而比毗志反得頤一本作得頤難未

乃旦反厲吉厲嚴厲也馬王肅云危

䷛大過徐古卧反罪過也超過也王肅音戈震宫游魂卦相過之過並古卧反棟

徐丁貢反橈乃教反曲折也下同拯拯救之拯弱本亦作溺並依字讀下救其弱拯弱皆同而

説音悦注同救難難乃並乃旦反上六注同遯本又作遁同徒遜反藉在夜反下

同馬云在下曰藉唯慎辰震反枯楊如字鄭音姑謂無姑山榆榆羊朱反稊徒稽反楊

之秀也鄭作荑荑木更生音夷謂山榆之實老夫如字下同特吝特或作持能令力呈

反得少詩照反下同則釋直吏反者長丁丈反淹溺乃歷反

生華如字徐音花无譽音預又音餘滅頂徐都冷反

説吐恬反注及下同馬云解也輹音服又音福蜀才本同或作輻一云車旁作复音服車下縛也作畐者音
福老子所云三十輻共一轂是也釋名云轋似人履又曰伏莬在輻上似之又曰輹伏於軸上馮河皮冰反
良馬逐如字鄭本作逐逐衍云兩馬走也姚云逐逐姚並驅之皃一音胄曰音越劉云曰猶言也
鄭人實反云日習車徒閑如字闌也馬鄭云習險阸於革反本亦作厄童牛無角牛也
廣蒼作犝劉云童妾也牿古毒反劉云牿之言角也陸云牿當作角九家作告説文同云牛觸角著橫木所以告人
抑鋭於力反下同本又作挫災卧反強其良反爭爭鬭之爭豶符云反劉云豕去勢曰豶
之牙徐五加反鄭讀爲互剛暴一本作剛突禁暴音金何天音河梁武帝音
賀衢其俱反馬云四達謂之衢亨許庚反
䷚頤以之反養也此篆文字也巽宮遊魂卦舍爾音捨注同朵多果反動也鄭同京作揣
嚼詳略反令物力呈反離其力智反而闚苦規反顛頤丁田反
拂符弗反違也薛同注下皆同一音𢿡弗反子夏傳作弗云輔弼也此行下孟反下立行同悖

周易音義　十一

九二

法峻 荀潤反

☲離 列池反麗也麗著也八純卦象曰象火 畜 許六反注同 牝 頻忍反徐又扶死反 外強 其良反 猶著 直略反卦內同 草木麗 如字說文作蘿 乎土 王肅本作也 重明 直龍反 明兩作 鄭云作起也荀云用也 明照相繼 一本無明照二字 履錯 鄭徐七各反馬七路反 警 京領反 辟其 音避象同 日昊 王嗣宗本作仄音同 鼓 鄭本作擊 大耋 田節反馬云七十曰耋王肅又他結反云八十曰耋京作絰蜀才作咥 之嗟 如字王肅又遭哥反荀作差下嗟若亦爾 凶 古文及鄭無凶字 突 徒忽反王肅唐屑反 舊 又湯骨反字林同云暫出 逼近 附近之近 出 如字徐尺遂反王嗣宗勑類反 涕 徐他米反 又音弟 沱 徒河反荀作池一本作沲 若 古文若皆如此 戚 千寂反子夏傳作嘁嘁子六反咨慽也 不勝 音外 遝首 本又作遝道兩得 離王公也 音麗鄭作麗王肅云麗王者之後爲公梁武力智反王嗣宗同 折首 徐之舌反注同 以去 羌呂反 王用出征以正

䷜習便習也重也劉云水流行不休故曰習坎徐苦感反本亦作埳京劉作欿險也陷也八純卦象

水險陷陷没之陷謂便婢面反下同重險直龍反注下並同陗七妙反

洊在薦反徐在悶反舊又才本反爾雅云再也劉云仍也京作臻干作荐德行下孟反注同險難

乃旦反下險難同則夫音符窞徒坎反說文云坎中更有坎王肅又作陵感反云窞坎底也字林云坎中

小坎一曰旁入處欿亦作坎字而復扶又反下雖復同險且如字古文及鄭向本作檢鄭云木在

手曰檢枕徐針鴆反王肅針甚反鄭玄云木在首曰枕陸云閑礙險害之皃九家作玷古文作沈沈直林反出

則之坎一本作出則亦坎誤樽酒音尊絕句簋貳音軌絕句用缶方有

反絕句舊讀樽酒簋絕句貳用缶一句自牖音酉陸作誘承比毗志反下同之食音嗣

飤也象曰樽酒簋一本更有貳字祇音支又祁支反鄭云當為坻小丘也京作禔說文同

音支又上支反安也盡平津忍反徽許韋反纆音墨劉云三股曰徽兩股曰纆皆索名

寘之豉反置也注同劉作示言衆議於九棘之下也子夏傳作湜姚作寔寔置也張作置叢才公反

九五

始扶又反 見於賢遍反 浚荀閏反深也鄭作濬 令物力呈反 餘綿紆粉反廣雅云積也 或承或有也一云常也鄭本作咸承 德行下孟反 詰去吉反 而分扶運反 振恒之刃反馬云動也鄭云搖落也張作震

䷠遯徒巽反字又作遂又作遁同隱退也匿迹避時奉身退隱之謂也鄭云逃去之名序卦云遯者退也 乾宮二世卦

夫靜音扶 非否備鄙反下同 亢苦浪反 浸子鴆反注同 而長丁丈反卦內同或如字 以遠袁方反注並同 辟內音避 難可乃旦反 何災音河褚河可反今不用 勝升證反又音升注同 說王肅如字解說也師同徐吐活反又始銳反 遯已音以或音紀 係遯古詣反本或作繫 近二附近之近 憊蒲拜反鄭云困也廣雅云極也王肅作斃荀作備 好遯呼報反注下同 小人否音鄙注下同惡也徐方有反鄭王肅備鄙反云塞也 能舍音捨 肥遯如字子夏傳云肥饒裕 能累劣僞反 繒則能反 繳章略反

邦也 王肅本此十更有獲匪其醜大有功也

周易下經咸傳第四

䷞咸 如字彖云感也兊宮三世卦 取 七具反本亦作娶音同 相與 如字鄭云與猶親也

而說 音悅 男下 遐嫁反下注必下同 見於 賢遍反 各亢 口浪反本或作有 拇 茂后反馬鄭薛云足大指也子夏作跗荀作母云陰位之尊 腓 房非反鄭云膞腸也膞音市膋反王廙云腓腓腸也荀作肥云謂五也尊盛故稱肥 離拇 乃昝反 動躁 早報反 股 音古 憧憧 昌容反馬云行皃王肅云往來不絕皃廣雅云往來也劉云意未定也徐又音童又音鍾京作憧字林云憧遲也丈家反 脢 武杯反又音每心之上口之下也鄭云脢脊肉也說文同王肅又音天廣雅云胂謂之脢胂音以人反 輔 如字馬云上頷也虞作酺 云耳目之間 頰 兼叶反孟作俠 騰 徒登反達也九家作乘虞作騰鄭云送也 口說 如字注同徐音朧又始銳反

䷟恒 如字久也震宮三世卦 長陽長陰 並丁丈反大衆注同 媲 普計反配也 復

五七

褫敕紙反又直紙反　摧如罪雷反退也鄭讀如南山崔崔之崔　未著張慮反　自
喪息浪反　愁狀由反鄭子小反云變色皃　介音戒大也馬同　聞乎聞亦作文又作交義
莊通　和之胡卧反　鼫音石子夏傳作碩鼠鼫鼠五技鼠也本草螻蛄一名鼫鼠　失得如字
孟馬鄭虞王肅本作矢馬王云離爲矢虞云矢古誓字　失夫音符
䷣明夷夷傷也坎宮遊魂卦　以蒙大難乃旦反卦內同鄭云蒙猶遭也一云蒙冒也
文王以之王肅云唯文王能用之鄭荀向作似之下亦然　莅履二反又律秘反　蔽僞本或
作弊僞　所辟音避下同　最遠袁万反下遠難同　遠遯徒遜反　匿形女力
反　不遑音皇　夷于如字子夏作睇鄭陸同云旁視曰睇京作眱　左股音古馬王肅作般云
旋也日隨天左旋也姚作右槃云自辰右旋入丑　用承拯救之拯注同說文云舉也鄭云承也子夏作抍字林云抍上
舉音承　示行示或作亦　近難附近之近下最近同　疑憚但旦反　然後而免
也一本作然後乃獲免也　南狩手又反本亦作守同　去闇羌呂反　逆忤五故反

☳☰大壯 壯莊亮反威盛強猛之名鄭云氣力浸強之名王肅云壯盛也廣雅云健也馬云傷也郭璞云今淮南人呼壯爲傷坤宮四世卦 而愼禮也 愼或作順義亦通 用罔 罔羅也馬王肅云无 羝羊 音低張云羖羊也廣雅云吳羊曰羝 觸 徐處六反 藩 方袁反徐甫言反下同馬云籬落也 羸 律悲反又力追反下同馬云大索也徐力皮反王肅作縲音螺鄭虞作纍蜀才作累張作虆 雖復 扶又反 藩決 音穴注下同 大輿 音餘 之輹 音福本又作輻 行不 下孟反 能說 吐活反 喪羊 息浪反注下同 于易 以豉反注下同鄭音亦謂佼易也陸作場壃場也 險難 亦乃旦反 剛長 丁丈反下剛長同 猶與 音預一本作預 其分 扶問反 不詳 詳審也鄭王肅作祥善也

☲☷晉 彖云進也孟作齊齊子西反義同乾宮遊魂卦 康 美之名也馬云安也鄭云尊也廣也陸云安也樂也 蕃 音煩多也鄭發袁反 庶 如字衆也鄭止奢反謂蕃遮禽也 晝日 竹又反 三 徐息暫反下及注同 接 如字鄭音捷勝也 上行 時掌反兄上行並同 以著 直略反下著明同 三

周易音義 九九

掣徐市制反說文作𧢛之世反云角一俯一仰子夏作𢍏傳云一角仰也荀作觭劉本從說文解依鄭其人

天天剠也馬云剠鑿其額曰天劓魚器反截鼻也王肅作䠶䠶魚一反相比毗志反下同

元夫如字噬市制反之弧音胡弓也後說吐活反注同一音始銳反之弧本亦

作壺京馬鄭王肅翟子玄作壺媾古豆反恢苦回反大也詭九委反異也戾也譎古穴

反本亦作決詐也乖也吁可況于反四剠其京反說文或作黥字

䷦蹇紀免反彖及序卦皆云難也王肅徐紀偃反兌宮四世卦以難乃旦反卦內及解卦皆同

難解音蟹上六注同未否備鄙反知矣音智初六注同得中如字鄭云和也

又張仲反王肅云中適也解卦彖同正邦荀陸本作正國爲漢朝諱宜待也張本作宜時也鄭本宜待

時也遠害袁万反內喜如字徐許意反猶好也來連力善反馬云難也鄭如字

遲久之意之長直良反長難丁丈反

䷧解音蟹序卦云緩也震宮二世卦解之爲義音蟹下以解來復同齊厄

箕子之明夷蜀才箕作其劉向云今易箕子作荄滋鄒湛云訓箕爲荄詁子爲滋漫衍無經不可致詰以譏荀爽 爲比毗志反

䷤家人說文家居也案人所居稱家爾雅室內謂之家是也巽宮二世卦 熾也尺志反 而

行下孟反注皆同 閑馬云闌也防也鄭云習也 中饋巨愧反食也 嗃嗃呼落反又呼學反馬云悅樂自得皃鄭云苦熱之意荀作確確劉作熇熇 嘻嘻喜悲反馬云笑聲鄭云驕佚喜笑之意張作嬉嬉陸作喜喜 之長丁丈反 以近附近之近 王假更白反注同至也鄭云登也徐古雅反馬云大也 愛樂音洛 以著張慮反

䷥睽苦圭反馬鄭王肅徐呂忱並音圭序卦云乖也雜卦云外也說文云目不相聽也艮宮四世卦 而上時掌反下上行同 同行如字王肅遐孟反 說而音悅 喪馬息浪反注同 自復音服注同 必顯一本作必類下相顯亦然 可援于眷反下得援同又音袁 以辟音避 于巷戶絳反說文云里中道也廣雅云居也字書作衖 曳以制反 掣昌逝反鄭作㸷云牛角皆踊曰

周易音義 十五 洛下

一〇一

盬應師如字舊應對之應偕行音皆其分扶問反徵直升反止也鄭云猶

清也劉作懲云清也蜀才作澄忿芳粉反窒珍栗反徐得悉反鄭劉作懫懫止也孟作恎陸作脊

欲如字孟作浴已事音以本亦作以虞作祀遄市專反速也荀作顓復自扶又反丸

二注同以上時掌反化淳尚春反以離力智反知者音智以盡津忍

反上祐音又本亦作佑不制一本作下制遂長丁丈反尚夫音符

䷩益增長之名又以弘裕為義繫辭云益長裕而不設是也巽宮三世卦民說音悅無疆

居良反下同下下上遐嫁反下如字注同涉難乃旦反下同天施始豉反之

勴昌預反下其勴同用亨香兩反注同王肅許使反用圭王肅作用桓圭不為于偽反

不勴本或作不届用費芳貴反盡物津忍反無厭於鹽反莫以

胡卧反惡盈烏路反偏辭音篇孟作徧云周帀也

周易下經夬傳第五

夬

厄或作危 彖曰解 音蟹自此盡初六注皆同 坼 勑宅反說文云裂也廣雅云分也馬陸作宅云

根也 否結 備鄙反 者亨 許庚反 宥罪 音又京作尤 磐結 步丹

反 或有遇 遇或作過 咎非其理也 一本無此八字 所任 而鴆反

斯解 佳買反 之稱 尺證反 失枉 紆往反 旦乘 如字王肅繩證反 柔

邪 似嗟反 自我致戎 本又作致寇 解而 佳買反注同 拇 茂后反陸云足

大指王肅云手大指荀作母 而比 毗志反 維有解 音蟹注有解及象并下注爲解之極同

解難 佳買反 用射 食亦反注下同 隼 荀尹反毛詩草木鳥獸䟽云鷂 高墉

音容馬云城也 將解 佳買反 荒悖 布內反象同 以解 佳買反

䷨損 孫本反虧減之義也又訓失序卦云緩必有所失暑世艮宮三世卦 曷 何葛反 二簋

蜀才作軌 用享 香兩反下同蜀才許庚反 上行 時掌反凡上行皆同 陰說 音悅 非

長 丁丈反下德長遂長同 爲邪 似嗟反 能拯 拯救之拯 大難 乃旦反 二

易以豉反 最比毗志反 號咷徒刀反

䷫姤古豆反薛云古文作遘鄭同序卦及彖皆云遇也乾官一世卦 用娶七喻反本亦作取音同注及下同 正乃如字正亦作匹 誥四方李古報反鄭作詰起一反正也王肅同 柅徐乃履反又女紀反廣雅云止也說文作檷云絡絲趺也讀若昵字林音乃米反王肅作抳從手子夏作鑈蜀才作尼止也

羸豕劣隨反王肅同鄭力追反陸讀爲纍 蹢直戟反徐治益反一本作躑古文作蹢 躅直錄反本亦作蠋蹢躅不靜也古文作𨇨 牝頻忍反 豭音家 包有本亦作庖同白交反下同鄭百交反虞云白茅包之荀作胞 利賓如字 擅人市戰反 遠民袁万反 以杞音起張云苟杞馬云大木也鄭云柳也薛云柳柔韌木也並同 包瓜白交反子夏作苞馬鄭百交反 瓜音工花反 不舍音捨下同 所復扶又反 物爭爭鬬之爭下卦同

䷬萃在季反彖及序卦皆云聚也兌宮二世卦 亨王肅本同馬鄭陸虞等並無此字

王假更白反 以說音悅下注皆同 則邪似嗟反 孝享香兩反 聚

䷪夬 古快反，決也。坤宮五世卦 剛幾 音祈 坦然 他但反 夬決 徐古穴反 而

說 音悅，注皆同 齊長 丁丈反，除上六，象並同 則邪 似嗟反，下同 斷制 丁亂

反，注同 澤上 時掌反，注同 以施 始豉反，注同 壯于 側亮反 前趾 止，荀作

止 惕 勑歷反，荀翟作錫，云賜也 號 戶羔反，注及下同，鄭王肅音号 莫夜 音暮，注同，鄭如字，云

無也，無夜非一夜 號呼 火故反 頄 求龜反，顴也，又音求，又丘倫反，翟云面顴頰間骨也，鄭作頯 頯

夾面也，王肅音龜，江此音琴威反，蜀才作仇 若濡 而朱反 有慍 紆運反，恨也，舊於問反 面權

如字，字書作顴 夬夫 夫亦作去，羌呂反 情累 劣偽反 臀 徐徒敦反 次 本亦作趑

或作欧，說文及鄭作趦，同，七私反，注下同，馬云郤行不前也，說文倉卒也，下卦放此 且 本亦作趄，或作跙，同，七餘反，注

及下同，馬云語助也，王肅云趑趄行止之礙也，下卦放此 牽羊 苦年反，(子)夏作掔 牴 丁禮反，本又作

抵，音同，或作觝，丁啼反 很 胡懇反 莧 閑辯反，三家音胡練反，一本作莞，華板反 陸 如字，馬鄭云莧

陸，商陸也，宋衷云莧，莧菜也，陸，當陸也，虞云莧，蕢也，陸，商也，蜀才作睦，睦，親也，通也 柔脆 七歲反 至

一〇五

義也注同又云曰窮也則喪息浪反

䷮困窮也窮悴掩藏之義故彖云剛掩也廣雅云困悴也兌宮一世卦剛揜本又作掩於檢反李於範

反虞作弇以說音悅卦內同困窮如字或作困窮非臀徒敦反株木張愚反

幽谷徐古木反不覿大歷反見也注同獲拯拯救之拯隱遯徒困反數

歲色桂反本亦作三歲困解音蟹朱紱音弗下同享祀許兩反注同難之

乃旦反不勝音升豐衍延善反蒺音疾蔾音黎蒺蔾茨草上比

毗志反焉得於虔反來徐徐徐徐疑懼皃馬云安行皃子夏作荼荼翟同荼音圖云內不定

之意王肅作余余金車本亦作金輿劓徐魚器反刖徐五刮反又音月荀王肅本劓刖作臲鼿

云不安皃陸同鄭云劓刖當爲倪杌京作劓劊案說文劊斷也祭祀本亦作享祀遐遠本或作遐

邇藟力軌反似葛之草本又作虆毛詩草木疏云一名巨荒似蘡薁連蔓而生幽州人謂之推虆臲五結

坳王肅妍喆反說文作劓牛列反薛同卼五骨反又音月說文作鼿云鼿不安也薛又作杌字同曰動

三

以正荀作以正取 澤上時掌反 除戎器如字本亦作備又作治王肅姚陸云除猶脩治師同

鄭云除云也蜀才云除去戎器脩行文德也荀作慮 若號絶句戶報反馬鄭王肅王廙戶羔反 一握烏學

反傳氏作渥鄭云握當讀爲夫三爲屋之屋蜀才同 至好呼報反 愞乃亂反 正本亦作匹

妃音配 禴羊略反殷春祭名馬王肅同鄭云夏祭名蜀才作躍劉作禴 多辟匹亦反 以

遠袁万反 之省生領反下同 以比毗志反 未光也一本作志未光也 齎

徐將池反王肅將啼反 咨音諮又將利反齎咨嗟歎之辭也鄭同馬云悲聲怨聲 涕徐音體 洟

他麗反又音夷鄭云自目曰涕自鼻曰洟

䷭升式陵反序卦云上也上音時掌反鄭本作昇馬云高也震宮四世卦 用見大人本或作利

見 以順德如字王肅同本又作慎師同姚本德作得 以高大本或作以成高大 允當

如字下同 閑邪似嗟反 升虛如字空也徐去餘反馬云丘也 用亨許庚反通也馬鄭陸

王肅許兩反馬云祭也鄭云獻也 岐山其宜反或祁支反 攘來如羊反 冥覓經反闇昧之

周易音義 十八

一〇七

莫之與也渫息列反徐又食列反黄云治也心惻初力反說文云痛也汲音急停汙音烏

其行下孟反象井注皆同甃側舊反馬云爲瓦裏下達上也子夏傳云脩治也干云以甎壘井曰

甃字林云井壁也洌音烈絜也說文云水清也王肅音例不橈乃孝反不食如字又音

嗣井收徐詩救反又如字馬云汲也陸云井幹也荀作甃勿幕音莫覆也干本勿作网

䷰革馬鄭云改也坎宮四世卦樂成音洛上六注同相息如字馬云滅息也李斐注漢

書同說文作熄欲上時掌反革而信之一本無之字以說音悅注同鞏

九勇反固也馬同堅仞仁震反行有如字又下孟反相比毗志反文炳兵領

反文蔚音尉又紆弗反廣雅云茂也數也說文作斐

䷱鼎丁令反法象也即鼎器也離宮二世卦革去羌呂反下皆同賢愚别

彼列反尊卑序本亦作有别有序以木巽火亨本又作亯同普庚反煑也下反

注聖人亨大亨亨餁亨者並同飪入甚反熟也徐而鴆反以享香兩反注享上帝同上行

悔 音越向云言其無不然 令生 力呈反
䷯ 井 精領反雜卦云通也彖云養而不窮周書云黃帝穿井世本云化益作井宋衷云化益伯益也堯臣
廣雅云井深也鄭云井法也字林作丼子挺反周云井以不變更為義師說井以清絜為義震宮五世卦 無喪 息浪
反 汔 徐許訖反注同幾也王肅音其訖反 繘 音橘徐又居密反鄭云綆也方言云關西謂綆為繘郭璞
云汲水索也又其律反又音述 羸 律悲反徐力追反下同蜀才作累鄭讀曰虆 瓶 白經反 幾至
音祈或音機 而覆 芳福反 而上水 時掌反注及下注上水皆同 井養 如字徐以
上反 木上 如字師又時掌反 以勞 力報反注同 勸相 息亮反注同王肅如字 井
泥 乃計反注及下同 滓穢 側里反 不嚮 許亮反 棄舍 音捨下文同
井谷 古木反又音浴 射 食亦反注同徐食夜反鄭王肅皆音亦云厭也荀作耶 鮒 音附魚名也子
夏傳謂蝦蟆 甕 屋送反李於鍾反鄭作甕云停水器也說文作罋汲缾也 敝 婢世反王肅徐扶滅
反 谿谷 口嵇反 注下 章喻反下同 而復 扶又反 无與之也 一本作則

周易音義 一〇九

同於其反辭也六五同鄭於力反云十万曰億**喪**息浪反注同荀如字**貝**如字荀音敗**躋**本又作隮子西反升也**雖復**扶又反上六注同**蘇蘇**疑懼皃王肅云躁動皃鄭云不安也馬云尸禄素餐皃**无眚**生領反**遂泥**乃計反下同荀本遂作隊泥音乃低反**困難**乃旦反**索索**桑洛反注及下同懼也馬云內不安皃鄭云猶縮縮足不正也**視**如字徐市至反**矍矍**俱縛反徐許縛反馬云中未得之皃鄭云目不正**婚媾**古豆反**彼動故懼**故或作而

䷳**艮**根恨反止也鄭云艮之言很也八純卦象山**其背**必內反徐甫載反**相背**音佩下相背同**否之**備鄙反**令物**力呈反**而強**其兩反**斮邪**似嗟反**敵應**應對之應又音膺**其趾**如字荀作止**腓**符非反本又作肥義與咸卦同**不承**音拯拯之拯馬云舉也**不快**苦夬反**其限**馬云限要也鄭荀虞同**夤**引真反馬云夾脊肉也鄭本作䏰徐又音胤荀作腎云互體有坎坎為腎**薰**許云反荀作動云互體有震震為動**喪**息浪反二

䷴**漸**捷檢反以之前為義卽是漸之道艮宮歸魂卦**女歸吉也**王肅本還作女歸吉

時掌切 凝魚承反嚴見鄭云成也翟作擬云度也 顛丁田反倒也 趾音止 利出徐尺遂反

或如字注及下同 否悲巳反惡也注及下同 是覆芳目反下皆同 趾倒丁老反下同一 以

爲于僞反下體爲同 未悖必內反逆也 我仇音求匹也鄭云怨耦曰仇 可復扶又

反下同 其行下孟切注同 塞悉則反 雉膏如字鄭云雉膏食之美者 折足

示舌反注同 餗送鹿反虞云八珍之具也馬云餗饘也饘音之然反鄭云菜也 形渥於角反沾也鄭作剭

音屋 且施始豉反 所盛音成 知小音智 金鉉玄典反徐又古玄反又古冥反一音古螢

切馬云鉉扛鼎而舉之也 用勁古政反

☳震止愼反動也八純卦象雷 以成成亦作盛 虩虩許逆反馬云恐懼皃鄭同荀作愬愬

笑言言亦作語下同 啞啞烏客反馬云笑聲鄭云樂也 怠本又作殆 惰徒臥反下同

解慢佳賣反下同 恐致曲勇反下文注皆同 不喪息浪反卦內並同 匕必以反

鬯勑亮反香酒 堪長丁丈反 已出音紀 洊在薦反徐又在悶反 億本又作噫

周易音義

也愆期起虔反馬云過也遲雉夷反晚也緩也陸云待也一音直冀反不正不應本亦作无應有待而行也一本待作時之袂彌世反月幾音機又音祈荀作既承匡曲云反鄭作筐刲苦圭反馬云刺也一音工惠反

周易下經豐傳第六

䷶豐芳忠反字林匹忠反依字作豐今並三直畫猶是變體若曲下作者禮字耳非也世人亂之久矣象彖序卦皆云大也案豐是腆厚光大之義鄭云豐之言倎充滿意也坎宮五世卦王假庚白反至也下同馬古雅反大也闡昌善反而令力呈反以徧音遍則昃如字孟作稷則食如字或作蝕非則溢本或作則方溢者非以折之舌反斷也下及注同其配如字鄭作妃云嘉耦曰妃雖旬如字均也王肅尚純反或音脣荀作均劉昞作鈞則爭爭鬬之爭下皆同蔀音部王廙同蒲戶反王肅普苟反略例云大暗之謂蔀馬云菩小也鄭薛作菩云小席見斗孟作見主曖音愛鄣音章又止尚反字又作障同斗見者賢遍反下不見同

一三

利貞 善俗 王肅本作善風俗 于干 如字鄭云干水傍故停水處陸云水畔稱干毛傳詩云厓也又

云澗也荀王肅云山閒澗水也翟云涯也 則困於小子 本又作則困讒於小子 於謗 愽很

反 讒諛 音臾 磐 畔干反山石之安也馬六山中磐紆 衎衎 苦旦反馬云饒衍 祿養

羊尚反 歡樂 音洛 于陸 陸高之頂也馬云山上高平曰陸 孕 以證反說文云懷子曰孕

戈甑反鄭云猶娠也荀作乘 復反 扶又反 邪配 似嗟反 合好 呼報反 能

閒 閒廁之閒 離羣 力智反鄭云猶去也 桷 音角翟云方曰桷桷榱也馬陸云桷榱也說文云秦

曰榱周謂之椽齊魯謂之桷 安棲 音西字亦作栖 不累 劣僞反 峩峩 五何反

䷵ 歸妹 婦人謂嫁曰歸妹者少女之稱兌官歸魂卦 少女 詩照反下皆同 之稱

尺證反下同 爲長 丁丈反下皆同 說以 音悅後並同 所歸妹也 本或作所

以歸妹 不樂 音洛 妖邪 似嗟反 知弊 婢世反 以娣 大計反 跛

波我反 娣從 才用反又如字 眇 彌小反 以須 如字待也鄭云有才智之稱荀陸作嬬陸云妾

周易音義

瑣瑣悉果反或作璅字者非也鄭云瑣瑣小也馬云疲獘皃王肅云細小皃懷其資本或
作懷其資斧非喪息浪反卦內並下卦同為施始豉反與萌如字又音預得
其資斧如字子夏傳及衆家並作齊斧張軌云齊斧蓋黃鉞斧也張晏云整齊也應劭云齊利也
虞喜志林云齊當作齋齋戒入廟而受斧下卦同不快苦夬反斫諸若反平坦吐但
反射雉食亦反注同而上時掌反上逮音代一音大計反號戶羔反咷
道羔反于易以豉反注同王肅音亦所嫉音疾字林音自本亦作疾下同其義焚
也馬云義宜也一本作宜其焚喪牛之凶本亦作喪牛于易
䷸巽孫問反入也廣雅云順也八純卦象風象木巽弟大計反本亦作悌重巽
直龍反齊邪似嗟反下并下卦同志治直吏反紛芳云反廣雅云衆也喜也一云盛也
而復扶又反下同神祇祁支反頻顣千寂反又子六反此同鄭意不樂音洛
遠不袁万反之庖步交反先庚西薦反注同後庚胡豆反卒以

不邪似嗟反沛本或作旆謂幡幔也又普貝反姚云滂沛也王廙豐蓋反又補賴反徐普蓋反子夏

作芾傳云小也鄭干作芾云祭祀之蔽膝沫徐武蓋反又亡對反微昧之光也字林作昧亡大反云斗杓後星王

肅云音妹鄭作昧服虔云日中而昏也子夏傳云昧星之小者馬同薛云輔星也肱古弘反姚作股幡芳袁

反慢末半反以禦魚呂反微昧音妹豐其屋說文作豐云大屋也

闚苦規反李登云小視闃苦鶪反徐苦鶪反一音苦鵙反馬鄭云无人貟字林云靜也姚作闐孟作

窒並通覿徒歷反藏如字㢑於鴆反其行下孟反治道直吏反下

同天際如字鄭云當為瘵瘵病也翔鄭王肅作祥翳光烏細反自藏如字

衆家作戕慈羊反馬王肅云殘也鄭云傷也有為于僞反不出戶庭此引節卦九二

文辭應云門庭作戶誤也或云門戶通語

䷷旅力舉反羇旅也序卦云旅而无所容雜卦云親寡旅是也離宮一世卦王肅等以為軍旅特

重直用反物長丁丈反而復扶又反六五注同令附力呈反非知音智

一一五

䷻節 薦結反止也明禮有制度之名一云分段支節之義坎宮一世卦 男女別 彼列反

復正 扶又反下注同 說以 音悅注同 澤上有水 上或作中今不用 德行 下孟反

故匿 女力反 所怨 紆万反又紆元反

䷼中孚 芳夫反信也艮宮遊魂卦 豚 徒尊反黃作遯 說而 音悅下注皆同 乖爭

爭闘之爭 之行 下孟反 畜之 許六反本或作嘼 涉難 乃旦反 有它 音他 燕

音鷰 鶴 戶各反 和之 胡卧反注及下同 好爵 如字王肅呼報反孟云好小也 爾靡

本又作縻同亡池反散也干同徐又武寄反又亡彼反韓詩云共也孟同埤蒼作縻云散也陸作𢇁京作劘 重陰

直龍反 不徇 似俊反 或罷 如字王肅音皮徐扶彼反 少陰 詩照反 長陰

丁丈反 相比 毗志反 而閡 五代反 憊 備拜反 幾望 音機又音祈京作近荀作

既 而上 時掌反象同 攣 力圓反廣雅云拳也 可舍 音捨 翰 胡旦反高飛 內巷

息浪反

一一七

寸忽反下同不說字又作悅同先申音身或作甲字非以斷丁亂反下同

☱兌徒外反悅也八純卦象澤兌說音悅卦內並同以先西薦反又如字犯難

乃旦反麗澤如字麗連也鄭作離云猶併也黨繫本亦作係商兌如字商商量也

鄭云隱度也介疾音界隔也馬云大也將近附近之近比於毗志反道長

丁長反

☴渙呼亂反散也序卦云離也離宮五世卦王假庚白反下同梁武帝音賈而上如字

又時掌反之難乃旦反卦內同之累劣僞反亨于香兩反用拯拯救之拯

馬云舉也伏曼容云濟也王肅云拔也子夏作抍抍取也以逝逝又作遊厄劇本又作危處又作厄

處逃竄七亂反險爭爭鬪之爭机音几有丘姚作有近匪夷荀作

匪弟丘墟去魚反渙汗下旦反以盪徒黨反險阨於隔反以假

古雅反逖湯歷反血去羌呂反最遠袁万反下於遠象遠害並同不近附近之近

馬髴髴也鄭云車蔽也子夏作髴荀作紱董作髲　**不比**毗志切　**鬼方**蒼頡篇云鬼遠也　**憊**

備拜切鄭云劣弱也陸作備云當為憊憊困劣也　**繻**　**有**而朱切鄭王肅云音須子夏作繻王廙同薛云

古文作繻　**衣袽**女居切絲袽也王肅音如說文作絮云緼也廣雅云絮塞也子夏作茹京作絮　**有郤**

去逆切　**禴**羊略切祭之薄者　**沼**之紹切　**沚**音止　**蘋**音頻　**非馨**呼庭切

☲☵**未濟**離宮三世卦　**小狐**徐音胡　**汔**許訖切說文云水涸也鄭云幾也　**令物**力呈

切　**各得其所**一本得作當　**經綸**本亦作論同音綸又魯門切　**屯**張倫切　**蹇**

紀勉切　**循難**以遵切猶發也　**喪其**息浪切　**已比**上音紀下毗志切　**以近**附近

之近　**暉**許歸切字又作輝　**而耽**丁南切　**於樂**音洛

周易繫徐胡詣切本系也又音係續也字從毄若直作毄下系者音口奚切非　**辭**本亦作辭辭說字

應作詞說也說文云詞者意內而言外也辭不受也受辛者辤辤籀文辤字也　**上第七**本亦作繫

辭上王肅本皆作繫辭上傳說於雜卦皆有傳字本亦有無上字者非　**韓伯注**本亦作韓康伯

二二〇

䷽小過古卧切義與大過同王肅云音戈兌宮遊魂卦遺之如字不宜上時掌切注同下及文不宜

上上六注上亦同鄭如字謂君也而浸子鴆切以行下孟切所錯本又作措又作厝同七路切

其妣必履切于僭子念切盡於津忍切或戕徐在良切注同故令力呈切

先過西薦切注同而復扶又切卦末同晏安於諫切又音宴鴆除蔭切本

亦作酖没怯去業切公弋餘職切則蒸章勝切字又作烝烝或作蒸字非小畜

本又作蓄同敕六切其施始豉切而難乃旦切已上也並如字上又時掌切注

同鄭作尚云庶幾也陽已上故止也本又作陽已上故少陰止少音多少之少上六弗

遇王付切本多誤故詳之災眚生領切

䷾既濟節計切下卦同鄭云既已也盡也濟度也坎宮三世卦亨小絶句以小連利貞者非則

邪似嗟切下同曳以制切濡其音儒注同於燥西早切未造七報切易

以豉切棄難乃旦切卦末並下卦同婦喪息浪切注皆同其茀芳拂切首飾也馬同干云

一一九

音岳遁會也虞本作所變而玩王亂切研玩也馬云貪也鄭作翫祐之音又後同交者戶交

反說文云交也小疵除才斯切馬云瑕也辯吉凶如字京云明也虞董姚顧蜀才竝云別也音彼

列切見乎賢遍切乎介音界注同王肅于韓云纖介也纖息廉切震

无咎馬云震驚也鄭云懼也王肅韓云動也周云救也險易以豉切注同京云險惡也

易善也之否備鄙切天地準如字京云準等也鄭云中也平也

弥如字本又作彌綸音倫京云弥遍綸知也王肅云綸纏裹也荀云弥終也綸迹也

天下之道一本作天地俯以音甫察於一本作觀於反

終鄭虞作及終之說如字宋衷始銳切云舍也烟音因

熅紆云切盡聚津忍切下同知周音智注同道濟

如字鄭云道當作導不流如字京作畱樂天音洛注同

虞作變天功贍涉豔切範圍鄭云範法也馬王肅張作

注案王輔嗣止注六經講者
相承用韓注繫辭以下續之
地卑如字又音婢本又作埤同其易之門本亦作其易之門户斷矣丁亂切之分
符問切章末注同著矣張慮切見矣賢遍切注同縣象音玄兩施
始豉切相摩本又作磨末何切京云相磑切也磑音古代切馬云摩切也鄭注禮記云迫也迫音百相
盪衆家作蕩王肅音唐黨切馬云除也桓云動也唯韓云相推盪鼓之虞陸董皆云鼓鼓動也霆
王肅呂忱音庭徐又徒鼎切又音定京云霆者雷之餘氣挺生萬物也說文同蜀才云霆爲電運行姚作違行
大始音泰王肅作泰坤作虞姚作坤化姚云化當爲作易知以豉切訖章末同鄭荀董竝音亦
簡能如字姚云能當爲從而成位乎其中馬王肅作而易成位乎其中繫辭
音系卷內皆同焉而明吉凶虞本更有悔吝二字迭田節切剛柔者晝
夜之象虞作晝夜者剛柔之象三極陸云極至也馬云三統也鄭韓云三才也王肅云陰陽剛柔仁
義爲三極能見賢遍切易之序也陸云序象也京云次也虞本作象所樂

至賾云賾當爲動九家亦作冊可遠袁万反之惡烏路反錯之七各反議之陸姚
桓玄荀柔之作儀之則盡律忍反子和胡卧反注同靡之本又作縻亡池反徐又亡彼反
京作劘行發下孟反下同見乎賢遍反樞尺朱反王廙云戶樞也一云門臼機王廙
云弩牙也先號戶羔反咷道羔反或默亡北反字或作嘿利斷丁亂反王肅丁
管反其臭昌又反
初六藉在夜反下同用白茅卯交反无咎或以此爲別章今不用苟
錯七故反本亦作措可重直勇反愼斯術也時震反鄭干同一本作順師用
義鄭云術道不德鄭陸蜀才作置鄭云置當爲德下人遐嫁反後同爲階姚作機
爲易者本又云作易者乘釁許覲反致寇至徐或作戎宋衷云戎謀
乘也者如字一讀繩證反慢藏才浪反誨如字教也虞作悔謂悔恨冶容
音也鄭陸虞姚王肅作野言妖野容儀教誨淫佚也王肅云作野音也

黄

犯違張云犯違猶裁成也而知如字荀爽荀柔之明僧紹音智以上時掌反之稱尺證反下

章及注同知者音智下之知注知者其知仁知並同其分符問反鮮矣悉淺反注同師

說云盡也鄭作尠馬鄭王肅云少也

藏諸才剛反鄭作藏云善也衣於既反被皮寄反則有經營之功

也本亦无功字一本功作迹成象蜀才作盛象爻法胡孝反馬韓如字云效也蜀才作效形

詰去吉反大虛音泰下大極同欻爾況勿反自造在早反下同稱

極尺征反爲稱尺證反不禦魚呂反禁止也乎迩本又作邇音尒也尊如字

陸作塼音同也翕虛級反斂也也闢婢亦反開也易簡以豉反知崇

音智注同禮蜀才作體卑必爾反本亦作埤徐音婢下同賾仕責反下同九家作冊京作嘖云情

也典禮京作等禮姚作典體以斷丁亂反下注同惡也於嫁反荀作亞亞次也又

烏路反馬鄭烏洛反孟通言天下之至動而不可亂也衆家本並然鄭本作

京陸虞作工荀作功 洗心 劉瓛悉殄反盡也王肅韓悉禮反京荀虞董張蜀才作先石經同 洗

濯 直角反 藏往 如字劉作臧善也 能與 音預 不殺 馬鄭王肅干所戒反

師同徐所例反陸績如字 者夫 音符下同 齊戒 側皆反注同 以神明其德

夫 荀虞顏絶句衆皆以夫字爲下句一本無夫字 闔戶 胡臘反 闢戶 婢亦反王肅甫亦反

施生 始豉反 見乃 賢遍反

是故易有大極 大音泰注同大極无也馬云北辰也王肅云此章首獨言是故者總衆章之意

无稱之稱 尺證反 縣象 音玄 探 吐南反 賾 九家作册 索隱 色白

反 亹亹 亡偉反 莫善乎蓍龜 本亦作莫大 見吉 賢遍反

河出 如字又尺遂反下同 洛出 王肅作雒漢家以火德王故從各隹 又以尚賢也

鄭本作有以 子曰書不盡 如字又津忍反下同 之緼 紆粉反徐於憤反王肅又

於問反 之奥 烏報反 而上 時掌反 而錯 七故反注同本又作措 之賾 本亦

大衍延善反又注演同鄭云衍演也干云合也王廙蜀才云廣也大極音泰掛一卦買反別
也王肅音卦揲時設反案揲猶數也說文云閱持也一音思頰反徐音息列反鄭云取也歸奇紀宜
反注下同於扐郎得反下同馬云指閒也荀柔之云別也後掛京作卦云再扐而後布卦之策初革
反字亦作筴當如字下同期本又作朞音基同而伸本又作信音身而長丁丈反德
行下孟反酬市由反徐又音疇酢在洛反京作醋與祐音又助也馬云配也荀作侑
聖人之道明僧紹作君子之道以言者下三句無以字一本四句皆有如嚮許兩
反又作響能與音預下及注同參伍七南反錯七各反綜宗統反天地
之文一本作天下虞陸本作之交无籌直周反研蜀才作揅幾也如字本或作機鄭云
機當作幾幾微也夫易開王肅作闓音同物成務一本無夫易二字冒天莫報
反注同覆也以斷丁亂反下二章同蓍音尸圓而本又作員音圓方以知音智
注同下知以藏知注神知皆同有分扶問反易以以豉反韓音亦謂變易貢如字告也

一二五

罔也黄本作爲罔罟云取獸曰罔取魚曰罟 以佃 音田本亦作田 以漁 音魚本亦作魚

又言應切馬云取獸曰佃取魚曰漁 斲木 陟角切 爲耜 音似京云耒下耓也陸云廣五

寸耓音勑丁切 爲耒 力對切京云耜上句木也說文云耒曲木垂所作字林同力佳切徐力猥切垂

造作也本或楺木爲之耒耨非 耒耨之利 奴豆切馬云鉏也孟云耘除草 爲市 世本云祝融爲

市宋衷云顓頊臣也說文云市時止切 噬 市制切 嗑 胡臘切 不解 佳賣切 易窮則

變變則通通則久 一本作易窮則變通則久 祐之 音又本亦作祐 下治 直吏切章

末同 以別 彼列切一本作辯 挎 本又作刳口孤切徐音口溝切 掞 以冉切本亦作剡 楫 本又作檝將輒切下同徐音集

又子入切方言云楫謂之橈或謂之櫂說文云楫舟櫂也 致遠以利天下 一本無此句 諸渙 音喚 以利

天下蓋取諸隨 一本無以利天下一句 重門 直龍切 柝 他洛切馬云兩木相擊以行夜說文

作檡字林他各切同 暴客 白報切鄭作虣 斷木 丁緩切又徒緩切斷斷絕 爲杵 昌呂切 掘地 其月

切又其勿切 爲臼 求酉切 爲弧 音胡說文云木弓 剡木 以冉切字林云銳也因冉切 諸睽 苦圭切又音圭 則

作之至賾 而裁 音才本又作財 默而成 本或作嘿而成之 德行 下孟切

繫辭下第八

而重 直龍切注同 明治 直吏切 繫辭 音係卷內皆同 而命 孟作明

或否 備鄙切 而斷 丁亂切 則見 賢遍切下及注皆同 趣時 七樹切

貞勝 姚本作貞稱 乎累 劣僞切 殉吉 辭俊切後同 未離 力智切

畫會 律忍切下同 貞觀 官煥切又音官 貞夫 音符 確然 苦角切馬韓云

剛兒說文云高至 人易 以豉切下注同 隤然 大回切馬韓云柔皃也孟作退陸董姚作妥

像此 音象 施生 始豉切 大寶 孟作保 曰人 王肅卞伯王桓玄明

僧紹作仁 禁民 音金又金鴆切 包 本又作庖白交切鄭云取也孟京作伏

犧 許宜切字又作羲鄭云鳥獸全具曰犧孟京作戲云伏服也戲化也 氏 包犧氏大

皞三皇之最先 之王 于況切 不究 九又切 爲罟 音古馬姚氏

周易音義 十八

一二七

反介于徐音戒衆家作介徐云王廙古黠反斷可丁亂反注同復行扶又反注復行
同遺形七報反之分符問反无祇韓音祁支反注同王廙輔嗣音支舍凶
音捨絪本又作氤同音因緼本又作氲紆云反化醇音享易其以豉反不迮
五路反字亦作忤其易之門邪本又作門戶邪之撰仕勉反下章同數也廣雅去定
也王肅士眷反數也色柱反爻繇直救反下同服虔云抽也抽出吉凶也韋昭云由也吉凶所由而出
也於稽古兮反考也闡幽昌善反明也辯物如字徐扶免反別也斷辭
丁亂反注同辭文如字一音問而中丁仲反注同因貳音二鄭云當爲式民行下孟
反注同所蹈徒報反之柄兵病反之脩如字鄭六治也馬作循之辯如字
王肅卜免反不厭於豔反注同後易以豉反注同長裕丁丈反注同其施
始豉反下同巽稱尺證反又尺升反和行下孟反以遠于万反注同不濫力暫
反可遠馬王肅韓袁万反注皆同師讀如字上下時掌反章末同趣舍音捨虧昧

爭（爭鬭之爭下同）厚衣（於既反）朞期（並如字）无數（色具反）棺槨（上音官下音郭）而治（直吏反下同）書契（苦計反）決斷（都亂反）象也者像也（衆本並云像擬也孟京虞董姚還作象）卦奇（紀宜反注同）德行（下孟反下同）畫奇（音獲下同）憧憧（本又作憧昌容反）以貫（古亂反）屈也（丘勿反下同）信也（本又作伸同音申下同韋昭漢書音義云古伸字）尺蠖（紆縛反蟲名也徐又烏郭反）龍蛇（本又作虵同）之蟄（直立反）全身（本亦作存身）思慮（息吏反）而累（劣僞反）蒺（音疾）藜（音梨）死其（其亦作期）射（食亦反下注同）隼（恤允反）高墉（音容）不括（古活反結也）結閡（五代反）不懲（直升反）屨（俱遇反）校（胡孝反下同）誡止（本亦作趾）弗去（羌呂反）何校（河可反又音河）其治（直吏反下同）知小（音智）尠不（本亦作鮮仙善反少也）折足（之設反）覆公（芳六反）餗（音速馬作粥）形渥（於角反）不勝（音升）而上（時掌反）未離（力智反）先見（賢遍

周易說卦第九

幽贊 本或作讚子旦反 幽深也贊明也 蓍 音尸說文云蒿屬生千歲三百莖易以爲數天子九尺諸侯七尺大夫五尺士三尺毛詩草木疏云似藾蕭青色科生鴻範五行傳云蓍百年一本生百莖論衡云七十歲生一莖七百歲生十神靈之物故生遲也史記云生滿百莖者其下必有神龜守之其上常有雲氣覆之淮南子云上有叢蓍下有伏龜 如嚮 香兩反本又作響 參 七南反又如字音三 天 或作大者非 而倚 於綺反馬云依也王肅其綺反云立也虞同蜀才作奇通 數 色具反 參奇 紀宜反 觀變 一本作觀變化 發揮 音輝鄭云揚也王廙韓云散也 盡性 津忍反 要其 一遙反 迭用 田節反 六位而成章 本又作六畫 相薄 旁各反陸云相附薄也馬鄭顧云薄入也 相射 食亦反虞陸董姚王肅音亦云厭也 數往 色具反又色主反 而數 色主反下文同 晅 況晚反京云乾也本又作晅徐古鄧切又一音香元反 以說 音悅後皆同 嚮明 許亮反 而治 直吏反 妙萬物 如字王肅作眇音妙董云眇成也 橈 徐乃飽反王肅乃教反又呼勞反 熯 王肅云呼但反火氣也徐本作暵音

音妹而揆葵癸反度也其方馬云方道能循似倫反以度待洛反以要
一遙反下文要終同其要於妙反易知以豉反撰德鄭作算云數也噫於其反王肅於力反
辭也馬同亦要一妙反絶句又一遙反則句至吉凶則居馬如字處也師音同鄭王肅音基辭知者
音智彖辭吐貫反馬云彖辭卦辭也鄭云爻辭也周同王肅云彖舉象之要也師說通謂爻卦之辭也一云即
夫子彖辭則思息吏反貫之古亂反轉近附近之近下章以近同而上時掌反
須援于眷反剛勝升證反一音升勝其音升閑邪似嗟反其當如字
下當文王同紂直又反蒙難乃旦反能亨許庚反易者以豉反注同其
治直吏反德行下孟反下德行同易以以豉反下注險易同知阻莊呂反能說
音悅注同亹亹亡偉反鄭云沒沒也王肅云勉也役思息吏反探吐南反射食亦
反不厭於豔反以盡津忍反下同愛惡烏路反注同鄭烏洛反泯然亡忍反
比爻毗至反辭枝音支誣善音無

直直者曲爲揉京作柔荀作橈弓輪姚作倫美脊精亦反爲亟紀力反王肅去
記反荀作極云中也爲薄旁博反蹄徒低反爲曳以制反眚生領反王廙云病
甲胄直又反乾卦古丹反鄭云乾當爲幹陽在外能幹正也董作幹鱉卑列反本又作鼈同
蟹戶賣反蠃力禾反京作螺姚作蠡蚌步項反本又作蜯同科苦禾反空也虞作折槁
苦老反鄭作槀干作熇爲徑古定反果蓏力火反馬云果桃李之屬蓏瓜瓠之屬應劭云木實曰果
草實曰蓏說文云在木曰果在地曰蓏張晏云有核曰果無核曰蓏京本作果墮之字閽音昬寺如字徐音侍亦
作閹字黔其廉反徐音禽王肅其嚴反鄭作黚謂虎豹之屬貪冒之類喙況廢反徐丁遘反爲
堅多節一本無堅字爲巫亡符反附決如字徐音穴剛鹵力杜反鹹土也
爲羊虞作羔此六子依求索而爲次第也本亦有以三男居前三女後從乾健也章至此韓無注或有注者非也荀
爽九家集解本乾後更有四爲龍爲直爲衣爲言巛後有八爲牝爲迷爲方爲囊爲裳爲黃爲帛爲漿震後有三爲王爲鵠爲
鼓巽後有二爲楊爲鸛坎後有八爲宮爲律爲可爲棟爲叢棘爲狐爲蒺藜爲桎梏離後有一爲牝牛艮後有三爲鼻爲虎

一三三

漢云熱暵也說文同莫盛是政反鄭音成云裏也水火不相逮音代一音大計反鄭宋陸王肅
不字王肅無悖必內反逆也爲豕京作爲狗音苟一索色白反下同馬云數也王肅云
求長男丁丈反下長女長子皆同中男丁仲反下同少男詩照反下少女皆同爲圜
音圓瘠在亦反下同王廙云健之甚者爲多骨也京荀作柴云多筋幹駁邦角反爲釜房甫反
爲吝京作遴爲嗇音色爲柄彼病反爲龍如字虞于作駹虞云倉色于云雜色
爲旉王肅音孚于云花之通名鋪爲花皃謂之藪本又作專如字虞同姚云專一也鄭市戀反蒼筤
音郎或作琅通萑音丸廣雅云䕯也䕯音狄葦韋鬼反蘆馵主樹反京作朱荀同陽在下的
丁歷反說文作馰顙桑黨反的顙白顛反生麻豆之屬反生戴莩甲而出也虞作阪云陵坊也陸云阪
當爲蕃音煩鮮息連反爲臭昌又反王肅作爲香臭寡髮如字本又作宣
黑白雜爲宣髮爲廣如字鄭作黃爲近附近之近三倍步罪反其究九又
反矯紀表反一輮如九反王肅奴又反又女九反下又如又反馬
本作撟同輮鄭陸王肅本作此宋衷王廙作揉宋云使曲者

卷 周易音義 三五

治虞作怡則飭音敕注同整治也鄭本王肅作飾剝爛老旦反晝也竹又反誅

也荀云誅滅也陸韓云傷也解音蟹難也乃旦反衆荀作終去故起呂反豐

多故衆家以此絶句親寡旅也荀本豐多故親絶句寡旅也別爲句道長丁丈反

周易略例此是輔嗣所作既釋經文故相承講之今亦隨世音焉或有題爲第十者後人輒加之耳

明彖

動不能制動一本作天地不能制動貞夫音符後皆同

璇悉全反又作旋璣音機本又作機或作璣輻音福湊千豆反則思息吏反可

遠于万反能渝羊朱反至賾仕責反能與音預觀彖以斯

一本作以彖觀之

明爻通變

好靜呼報反度量音亮朝直遥反廷音定必

比毗志反隆墀本又作坻直其反坻墀冢遠壑火各反而濟一本作而載能

說音悅善邇善又作繕愛惡烏路反次章同語成而後有格舊本如此

狐究後有二爲常鶬韓類注云常西方神也不同故記之於此

周易序卦第十

之稺直吏反本或作稚　爭興爭鬬之爭下同　所比毗志反下注同　所畜敕六反本亦作蓄下及雜卦同　以否備鄙反下同　以觀官喚反　亨則許庚反鄭許兩反徐音向同

賓喪息浪反　所錯七各反注同徐七路反　之縕紆粉反本又作蘊　遠小人袁万反　有難乃旦反下同　以解音蟹下同　決邪似嗟反　而上時掌反　去故起呂反下同　以和胡卧反又如字　齊才細反又如字　若長丁丈反　說音悅下及注同　行過下孟反

周易雜卦第十一韓云雜糅衆卦也孟云雜亂也

雜糅如又反　比毗志反下同　樂音洛注同　臨觀古亂反　屯見賢遍反注及下皆同鄭如字　經綸本又作論音倫又力門反　上升時掌反下文離上并注同　豫怠如字姚同京作

周易音義

一三三

一五八

屯難乃旦反遯明夷卦同所馮皮冰反本亦作憑蒙陰昧音妹不諮本亦作資四遠袁万反明夷卦同觀初比毗志反履不處謂陽爻不處其位爲美履者禮也今本離卦無此句韓注有或傳寫者誤臨剛長丁丈反遯卦同觀古亂反以所見一本作知所以近附近之近明夷卦同大過棟橈乃孝反拯弱拯救之拯同好呼報反所贍常豔反褊矣必淺反遯浸子鴆反長張丈反難在乃旦反亨在許庚反大壯觸昌錄反藩扶袁反明夷最遠于万反最近附近之近而難乃旦反能溺寧歷反睽最見賢遍反豐卦同洽乃咸夾反本又作合豐惡闇烏路反之沛步貝反又普貝反之蔀步口反明昧音妹本亦作妹又作沬皆末貝反下文同無與如字又音預折其之舌反

經典釋文第二

一本桰作括 能與 音豫

明卦適變通爻 本又作明卦通變適爻 又一本直云適變通爻 否泰 備鄙反 險

易 以豉反 章內同 於斷 丁亂反 要其 一遥反 辟險 音避 本亦作避 後章同 比

復 毗志反 好先 呼報反 侮妻 云甫反 故當 如字 其介 音界 本又作分辯閒爻

明象 觀意 本亦作見意 猶蹄 音啼 在兔 他故反 字又作菟 筌者 七全反 筌

蹄事見莊子 重畫 直龍反 下胡麥反 下同 應健 音鷹 滋漫 末半反 縱復 扶又反

辯位 繫辭 戶計反 下同 位分 扶問反 下同 去初 羌呂反 無六爻 無亦作揁

略例下 舊本如此 本或無下字、

率 音類 又音律 又所律反 相比 毗志反 險易 以豉反 之行 下孟反 去六 羌呂反

見咥 直結反 所怨 紆万反 又紆元反

卦略 凡十一卦

一三七

三、乾隆21年雅雨堂复刻通志堂本《周易音义》

钦定四库全书　经部七　五经总义类　经典释文提要

臣等谨案，经典释文三十卷，唐陆元朗撰。元朗，字德明，以字行，吴人。贞观中，官国子博士兼太子中允，事迹具唐书本传。此书前有自序，云癸卯之岁，承乏上庠，因撰集五典孝经论语及老庄尔雅等音，古今并录经注毕，详训义兼辩示传一家之学。考癸卯为陈后主至德元年，岂德明年甫弱冠即能如是淹博耶？或积久成书之后追纪其草创之始也？

首为序录一卷，次周易一卷，古文尚书二卷，毛诗三卷，周礼二卷，仪礼一卷，礼记四卷，春秋左氏六卷，公羊一卷，穀梁一卷，孝经一卷，论语一卷，老子一卷，庄子三卷，尔雅二卷。其列老庄于经典而不取孟子，颇不可解。

盖北宋以前，孟子不列于经，而老庄则自西晋以来为士大夫所推尚，德明生于陈季，犹沿六代之余波也。其例诸经皆摘字为音，惟孝经以童蒙始学，老子以众本多乖，各摘全句原本音经者用墨书，音注者用朱书，以示分别。今本则经注通为一例，盖刊板不能备朱墨，又文句繁伙不能如本草之作，阴阳字自宋以来已混而并之矣。所采汉魏六朝音切凡二百六十余家，又兼载诸儒之训诂，证各本之异同，后来得以考见古义者，注疏以外，惟赖此书之存，真所谓残膏剩馥沾溉无穷者也。

自宋代监本注疏，即析附诸经之末，故文献通考分见各门后又散附注疏之中，往往与相淆不可辨别，此为通志堂刻本，犹其原帙，何焯点校经解目录颇嗤顾湄校勘之疎，然字句偶讹，规模自在，研经之士终以是为考证之根焉。

剛直龍反下同 竭知音智 或躍羊灼反廣雅云上也上音時掌反 所處一本作可處

近乎附近之近 猶以救反 與音預 不謬靡幼反本或作繆音同 夫位音符下皆同

亢苦浪反子夏傳云極也廣雅云高也 則佞乃定反 邪字又作耶似嗟反 彖吐亂反斷也斷音都亂反

資始鄭云資取也 乃統鄭云統本也 雲行如字 雨施始豉反卦內皆同 之累劣偽反

者邪或作耶同餘嗟反後協句辭皆放此 象翔丈反精象擬象也 自強其良反 反復芳服反注同本亦作覆

大人造鄭徂早反為也王肅七到反就也至也劉歆父子作聚 文言文飾卦下之言也夫子之十翼梁武帝云文言是文王所制

之長張丈反 之幹古旦反 體仁如字京房荀爽董遇本作體信

利物孟喜京荀陸續作利之 不成名一本作不成乎名 遯世徒頓反 无

悶門遜反 樂則音洛 確乎苦學反鄭云堅高之貌說文云高至 可拔蒲八反鄭云移也廣雅云出也

庸行下孟反 閑邪似嗟反下同 幾既依反注同理初始微名幾 能全一本作能

尟克今亦作鮮同仙善反少也 怵敕律反 解怠佳賣反 上下並如字王肅上

經典釋文卷第二

周易音義

唐國子博士兼太子中允贈齊州刺史吳縣開國男陸德明撰

周代名也周至也遍也備也今名書義取周普易盈隻反此經名也虞翻注參同契云字從日下月上經上者

對下立名經者常也法也徑也由也乾卦名傳直戀反以傳述爲義謂夫子十翼也解見發題第一亦作弟

王弼注本亦作王輔嗣注音張具反今本或無注字師說無者非

☰乾竭然反依字作乾下乙乾從旦㫃从音偃說卦云乾健也此八純卦象天元亨許庚反卦德也訓通也餘放此

潛捷鹽反龍喻陽氣見龍賢遍反示也注及下見龍皆同利見如字下皆同大

人王肅云聖人在位之目離隱力智反處於昌呂反衆經不音者放此德施始豉反與

也不偏音篇則過古臥反諸經內皆同夕惕他曆反怵惕也鄭玄云懼也廣雅同若厲

力世反危也无音無易內皆作此字說文云奇字無也通於无者虛无道也王述說天屈西北爲无咎其久反易內同重

通志堂

七百十六

擅善戰反專也括古活反結也方言云閉也廣雅云塞也囊乃剛反无譽音餘又音預不

造七到反又曹早反否皮鄙反閉必計反字林方結反云闔也施慎並如字慎謹也象詞同本

或作順非之飾申職反本或作餝俗字坤至柔本或有文言曰者爲邪似嗟反餘

殃於良反鄭云禍惡也說文云凶也臣弒式志反本或作殺音同下同由辯如字馬云別也荀作

變言順如字直方大不習无不利則不疑其所

行張璠本此上有易曰衆家皆無木蕃伐表反而暢勑亮反陰疑如字荀虞姚信

蜀才本作凝爲其于僞反注爲其同嫌戶謙反注同鄭作謙荀虞陸董作嗛未離力智反

䷂屯張倫反難也盈也坎宮二世卦則否備鄙反得主則定本亦作則寧而

難乃旦反卦內除六二注難可餘並同賈逵注周語云畏憚也天造徂早反注同草昧音妹廣雅

云草造也董云草昧微物而不寧而辭也鄭讀而曰能能猶安也經論音倫鄭如字謂論撰書禮樂施

政事黃穎云經論匡濟也本亦作綸磐本亦作盤又作槃步干反桓馬云槃桓旋也晏安本又作宴名依

王茂

音時掌反 非離力智反 相應應對之應易內不出者並同 流濕申入反 就燥蘇早先皂

二反 聖人作如字鄭云起也馬融作起 而當都浪反易內皆同有異者別出 故盡津忍

反 當其如字 上治直吏反下及注同 放遠于萬反 見而賢遍反 粹雖遂

反 揮音輝廣雅云動也王肅云散也本亦作輝義取光輝 爲行下孟反下之行行而皆同 日可

人實反 未見賢遍反 以辯如字徐扶免反 重剛直龍反下同 夫大人

音符發端之字皆放此 先天悉薦反 後天胡豆反 知喪息浪反 其唯

聖人乎王肅本作愚人後結始作聖人

䷁坤本又作巛巛今字也同困魂反說卦云順也八純卦象地 利牝頻忍反徐邈扶忍反又扶死反 有

攸音由所也 喪朋息浪反馬云失也下及注並同 必離力智反 无疆或作壃同居良反下

及注同 必爭爭鬬之爭 履霜如字鄭讀履爲禮 積著張慮反衆經不音者皆同 始凝

魚冰反 馴似遵反向秀云從也徐音訓此依鄭義 任其而鴆反衆經皆同 知光音智注同 不

周易音義 二 通志堂

七百四八

鄭云蘐也則復扶又反能斷丁亂反夫疑音扶六五注同閡山五代反時中張仲反注時中決中同又如字和也童蒙求我一本作來求我不諮本亦作咨又作資並通果行下孟反注及六三注象同用說吐活反注同徐又音稅桎音質梏古毒反在足曰桎在手曰梏小爾雅云杻謂之梏械謂之桎杻音丑所惡烏路反包蒙如字鄭云苞當作彪彪文也用取七住反本又作娶下及注同獨遠于万反下文同能比毗志反以巽音遜鄭云當作遜擊蒙經歷反王肅云治也馬鄭作繫擊去起呂反下同為之于偽反又如字扞胡旦反禦魚呂反本又作衛

䷄需音須字從雨重而者非飲食之道也訓養鄭讀為秀解云陽氣秀而不直前者畏上坎也坤宮遊䰟卦有孚徐音敷信也又作旉光師讀絕句亨貞吉一句馬鄭揔為一句不陷陷沒之陷位乎如字鄭音涖雲上時掌反干寶云升也於天王肅本作雲在天上宴烏練反徐烏殄反安也下同鄭云享宴也李軌烏衍反樂音洛注同最遠袁万反下遠險同於難乃旦反下及文皆同

周易音義　三　陳章

字晏一諫反宴一見反 下賤遐嫁反 屯如 如子夏傳云如辭也 邅如張連反馬云難行不進之
貌 乘馬繩證反四馬曰乘下及注並同鄭云馬牝牡曰乘子夏傳音繩 班如如字子夏傳云相牽不進
貌鄭本作般 媾古后反馬云重婚本作冓鄭云猶會本或作構者非 相近附近之近下近五同又如字 即
鹿王肅作麓云山足 君子幾徐音祈辭也注同又音機近也速也鄭作機云弩牙也 如舍
式夜反止也注下同徐音捨 往吝力刃反又力愼反馬云恨也 雖比毗志反下皆同 之易以豉
反 不揆葵癸反 以從如字鄭黃才用反 合好呼報反下同 恢弘苦回反大也
博施式豉反及下文皆同 拯拯救之拯 亨于許庚反 他閒閒廁之閒 漣如
音連說文云泣下也 應援于眷反又音袁 闉音因塞也春秋傳云當陳隧者井堙木刊是也 厄於革反又
於賣反 委仰如字又魚亮反 長也直良反
䷃蒙莫公反蒙蒙也稚也稽覽圖云無以教天下曰蒙方言云蒙萌也離宮四世卦 童如字字書作僮鄭云未冠
之稱廣雅云癡也 筮市制反決也鄭云問 告古毒反示也語也 再三息暫反又如字 瀆音獨亂也

通志堂

鞶帶音帶亦作帶　終朝馬云旦至食時爲終朝　三息暫反注同或如字　褫徐敕紙反又直是反本又作褫音同王肅云解也鄭本作拕徒可反

陳章

䷆師彖云衆也馬云二千五百人爲師坎宮歸魂卦　貞丈人絶句丈人嚴莊之稱鄭云能以法度長於人之稱　之稱尺證反　以王如字物歸往也徐又往況反　毒徒篤反役也馬云治也　畜衆敕六反聚也王肅許六反養也　否音鄙惡也注同馬鄭王肅方有反　臧作郎反善也　三錫星歷反徐音賜鄭本作賜　天寵如字鄭云光耀也王肅作龍云寵也　背高音佩　有禽徐本作擒　長子丁丈反注及下同　軍帥色類反

䷇比毗志反卦內並同彖云輔也序卦云比比也子夏傳云地得水而柔水得地而流故曰比徐又補覆反坤宮歸魂卦　凶邪似嗟反　求有本亦作求得　其炎于廉反　缶方有反瓦器也鄭云汲器也爾雅云盎謂之缶　有它敕多反本亦作他　匪人非鬼反馬云匪非也王肅本作匪人凶　三驅匡愚反徐云鄭作敺馬云三驅者一曰乾豆二曰賓客三曰君庖　狹矣户夾反　則舍音赦又音捨

利用恒未失常也 本亦有先咎者 干沙 如字鄭作沚 轉近 附近之近

後時 胡豆反 衍在 以善反徐怡戰反 致寇 如字鄭王肅本作戎 則辟 音避下同

己得 音紀又音已 所復 扶又反 不速 如字馬云召也釋詁云疾也釋言云徵也召也

䷅訟 才用反爭也言之於公也鄭云辯財曰訟離宮遊魂卦 窒 張栗反徐得悉反又得失反馬作咥云讀爲躓猶止也鄭云咥覺悔貌 惕 湯歷反王注或在惕字上或在下皆通在中吉下者非 中 如字馬丁仲反 吉 有孚窒一句惕中吉一句 涉難 乃旦反 猶復 扶又反下同 不枉 紆往反 而令 力呈反

正夫 音符下注同 斷不 丁亂反下注並同 契之 苦計反下同 其分 符問反 相濫 力暫反 爭何 爭鬬之爭 陰和 胡臥反 而逋 補吳反徐方吳反 眚 生領反子夏傳云妖祥曰眚馬云災也鄭云過也 下物 遐嫁反 竄 七亂反徐又七外反逃也 掇 徐都活反說文云拾取也鄭本作惙陟劣反憂也 忤也 五故反 復即 音服後同者更不音 渝 以朱反變也馬同鄭云然也 不邪 似嗟反 錫 星歷反又星自反賜也 鞶 步干反馬云大也徐云王肅作

通志堂

注公羊傳云驚愕也馬本作虩虩音許逆反云恐懼也說文同廣雅云懼也逼近附近之近夬古快反

考祥本亦作詳

周易上經泰傳第二

䷊泰如字大通也鄭云通也馬云大也坤宮三世卦道長丁丈反財成音才徐才載反荀作裁

輔相息亮反注同以左音佐注同右民音佑注同左右助也拔蒲八反茅卯交反鄭音苗

茹汝據反牽引也鄭湛同王肅音如彙音胃類也李于鬼反傅氏注云彙古偉字美也古文作蕒董作夤出也鄭云勤也

包本又作苞必交反下卦同音薄交反荒本亦作巟音同鄭注禮云穢也鄭說文水廣也又大也鄭讀爲康云虛也

用馮音憑注同荒穢於廢反不陂彼僞反徐甫寄反傾也注同又破河反偏也

象曰无平不陂一本作无往不復篇篇如字子夏傳作翩翩向本同云輕舉貌古文作偏偏

以祉音恥一音勑子反又音止女處本亦作又處盡夫音符後皆放此以意求之

隍音皇城塹也子夏作堭姚作湟所應如字舊音應對之應上承時掌反下施

背己音佩 則射食亦反 惡而烏路反 舍逆音捨

䷈小畜本又作蓄同敕六反積也聚也卦内皆同鄭許六反養也巽宮一世卦 施未始豉反注皆同

陽上時掌反 蒸職膺反 車說吐活反下文并注並同說文云解也 輻也音福 雖

復扶又反上九注同 輿音餘 輻音福本亦作輹音服馬云車下縛也鄭云伏菟 陰長丁丈反下同

血如字馬云當作恤憂也 去起呂反注同 亦惡烏路反履卦同 攣力專反馬云連也徐又力轉反

子夏傳作戀云思也 幾徐音祈又音機注同子夏傳作近 唯泰也則然一本作然則讀即以

也字絕句 有難乃旦反 可盡津忍反

䷉履利恥反禮也艮宮五世卦 咥直結反齧也馬云齕 說而音悅注及後同 行夫音符下同

侫邪似嗟反 疚久又反馬云病也陸本作疢 坦坦吐但反說文云安也廣雅云平也明也蒼頡篇

云著也 不憙虛備反又音喜 險厄於革反又作戹 眇妙小反字書云盲也說文云小目 跛

波我反足跛也依字作破 不脩本又作循 行未下孟反 愬愬山革反子夏傳云恐懼貌何休

周易音義 五

通志堂

求反大車王肅剛除反蜀才作輿不泥乃計反用亨許庚反通也下同衆家並香兩反京云獻也干云享宴也姚云享祀也其彭步郎反子夏作旁干云彭亨驕滿貌王肅云壯也虞作尫姚云彭旁徐音同上近如字亦附近之近下比毗志反至知音智可舍音捨斯數色助反晳章舌反王廙作晣同音徐李之世反又作晣字鄭本作遰云讀如明星晳晳陸本作逝虞作折何難依象宜如字一音乃旦反易而以豉反祐之音又不累劣僞反下同盡夫津忍反繫辭音係

䷎謙卑退爲義屈己下物也兌宮五世卦子夏作嗛云嗛謙也下濟節細反而上時掌反下注上承上行同虧盈馬本作毀盈而福京本作而富惡盈烏路反卦末注同而好呼報反裒蒲侯反鄭荀董蜀才作捊云取也字書作掊廣雅云掊減稱物尺證反平施始豉反注同大難乃旦反自牧牧養之牧徐音目一音茂名者聲名聞之謂也一讀名者聲絕句聞音問匪解佳賣反撝毀皮反指撝也義與麾同書云右秉白旄

始鼓反 否道備鄙反

☰否備鄙反卦内同閉也塞也乾宮三世卦 道長丁丈反 辟難上音避下乃旦反

入邪似嗟反 不諂勑檢反 否亨許庚反 疇直留反鄭作古𠷎字 休否虛虬反美也又許求反息也注同

☰同人和同也離宮歸魂卦 以邪似嗟反 炎上時掌反 辯物如字王肅卜免反

繫吝繫或作係本作黨係 則否方有反又備鄙反 褊必淺反 狹戶夾反 于

莽莫蕩反王肅冥黨反鄭云叢木也 物黨物或作朋 所比毗志反 所當如字

量斯音良又音亮 其墉徐音容鄭作庸 而效下教反 不克則反反

則得吉也一本作反則得得則吉也 號戶羔反 咷道刀反號咷啼呼也 而遠袁万反

内爭爭鬭之爭 異災一本作它災

☰大有包容豐富之象乾宮歸魂卦 遏於葛反止也徐又音謁 休命虛虬反美也徐又許

周易音義 六 通志堂

甘信

本又作大亨利貞而天下隨時王肅本作隨之隨時之義王肅本作隨之時義

而令力呈反否之備鄙反以嚮本又作向許亮反王肅本作鄉音同入宴徐烏

練反王肅烏顯反官有蜀才作館有故舍音捨下文同以擅市戰反盡隨

津忍反盡卷末同位正中也一本作中正拘句于反用亨許庚反通也陸許兩反云

祭也之濱音賓

䷑蠱音古事也惑也亂也左傳云於文皿蟲為蠱又云女惑男風落山謂之蠱徐又姬祖反一音故巽宮歸魂卦

先甲息薦反彖并注同後甲胡豆反彖并注同以斷丁亂反施令力政反下

同競爭爭鬬之爭治也直吏反注同說隨音悅創制初亮反此俗字也依字作

剏復始扶又反以振舊之愼反濟也師讀音真振振仁厚也育德王肅作毓古育字

有子考无咎絕句周依馬王肅以考絕句當事丁堂反盡承津忍反下

皆同裕父羊樹反馬云寬也不累劣僞反

以麾是也馬云撝猶離也鄭讀爲宣 下下 上遐嫁反下如字下句同 用侵 王廙作寑 征國 本或
作征邑國者非 不與 音預 爲爭 爭鬬之爭
䷏ 豫 餘慮反悅豫也備豫也馬云豫樂震宮一世卦 不忒 他得反鄭云差也京作貣 地奮 方問
反 殷 於勤反馬云盛也說文云作樂之盛稱殷京作隱 薦 將電反本又作藨同本或作廌獸名耳非 介
于 音界纖介古文作砎鄭古八反云謂磨砎也馬作扴云觸小石聲 苟說 音悅 盱 香于反睢盱也向云
睢盱小人喜悅之貌王肅云盱大也鄭云誇也說文云張目也字林火孤反又火于反子夏作紆京作汙姚作盱云日始出引
詩盱日始旦 睢 香維反說文云仰目也字林火佳反 由豫 由從也鄭云用也馬作猶云猶豫疑也 盍
胡臘反合也 簪 徐側林反子夏傳同疾也鄭云速也埤蒼同王肅又祖感反古文作貸京作撍馬作臧荀作宗虞作
戠戠叢合也蜀才本依京義從鄭 冥 莫經反馬云冥昧耽於樂也王廙云深也又亡定反鄭讀爲鳴 有渝
羊朱反 盡 津忍反 樂 音洛
䷐ 隨 從也震宮歸魂卦 而下 遐嫁反注下柔同 而說 音悅注下皆同 大亨貞

通志堂

13

盥而不薦觀之爲道而以觀感風行地上觀處於觀時君子處大觀之時處大觀之時大觀廣鑒亦音官居觀之時爲觀之主觀之盛也從盡夫觀以下並官喚反餘不出者並音官

周易上經噬嗑傳第三

䷔噬市制反齧也嗑胡臘反合也巽宮五世卦齧研節反有間如字下同又音間廁之間與過一本作有過頤以之反不合本又作而合不溷胡困反濁也雜也亂也章昭云汙辱也上行時掌反注同勑法恥力反此俗字也字林作勅鄭云勑猶理也一云整也屨紀具反校爻教反注及下同馬音教滅止本亦作趾趾足也桎章實反足懲直氷反木絞交卯反械口戒反不行也或本作止不行也噬膚方于反馬云柔脃肥美曰膚未盡津忍反下同其分扶問反脃七歲反腊肉音昔馬云晞於

䷒臨如字序卦云大也坤宮二世卦剛浸子鴆反而長丁丈反除六三注末及象咎不長皆同一音此治良反說而音悅下同教思息吏反注同无疆居良反注同剛勝升證反下同佞邪似嗟反下同媚密備反位當也本或作當位實非也知臨音智注同又如字

䷓觀官喚反示也乾宮四世卦盥音管而不薦王又作藨同牋練反王肅本作而觀薦顒魚恭反足復扶又反既灌宮喚反不忒吐得反神道設教一本作以神道設教省方悉井反童觀馬云童猶獨也鄭云稚也最遠袁万反朝美直遙反所鑒古暫反下同趣促裕反闚苦規反本亦作窺者狹戶夾反象曰闚觀女貞一本有利字不比毗志反觀國之光如字或音官喚反最近附近之近居近如字德見賢遍反平易以豉反盡夫觀盛故觀至大觀在上王肅音官以觀天下徐唯此一字作官音觀

通志堂

為束三玄二纁象陰陽 戔戔 在千反馬云委積貌薛虞云禮之多也又音牋黃云猥積貌一云顯見貌子夏傳作殘殘 有喜 如字徐許意反无妄大畜卦放此

䷖剝 邦角反彖云剝剝也馬云落也說文云裂也乾宮五世卦 人長 丁丈反下注皆同 激 經歷反 拂 附弗反 觸忤 五故反 以頥 于敏反 失處 昌呂反又昌預反 蔑 莫結反猶削也楚俗有削蔑之言馬云無也鄭云輕慢荀作滅 猶削 相略反或作消此從荀本也下皆然 辨 徐音辦具之辦足上也馬鄭同黃云牀簀也薛虞膝下也鄭符勉反王肅否勉反 道浸 子鴆反下同 稍近 附近之近 六三剝无咎 一本作剝之无咎非 以膚 方于反京作簠謂祭器 切近 如字徐巨靳反鄭云切急也 貫魚 古亂反徐音官穿也 駢頭 薄田反 得輿 音餘京作德輿董作德車 廬 力居反 覆蔭 於鴆反 所芘 本又作庇必利反又悲備反

䷗復 音服反也還也坤宮一世卦 朋來 如字京作崩 反復 芳福反劉本同本又作覆彖并注反復皆同 剛反 絕句 剛長 丁丈反下文注皆同 心見 賢遍反 具存 本亦

陽而煬於火曰腊肉鄭注周禮小物全乾曰腊　乾音干　胏緇美反馬云有骨謂之胏鄭云簀也字林云含食所遺也一曰脯也子夏作脯徐音甫荀董同　未光大也本亦無大字　何校何可反又音何本亦作荷音同下同王肅云荷擔　聰不明也馬云耳無所聞鄭云目不明耳不聰王肅云言其聰之不明　可

解佳買反

☶☲賁彼僞反徐甫寄反李軌府瓫反傅氏云賁古斑字文章皃鄭云變也文飾之皃王肅符文反云有文飾黃白色　艮宮一世卦

剛上時掌反注剛上皆同　解天音蟹下同　以明蜀才本作命　折之舌反注同鄭云斷也斷音丁亂反　其趾一本作止鄭云趾足　舍音捨下及注同　車音居鄭張本作輿從漢時始有居音　安夫音符　其須如字字從彡水邊作非　而比毗志反下同　上附時掌反　循似遵反　濡如臾反　皤白波反說文云老人皃董音槃云馬作足橫行曰皤鄭陸作燔音煩荀作波　翰戶旦反董黃云馬舉頭高卬也馬荀云高也鄭云白也亦作寒案反　媾古豆反　而閡五戴反　寇難乃旦反下同　賁于丘園黃本賁作世　束帛子夏傳云五匹

周易音義　九　通志堂

七百五七

擅市戰反行違下孟反下之行同稼音嫁穡音色爲獲如字或作穫非比

毗志反近附近之近可試試驗一云用也

䷙大畜本又作蓄勑六反義與小畜同艮宮二世卦大畜剛健絕句篤實

煇音輝光絕句日新其德鄭以日新絕句其德連下句厭而於豔反夫

能音符發句皆然下非夫同令賢力呈反下同險難乃旦反下遇難同多識如字

又音試劉作志往行下孟反利已夷止反下及注已則能已同或音紀姚同輿音餘下同本或

作轝音同說吐活反注及下同馬云解也輹音服又音福蜀才本同或作輻一云車旁作复音服車下縛也作畐

者音福老子所云三十輻共一轂是也釋名云輹似人屐又曰伏菟在軸上似之又曰輹伏於軸上馮河皮冰反

良馬逐如字鄭本作逐逐云兩馬走也姚云逐逐疾並驅之貌一音胄曰音越劉云曰猶言也鄭人實反

云日習車徒閑如字闌也馬鄭云習險阨於革反本亦作戹童牛無角牛也廣蒼作𤛫劉云

童妾也牿古毒反劉云牿之言角也陸云牿當作角九家作告說文同云牛觸角著橫木所以告人抑銳

金士王

作其存商旅鄭云資貨而行曰商旅客也无祇音支辭也馬同音之是反韓伯祁支反云大也鄭云病也王肅作禔時支反陸云禔安也九家本作敍字音支幾悔音機下同又音祈患難乃旦反

遠矣袁万反錯之七故反休復虛虯反最比毗志反仁行下孟反下仁遐嫁反以下仁也如字王肅云下於仁徐戶嫁反頻復如字本又作嚬嚬眉也鄭作顰音同馬云憂頻也頻戚千寂反下同憂也又子六反自考也鄭云考成也向云察也

有災本又作災鄭作裁案說文裁正字也灾或字也災籀文也眚生領反下卦同子夏傳云傷害曰妖祥曰眚鄭云異自內生曰眚自外曰祥害物曰災量斯音良雖復扶又反

䷘无妄亡亮反无妄无虛妄也說文云妄亂也馬鄭王肅皆云妄猶望謂无所希望也巽宮四世卦柔邪似嗟反不佑音又鄭云助也本又作祐馬作右謂天不右行茂對時茂盛也馬云茂勉也對配也下賤遐嫁反不耕穫黃郭反或依注作不耕而穫非下句亦然不菑側其反馬云田一歲也董云反草也畬音餘馬曰田三歲也董云悉耨曰畬說文云二歲治田也字林弋恕反不

徐丁貢反　橈乃教反曲折也下同　拯拯救之拯　弱本亦作溺並依字讀下救其弱拯弱皆同　而說

音悅注同　救難　難乃並乃旦反上六注同　遯本又作遁同徒遜反　藉在夜反下同馬云在下曰

藉　唯愼辰震反　枯楊如字鄭音姑謂無姑山榆榆羊朱反　稊徒稽反楊之秀也鄭作荑荑木

更生音夷謂山榆之實　老夫如字下同　特否特或作持　能令力呈反　得少詩照

反下同　則稺直吏反　者長丁丈反　淹溺乃歷反　生華如字徐音花

无譽音預又音餘　滅頂徐都令反

䷜習便習也重也劉云水流行不休故曰習　坎徐苦感反本亦作埳京劉作欿險也陷也八純卦象水

險陷陷沒之陷　謂便婢面反下同　重險直龍反注下並同　陗七妙反　洊

在薦反徐在悶反舊又才本反爾雅云再也劉云仍也京作臻干作荐　德行下孟反注同　險難乃旦

反下險難同　則夫音符　窞徒坎反說文云坎中更有坎王肅又作徒感反云窞坎底也字林云坎中小坎

一曰旁入　處欿亦作坎字　而復扶又反下雖復同　險且如字古文及鄭向本作檢鄭云木在

於力反下同本又作挫災臥反 強其良反 爭爭鬭之爭 積符云反劉云豕去勢曰豶 之牙徐五加反

鄭讀爲互 剛暴一本作剛突 禁暴音金 何天音河梁武帝音賀 衢其俱反馬云四

達謂之衢 亨許庚反

䷚頤以之反養也此篆文字也巽宮遊魂卦 舍爾音捨注同 朶多果反動也鄭同京作揣 嚼

詳略反 令物力呈反 離其力智反 而闚苦規反 顛頤丁田反 拂

符弗反違也薛同注下皆同一音敷弗反子夏傳作弗云輔弼也 此行下孟反下立行同 悖也布內

反逆也 虎視徐市志反又常止反 眈眈丁南反威而不猛也馬云虎下視貌一音大南反 逐

逐如字敦實也薛云速也子夏傳作攸攸志林云攸當爲逐逐蘇林音迪荀作悠悠劉作儵云遠也說文儵音式六反 施

賢始豉反下文同又如字 而比毗志反 得頤一本作得順 難未乃旦反

厲吉厲嚴厲也馬王肅云危

䷛大過徐古臥反罪過也超過也王肅音戈震宮遊魂卦 相過之過並古臥反 棟

嗟如字王肅又遭哥反荀作差下嗟若亦爾凶古文及鄭無凶字突徒忽反王肅唐屑反舊又湯骨反字林同云暫出逼近附近之近出如字徐尺遂反王嗣宗勑類反涕徐他米反又音弟沱徒河反荀作池一本作沲若古文若皆如此戚千寂反子夏傳作嘁子六反咨慙也不勝音升逆首本又作逆道兩得離王公也音麗鄭作麗王肅云麗王者之後爲公梁武力智反折首徐之舌反注同王嗣宗同以去羌呂反王用出征以正邦也王肅本此下更有獲匪其醜大有功也

周易下經咸傳第四

䷞咸如字彖云感也兊宮三世卦取七具反本亦作娶音同相與如字鄭云與猶親也而說音悅男下遐嫁反下注必下同見於賢遍反各亢口浪反本或作有拇茂后反馬鄭薛云足大指也子夏作䀛荀作母云陰位之尊腓房非反鄭云膞腸也膞音市臠反王廙云腓腓腸也荀作肥云謂五也尊盛故稱肥離拇力智反動躁早報反股音古憧憧昌容反馬

手曰撿枕徐針鴆反王肅針甚反鄭玄云木在首曰枕陸云閑礙險害之貌九家作玷古文作沈沈直林反出則之坎一本作出則亦坎誤樽酒音尊絕句簋貳音軌絕句用缶方有反絕句舊讀樽酒簋絕句貳用缶一句自牖音酉陸作誘承比毗志反下同之食音嗣飯也象曰樽酒簋一本更有貳字祇音支又祁支反鄭云當為坻小丘也京作禔說文同音支又上支反安也盡平津忍反徽許韋反纆音墨劉云三股曰徽兩股曰纆皆索名寘之豉反置也注同劉作示言衆議於九棘之下也子夏傳作是姚作寔寔置也張作置叢才公反法峻荀潤反

☲離列池反麗也麗著也八純卦象日象火畜許六反注同牝頻忍反徐又扶死反外強其良反猶著直畧反卦內同草木麗如字說文作䕻乎土王肅本作地重直龍反明明兩作鄭云作起也荀云用也明照相繼一本無明照二字履錯鄭徐七各反馬七路反警京領反辟其音避象同日昃王嗣宗本作仄音同鼓鄭本作擊大耋田節反馬云七十曰耋王肅又他結反云八十曰耋京作絰蜀才作咥之

通志堂

今不用勝升證反又音升注同說王肅如字解說也師同徐吐活反又始銳反遯巳音以或音

紀係遯古詣文本或作繫近二附近之近憊蒲拜反鄭云困也廣雅云極也王肅作斃荀作

備好遯呼報反注下同小人否音鄙注下同惡也徐方有反鄭王肅備鄙反云塞也能舍

音捨肥遯如字子夏傳云肥饒裕能累劣僞反繒則能反繳章畧反

☳☰大壯莊亮反威盛強猛之名鄭云氣力浸強之名王肅云壯盛也廣雅云健也馬云傷也郭璞云今淮南

人呼壯爲傷坤宮四世卦而愼禮也愼或作順義亦通用罔罔羅也馬王肅云无羝

羊音低張云羖羊也廣雅云吳羊曰羝觸徐處六反藩方袁反徐甫言反下同馬云籬落也羸

律悲反又力追反下同馬云大索也徐力皮反王肅作縲音螺鄭虞作纍蜀才作累張作虆雖復扶又反

藩決音穴注下同大輿音餘之輹音福本又作輻行不下孟反能說

吐活反喪羊息浪反注下同于易以豉反注下同鄭音亦謂狡易也陸作埸謂壃埸也險

難如字亦乃旦反則難乃旦反剛長丁丈反下剛長同猶與音預一本作預其

鄧子珍

云行貌王肅云往來不絶貌廣雅云往來也劉云意未定也徐又音童又音鍾京作憧字林云憧遲也丈冢反 脢武杯反又音每心之上口之下也鄭云背脊肉也說文同王肅又音灰廣雅云胂謂之脢胂音以人反 輔如字馬云上頷也虞作酺云耳目之間 頰兼叶反孟作俠 滕徒登反達也九家作乘虞作媵鄭云送也 口說如字注同徐音脫又始銳反

䷟恒如字久也震宮三世卦 長陽長陰並丁丈反大象注同 媲普計反配也

復始扶又反 見於賢遍反 浚荀潤反深也鄭作濬 令物力呈反 餘縕紆粉反廣雅云積也 或承或有也一云常也鄭本作咸承 德行下孟反 詰去吉反 而分扶運反 振恒之刃反馬云動也鄭云搖落也張作震

䷠遯徒巽反字又作逯又作遁同隱退也匿迹避時奉身退隱之謂也鄭云逃去之名序卦云遯者退也乾宮二世卦 夫音扶 靜非否備鄙反下同 亢苦浪反 浸子鴆反注同 而長丁丈反卦內同或如字 以遠袁万反注並同 辟內音避 難可乃旦反 何災音河諸河可反

音[illegible]九反 不遑音皇 夷于如字子夏作睇鄭陸同云旁視曰睇亦作眱 左股音古馬王肅作般云旋也日隨天左旋也姚作右槃云自辰右旋入丑 用拯拯救之拯注同說文云舉也鄭云承也子夏作抍字林云抍上舉音承 示行示或作亦 近難附近之近下最近同 疑憚但旦反 然後而免也一本作然後乃獲免也 南狩手又反本亦作守同 去闇羌呂反 逆忤五故反 箕子之明夷蜀才箕作其劉向云今易箕子作荄滋鄒湛云訓箕爲荄詁子爲滋漫衍無經不可致詰以譏荀爽 爲比毗志反

☲家人說文家居也案人所居稱家爾雅室內謂之家是也巽宮二世卦 熾也尺志反 而行下孟反注皆同 閑馬云闌也防也鄭云習也 中饋巨愧反食也 嗃嗃呼落反又呼學反馬云悅樂自得貌鄭云苦熱之意荀作確確劉作熇熇 嘻嘻喜悲反馬云笑聲鄭云驕佚喜笑之意張作嬉嬉陸作喜喜 之長丁丈反 以近附近之近 王假更白反注同至也鄭云登也徐古雅反馬云大也 愛樂音洛 以著張慮反

分扶問反不詳詳審也鄭王肅作祥善也

䷢晉彖云進也孟作齊齊子西反義同乾宮遊魂卦康美之名也馬云安也鄭云尊也廣也陸云安也樂也蕃音煩多也鄭發袁反庶如字衆也鄭止奢反謂蕃遮禽也晝日竹又反三徐息暫反下及注同接如字鄭音捷勝也上行時掌反凡上行並同以著直略反下著明同三褫勑紙反又直紙反摧如罪雷反退也鄭讀如南山崔崔之崔未著張慮反自喪息浪反愁狀由反鄭子小反云變色貌介音戒大也馬同聞乎聞亦作文又作交義並通和之胡臥反鼫音石子夏傳作碩鼠鼫鼠五技鼠也本草螻蛄一名鼫鼠失得如字孟馬鄭虞王肅本作矢馬王云離爲矢虞云矢古誓字失夫音符

䷣明夷夷傷也坎宮遊魂卦以蒙大難乃旦反卦內同鄭云蒙猶遭也一云蒙冒也文王以之王肅云唯文王能用之鄭荀向作似之下亦然莅履二反又律秘反蔽僞本或作弊僞所辟音避下同最遠袁万反下遠難同遠遁徒遜反匿形女力

周易音義 通志堂

王肅云中適也解卦彖同正邦荀陸本作正國爲漢朝諱宜待也張本作宜時也鄭本宜待時也

遠害袁万反內喜如字徐許意反猶好也來連力善反馬云亦難也鄭如字遲久之

意之長直良反長難丁丈反

䷧解音蟹序卦云緩也震宮二世卦解之爲義音蟹下以解來復同濟厄

厄或作危彖曰解音蟹自此盡初六注皆同坼勑宅反說文云裂也廣雅云分也馬陸作宅云根也

否結備鄙反者亨許庚反宥罪音又京作尤磐結步丹反或

有遇遇或作過咎非其理也一本無此八字所任而鴆反斯解

佳買反之稱尺證反失枉紆往反且乘如字王肅繩證反柔邪似嗟反

自我致戎本又作致寇解而佳買反注同拇茂后反陸云足大指王肅云手大指

荀作母而比毗志反維有解音蟹注有解及彖并下注爲解之極同解難佳買

反用射食亦反下注同隼荀尹反毛詩草木鳥獸疏云鶻高墉音容馬云城也將解

䷥睽 苦圭反馬鄭王肅徐吕忱並音圭序卦云乖也雜卦云外也說文云目不相視也艮宮四世卦 而上 時掌反下上行同 同行 如字王肅遐孟反 說而 音悅 喪馬 息浪反注同 自復 音服注同 必顯 一本作必類下相顯亦然 可援 于眷反下得援同又音袁 以辟 音避 于巷 戶絳反說文云里中道也廣雅云居也字書作衖 曳 以制反 掣 昌逝反鄭作挈云牛角皆踊曰挈徐市制反說文作觢之世反云角一俯一仰子夏作挈傳云一角仰也荀作觭劉本從說文解依鄭 其人天 天剠也馬云剠鑿其額曰天 劓 魚器反截鼻也王肅作臲𦤿魚一反 相比 毗志反下同 元夫 如字 噬 市制反 之弧 音胡弓也 後說 吐活反注同一音始銳反 之弧 本亦作壺京馬鄭王肅翟子玄作壺 媾 古豆反 恢 苦回反大也 詭 女委反異也戾也 譎 古穴反本亦作決詐也乖也 吁可 況于反 四剠 其京反說文或作黥字

䷦蹇 紀免反彖及序卦皆云難也王肅徐紀偃反兌宮四世卦 以難 乃旦反卦內及解卦皆同 難 解 音蟹上六注同 未否 備鄙反 知矣 音智初六注同 得中 如字鄭云和也又張仲反

六百四八

處昌預反下其處同　用享香兩反注同王廙許庚反　用圭王肅作用桓圭　不爲于僞反　不處本或作不屆　用費芳貴反　盡物津忍反　無厭於鹽反　莫

和胡臥反　惡盈烏路反　偏辭音篇孟作偏云周匝也

周易下經夬傳第五

䷪夬古快反決也坤宮五世卦　剛幾音祈　坦然他但反　夬決徐古穴反　而

說音悅注皆同　齊長丁丈反除上六象並同　則邪似嗟反下同　斷制丁亂反注同　澤上時掌反注同　以施始豉反注同　壯于側亮反　前趾荀作止

惕勑歷反荀翟作錫云賜也　號户羔反注及下同鄭王廙音号　莫夜音暮注同鄭如字云無也無夜非一夜　號呼火故反　頄求龜反顴也又音求又丘倫反翟云面顴頰間骨也鄭作頯頯夾面也王肅音龜江氏音琴威反蜀才作仇　若濡而朱反　有慍紆運反恨也舊於問反　面權如字字書作顴

棄夫本亦作去羌呂反　情累劣僞反　臀徐徒敦反　次本亦作趑或作跌說文及鄭作

王貞

佳買反荒悖布內反象同以解佳買反

䷨損孫本反虧減之義也又訓失序卦云緩必有所失是也艮宮三世卦曷何葛反二簋蜀才作軌用享香兩反下同蜀才許庚反上行時掌反凡上行皆同陰說音悅非長丁丈反下德長遂長同爲邪似嗟反能拯拯救之拯大難乃旦反二簋應師如字舊應對之應偕行音皆其分扶問反懲直升反止也鄭云猶清也劉作懲云清也蜀才作澄忿芳粉反窒珍栗反徐得悉反鄭劉作懫懫止也孟作恎陸作咨欲如字孟作浴巳事音以本亦作以虞作祀遄市專反速也荀作顓復自扶又反九二注同以上時掌反化淳尚春反以離力智反知者音智以盡津忍反上祐音又本亦作佑不制一本作下制遂長丁丈反尚夫音符

䷩益增長之名又以弘裕爲義繫辭云益長裕而不設是也巽宮三世卦民說音悅无疆居良反下同下下上遐嫁反下如字注同涉難乃旦反下同天施始豉反之

七百卅

也薛云柳柔韌木也並同包瓜白交反子夏作苞馬鄭百交反瓜音工花反不舍音捨下同所

復扶又反物爭爭鬬之爭下卦同

䷬萃在季反彖及序卦皆云聚也兑宮二世卦亨王肅本同馬鄭陸虞等並無此字王假更白

反以說音悅下注皆同則邪似嗟反孝享香兩反聚以正荀作取以正

澤上時掌反除戎器如字本亦作儲又作治王肅姚陸云除猶脩治師同鄭云除去也蜀

才云除去戎器脩行文德也荀作慮若號絶句戶報反馬鄭王肅王虞戶羔反一握烏學反傅氏作渥鄭

云握當讀爲夫三爲屋之屋蜀才同至好呼報反愞乃亂反正本亦作匹妃音配禴

羊略反殷春祭名馬王肅同鄭云夏祭名蜀才作躍劉作爚多僻匹亦反以遠袁万反之

省生領反下同以比毗志反未光也一本作志未光也齎徐將池反王肅

將啼反咨音諮又將利反齎咨嗟歎之辭也鄭同馬云悲聲怨聲涕徐音體洟他麗反又音夷

鄭云自目曰涕自鼻曰洟

君仲

趑同七私反注下同馬云卻行不前也說文倉卒也下卦放此 且本亦作趄或作跙同七餘反注及下同馬云語助也王肅
云趑趄行止之礙也下卦放此 牽羊苦年反子夏作掔 牴丁禮反本又作抵音同或作羝丁啼反
很胡懇反 莧陸閑辯反三家音胡練反一本作莞華板反 陸如字馬鄭云莧陸商陸也宋衷云莧莧菜
也陸商陸也虞云莧蕢也陸商也蜀才作睦睦親也通也 柔脆七歲反 至易以豉反 最
比毗志反 號咷徒刀反
䷫姤古豆反薛云古文作遘鄭同序卦及彖皆云遇也乾宮一世卦 用娶七喻反本亦作取音同注及下
同 正乃如字正亦作匹 誥四方李古報反鄭作詰起一反止也王肅同 柅徐乃履反又女
紀反廣雅云止也說文作檷云絡絲趺也讀若昵字林音乃米反王肅作抳從手子夏作鑈蜀才作尼止也 羸豕
劣隨反王肅同鄭力追反陸讀爲累 蹢直戟反徐治益反一本作躑古文作蹢 躅直錄反本亦作躅蹢躅不
靜也古文作蹊 牝頻忍反 豭音家 包有本亦作庖同白交反下同鄭百交反虞云白茅苞之荀作胞
利賓如字 擅人市戰反 遠民袁万反 以杞音起張云苟杞馬云大木也鄭云柳

作余余**金車**本亦作金輿**劓**徐魚器反**刖**徐五刮反又音月荀王肅本劓刖作臲卼云不安貌陸同鄭云劓刖當爲倪仉京作劓劊案說文劊斷也**祭祀**本亦作享祀**遐遠**本或作遐邇**藟**力軌反似葛之草本又作虆毛詩草木疏云一名巨荒似虆蕿連蔓而生幽州人謂之推虆**臲**五結反王肅妍喆反說文作劓牛列反薛同**卼**五骨反又音月說文作鼿云鼿不安也薛又作杌字同**曰動悔**音越向云言其無不然**令生**力呈反

☵☴**井**精領反雜卦云通也彖云養而不窮周書云黃帝穿井世本云化益作井宋衷云化益伯益也堯臣廣雅云井深也鄭云井法也字林作丼子挺反周云井以不變更爲義師說井以清絜爲義震宮五世卦**无喪**息浪反**汔**徐許訖反注同幾也王肅音其乞反**繘**音橘徐又居密反鄭云綆也方言云關西謂綆爲繘郭璞云汲水索也又其律反又音述**羸**律悲反徐力追反下同蜀才作累鄭讀曰虆**瓶**白經反**幾至**音祈或音機**而覆**芳福反**而上水**時掌反注及下注上水皆同**井養**如字徐以上反**木上**如字師又時掌反**以勞**力報反注同**勸相**息亮反注同王肅如字**井泥**

䷭升 式陵反序卦云上也上音時掌反 用見大人 本或作利見 以順德 如字王肅同本又作慎師同姚本德作得 以高大 本或作以成高大 允當 如字下同 閑邪 似嗟反 升虛 如字空也徐去餘反馬云丘也 用亨 許庚反通也馬鄭陸王肅許兩反馬云祭也鄭云獻也 岐山 其宜反或祁支反 攘來 如羊反 冥 覓經反闇昧之義也注同又云日冥也 則喪 息浪反

䷮困 窮也窮悴掩蔽之義故彖云剛掩也廣雅云困悴也兌宮一世卦 剛揜 本又作掩於檢反李於範反虞作弇 以說 音悅卦內同 困窮 如字或作困窮非 臀 徒敦反 株木 張愚反 幽谷 徐古木反 不覿 大歷反見也注同 獲拯 拯救之拯 隱遯 徒困反 數歲 色柱反本亦作三歲 困解 音蟹 朱紱 音弗下同 享祀 許兩反注同 難之 乃旦反 不勝 音升 豐衍 延善反 蒺 音疾 蔾 音黎蒺蔾草 上比 毗志反 焉得 於虔反 來徐徐 徐徐疑懼貌馬云安行貌子夏作荼荼翟同荼音圖云內不定之意王肅

周易音義 七 通志堂

蔚音尉又紆弗反廣雅云茂也數也說文作斐

䷱鼎丁冷反法象也即鼎器也離宮二世卦　革去羌呂反下皆同　賢愚別彼列反

尊甲序本亦作有別有序　以木巽火亨本又作亯同普庚反煑也下及注聖人亨大亨亨飪亨者並同　飪入甚反熟也徐而鴆反　以享香兩反注享上帝　上行時掌反

凝魚承反嚴貌鄭云成也翟作擬云度也　顛丁田反倒也　趾音止　利出徐尺遂反或如字注及下同

否悲巳反惡也注及下同　是覆芳目反下皆同　趾倒丁老反下同　以為于僞反下體為同

未悖必內反逆也　我仇音求匹也鄭云怨耦曰仇　可復扶又反下同

其行下孟反注同　塞悉則反　雉膏如字鄭云雉膏食之美者　折足之舌反注同

餗送鹿反虞云八珍之具也馬云鍵也鍵音之然反鄭云菜也　形渥於角反沾也鄭作剭音屋

且施始豉反　所盛音成　知小音智　金鉉玄典反徐又古玄反又古冥反一音古螢反馬云鉉扛鼎而舉之也　用勁古政反

乃計反注及下同滓穢側里反不嚮許亮反棄舍音捨下文同井谷古木
反又音浴射食亦反注同徐食夜反鄭王肅皆音亦云厭也荀作耶鮒音附魚名也子夏傳謂蝦蟇甕
屋送反李於鍾反鄭作甕云停水器也說文作罋汲缾也敝婢世反王肅徐扶滅反谿谷口啼反注
下音喻反下同而復扶又反无與之也一本作則莫之與也渫息列反徐又食
列反黃云治也心惻初力反說文云痛也汲音急停汙音烏其行下孟反象并注皆同
甃側舊反馬云為瓦裏下達上也子夏傳云脩治也干云以甎壘井曰甃字林云井壁也洌音列絜也說文
云水清也王肅音例不橈乃孝反不食如字又音飼井收徐詩救反又如字馬云汲也陸
云井幹也荀作甃勿幕音莫覆也干本勿作网

䷰革馬鄭云改也坎宮四世卦樂成音洛上六注同相息如字馬云滅也李斐注漢書同說文
作熄欲上時掌反革而信之一本無之字以說音悅注同鞏九勇反固也馬
同堅韌仁震反行有如字又下孟反相比毗志反文炳兵領反二文

周易音義 七

通志堂

巾德

下相背同否之備鄙反令物力呈反而強其兩反姧邪似嗟反敵

應應對之應又音膺其趾如字荀作止腓符非反本又作肥義與咸卦同不承音拯

救之拯馬云舉也不快苦夬反其限馬云限要也鄭荀虞同夤引眞反馬云夾脊肉

也鄭本作臏徐又音胤荀作腎云互體有坎坎為腎薰許云反荀作動云互體有震震為動喪息浪反

䷴漸捷檢反以之前為義即階漸之道艮宮歸魂卦女歸吉也王肅本還作女歸吉利貞

善俗王肅本作善風俗于干如字鄭云干水傍故停水處陸云水畔稱干毛傳詩云涯也又云澗也荀

王肅云山間澗水也翟云涯也則困於小子本又作則困讒於小子於謗博浪反

讒諛音臾磐畔干反山石之安也馬云山中磐紆衎衎苦旦反馬云饒衍祿養羊尚反

歡樂音洛于陸陸高之頂也馬云山上高平曰陸孕以證反說文云懷子曰孕弋甑反鄭云猶

娠也荀作乘復反扶又反邪配似嗟反合好呼報反能間間廁之間

離羣力智反鄭云猶去也桷音角翟云方曰桷桷椽也馬陸云桷榱也說文云秦曰榱周謂之椽齊魯

䷲震止慎反動也八純卦象雷以成成亦作盛虩虩許逆反馬云恐懼貌鄭同荀作愬愬笑言言亦作語下同啞啞烏客反馬云笑聲鄭云樂也怠本又作殆惰徒臥反下同解慢佳賣反下同恐致曲勇反下文注皆同不喪息浪反卦內並同匕必以反鬯勑亮反香酒堪長丁丈反已出音紀洊在薦反徐又在悶反億本又作噫同於其反辭也六五同鄭於力反云十万曰億喪息浪反注同荀如字貝如字荀音敗躋本又作隮子西反升也雖復扶又反上六注同蘇蘇疑懼貌王肅云躁動貌鄭云不安也馬云尸祿素餐貌无眚生領反遂泥乃計反下同荀本遂作隊泥音乃低反困難乃旦反索索桑洛反注及下同懼也馬云內不安貌鄭云猶縮縮足不正也視如字徐市至反矍矍俱縛反徐許縛反馬云中未得之貌鄭云目不正婚媾古豆反彼動故懼故或作而

䷳艮根恨反止也鄭云艮之言很也八純卦象山其背必內反徐甫載反相背音佩

七百十五

闡（昌善反）而令（力呈反）以徧（音遍）則昃（如字孟作稷）則食（如字或作蝕非）則溢（本或作則方溢者非）以折（之舌反斷也下及注同）其配（如字鄭作妃云嘉耦曰妃）雖旬（如字均也王肅尚純反或音脣荀作均劉昞作鈞）則爭（爭鬭之爭下皆同）蔀（音部王廙同蒲戶反王肅普苟反畧例云大暗之謂蔀馬云蔀小也鄭薛作菩云小席）見斗（孟作見主）瞹（音愛）鄣（音章又止尚反字又作障同）斗見者（賢遍反下不見同）一不邪（似嗟反）沛（本或作旆謂幡幔也又普貝反姚云滂沛也王廙豐蓋反又補賴反徐普蓋反子夏作芾傳云小也鄭干作韋云祭祀之蔽膝）沬（徐武蓋反又亡對反微昧之光也字林作昧亡太反云斗杓後星王肅云音妹鄭作昧服虔云日中而昏也子夏傳云昧星之小者馬同薛云輔星也）肱（古弘反姚作股）幡（芳袁反）幔（末半反）以禦（魚呂反）微昧（音妹）豐其屋（說文作豐云大屋也）闚（苦規反李登云小視）闃（苦鶪反徐苦鶪反一音苦馘反馬鄭云无人貌字林云靜也姚作閴孟作窒並通）覿（徒歷反）藏（如字）[illegible]（於鳩反）其行（下孟反）治道（直吏反下同）天際（如字鄭云當爲瘵瘵病也）翔（鄭王肅作祥）翳

周易音義 二二

劉子珍

謂之栖安棲音西字亦作栖不累劣僞反義義五何反

䷵歸妹婦人謂嫁曰歸妹者少女之稱兑宮歸魂卦少女詩照反下皆同之稱尺證反下同爲長丁丈反下皆同說以音悅後並同所歸妹也本或作所以歸妹

不樂音洛妖邪似嗟反知弊婢世反以娣大計反跛波我反

娣從才用反又如字眇彌小反以須如字待也鄭云有才智之稱荀陸作嬬陸云妾也

愆期起虔反馬云過也遲雉夷反晚也緩也陸云待也一音直異反不正亦不應本亦作无應

有待而行也一本待作時之袂彌世反月幾音機又音祈荀作旣承匡曲亡反鄭作筐刲苦圭反馬云刺也一音工惠反

周易下經豐傳第六

䷶豐芳忠反字林匹忠反依字作豐今並三直畫猶是變體若曲下作豆禮字耳非也世人亂之久矣彖及序卦皆云大也彖豐是腆厚光大之義鄭云豐之言倎充滿意也坎宮五世卦王假庚白反至也下同馬古雅反大也

䷸巽孫問反入也廣雅云順也八純卦象風象木　巽弟大計反本亦作悌　重巽直龍反

齊邪似嗟反下幷下卦同　志治直吏反　紛芳云反廣雅云衆也喜也一云盛也　而復扶又反下同　神祇祁支反　頻顣千寂反又子六反此同鄭意　不樂音洛　遠

不袁万反　之庖步交反　先庚西薦反注同　後庚胡豆反　卒以寸忽反下同　不說字又作悅同　先申音身或作甲字非　以斷丁亂反下同

䷹兌徒外反悅也八純卦象澤　兌說音悅卦內並同　以先西薦反又如字　犯難乃旦反　麗澤如字麗連也鄭作離云猶併也　黨繫本亦作係　商兌如字商商量也

鄭云隱度也　介疾音界隔也馬云大也　將近附近之近　比於毗志反　道長丁丈反

䷺渙呼亂反散也序卦云離也離宮五世卦　王假庚白反下同梁武帝音賈　而上如字又時掌反

之難乃旦反卦內同　之累劣僞反　享于香兩反　用拯拯救之拯馬云舉也

鄧子珍

光烏細反 自藏如字衆家作戕慈羊反馬王肅云殘也鄭云傷也 有爲于僞反 不

出戶庭此引節卦九二爻辭應云門庭作戶誤也或云門戶通語

䷷旅力舉反羈旅也序卦云旅而无所容雜卦云親寡旅是也離宮一世卦王肅等以爲軍旅 特重

直用反 物長丁丈反 而復扶又反六五注同 令附力呈反 非知音智

瑣瑣悉果反或作璅字者非也鄭云瑣瑣小也馬云疲弊貌王肅云細小貌 懷其資本或

作懷其資斧非 喪息浪反卦內并下卦同 爲施始豉反 與萌如字又音預 得其

資斧如字子夏傳及衆家並作齊斧張軌云齊斧蓋黃鉞斧也張晏云整齊也應劭云齊利也虞喜志林云齊

當作齋齋戒入廟而受斧下卦同 不快苦夬反 斫諸若反 平坦吐但反 射雉

食亦反注同 而上時掌反 上逮音代一音大計反 號戶羔反 咷道羔反 于

易以豉反注同王肅音亦 所嫉音疾字林音自本亦作疾下同 其義焚也馬云義宜

也一本作宜其焚也 喪牛之凶本亦作喪牛于易

高元

直龍反 不徇似俊反 或罷如字王肅音皮徐扶彼反 少陰詩照反 長陰

丁丈反 相比毗志反 而鬩五代反 憊備拜反 幾望音機又音祈京作近荀作

既 而上時掌反象同 攣力圓反廣雅云拳也 可舍音捨 翰胡旦反高飛 內

喪息浪反

䷽小過古臥反義與大過同王肅云音戈兊宮遊魂卦 遺之如字 不宜上時掌反注

同下及文不宜上上六注上亦同鄭如字謂君也 而浸子鴆反 以行下孟反 所錯本又

作措又作厝同七路反 其妣必履反 于僭子念反 盡於津忍反 或戕徐在

良反注同 故令力呈反注同 先過西薦反 而復扶又反卦末同 晏安於諫反又

音宴 鴆除蔭反本亦作酖 沒怯去業反 公弋餘職反 則蒸章勝反字又作烝或

作滕字非 小畜本又作蓄同勑六反 其施始豉反 而難乃旦反 已上也並如

字上又時掌反注同鄭作尚云庶幾也 陽已上故止也本又作陽已上故少陰止少音多少之少

伏曼容云濟也王肅云拔也子夏作拼拼取也以逝逝又作遊厄劇本又作危處又作厄處逃

竄七亂反險爭爭鬭之爭机音几有丘姚作有近匪夷荀作匪弟丘

墟去魚反渙汗下旦反以盪徒黨反險阸於隔反以假古雅反

逖湯歷反血去羌呂反最遠袁万反下於遠象遠害並同不近附近之近

䷻節薦絜反止也明禮有制度之名一云分段支節之義坎宮一世卦男女別彼列反

復正扶又反說以音悅注同澤上有水上或作中今不用德行下孟

反下注同故匿女力反所怨紆万反又紆元反

䷼中孚芳夫反信也艮宮遊魂卦豚徒尊反黄作遯說而音悅下注皆同乖爭

爭鬭之爭之行下孟反畜之許六反本或作獸涉難乃旦反有它音他燕

音鷰鶴戶各反和之胡臥反注及下同好爵如字王肅呼報反孟云好小也爾靡

本又作縻同亡池反散也干同徐又武寄反又亡彼反韓詩云共也孟同埤蒼作䌕云散也陸作縻京作劘重陰

周易音義　二三　通志堂

附近之近 暉許歸反字又作輝 而耽丁南反 於樂音洛

周易繫徐胡詣反本系也又音係續也字從毄若直作毄下系者音口奚反非 辭本亦作辤依字應作詞說也說文云詞者意內而言外也辤不受也受辛者辤辤籀文辭字也 上第七本亦作繫辭上王肅本皆作繫辭上傳說於雜卦皆有傳字本亦有無上字者 韓伯注本亦作韓康伯注案王輔嗣止注六經講者相承用韓注繫辭以下續之

地畀如字又音婢本又作埤同 其易之門本亦作其易之門戶 斷矣丁亂反 之分符問反章末注同 著矣張慮反 見矣賢徧反注同 縣象音玄 雨施始鼓反 相摩本又作磨末何反京云相磑切也磑音古代反馬云摩切也鄭注禮記云迫也迫音百 相盪眾家作蕩王肅音唐黨反馬云除也桓云動也唯韓云相推盪 鼓之虞陸董皆云鼓鼓動也 霆王肅呂忱音庭徐又徒鼎反又音定京云霆者雷之餘氣挺生万物也說文同蜀才云疑為電 運行姚作違行

大始音泰王肅作泰 坤作虞姚作坤化姚云化當為作 易知以豉反註章末同鄭荀董

上六弗遇王付反本多誤故詳之災眚生領反

䷾既濟節計反下卦同鄭云既已也盡也濟度也坎宮三世卦亨小絕句以小連利貞者非則邪似嗟反下同曳以制反濡其音儒注同於燥西早反未造七報反易以豉反棄難乃旦反卦末并下卦同婦喪息浪反注皆同其茀方拂反首飾也馬同干云馬髴也鄭云車蔽也子夏作髴荀作紱董作髢不比毗志反鬼方鬼遠也蒼頡篇云憊備拜反鄭云劣弱也陸作備云當為憊憊困劣也繻有而朱反鄭王肅云音須子夏作襦王廙同薛云古文作繻衣袽女居反絲袽也王肅音如說文作絮云縕也廣雅云絮塞也子夏作茹京作絮有郤去逆反禴羊略反祭之薄者沼之紹反沚音止蘋音頻蘩音煩非馨呼庭反

䷿未濟離宮三世卦小狐徐音胡汔許訖反說文云水涸也鄭云幾也令物力呈反各得其所一本作得其所當經綸本又作論同音倫又魯門反屯張倫反蹇紀勉反循難似遵反猶履也喪其息浪反已比毗志反上音紀下以近

通志堂

宋衷始銳反云舍也 烟音因 熅紆云反 盡聚津忍反下同 知周音智注同 道

濟如字鄭云道當作導 不流如字京作留 樂天音洛注同虞作變天 功贍涉豔

反 範圍鄭云範法也馬王肅張作犯違張云犯違猶裁成也 而知如字荀爽荀柔之明僧紹音智 以

上時掌反 之稱尺證反下章及注同 知者音智下之知注知者其知仁知並同 其分

符問反 鮮矣悉淺反注同師說云盡也鄭作尟馬鄭王肅云少也

藏諸才剛反鄭作臧云善也 衣於既反 被皮寄反 則有經營之

功也本亦元功字一本功作迹 成象蜀才作盛象 爻法胡孝反馬韓如字云放也蜀才

作效 形詰去吉反 大虛音泰下大極同 歘爾況勿反 自造在早反下同

稱極尺證反 爲稱尺證反 不禦魚呂反禁止也 乎迩本又作邇音尒 也

專如字陸作摶音同 也翕虛級反斂也 也闢婢亦反開也 易簡以豉反

知崇音智注同 禮蜀才作體 卑必彌反本亦作埤徐音婢下同 賾仕責反下同九家作冊京作嘖

並音亦

簡能如字姚云能當爲從而成位乎其中馬王肅作而易成位乎其中

繫辭音系卷內皆同焉而明吉凶虞本更有悔吝二字迭田節反

剛柔者晝夜之象虞作晝夜者剛柔之象三極陸云極至也馬云三統也鄭韓云三才也王肅云陰陽剛柔仁義爲三極能見賢遍反易之序也陸云序象也京云次也虞本作象所樂音岳適會也虞本作所變而玩五亂反研玩也馬云貪也鄭作翫祐之音又後同

爻者戶交反說文云交也小疵徐才斯反馬云瑕也辯吉凶如字京云明也虞董姚顧蜀才並云別也音彼列反見乎賢遍反乎介音界注同王肅于韓云纖介也纖息廉反震无咎馬云震驚也鄭云懼也王肅韓云動也周云救也險易以豉反注同京云險惡也易善也之否備鄙反天地準如字京云準等也鄭云中也平也

彌如字本又作弥綸音倫京云彌遍綸知也王肅云綸纏裹也荀云彌終也綸迹也天下之道一本作天地俯以音甫察於一本作觀於反終鄭虞作及終之說如字

者如字一讀緇證反慢藏才浪反誨如字教也虞作悔謂悔根冶容音也鄭陸虞姚
王肅作野言妖野容儀教誨淫泆也王肅云作野音也
大衍延善反又注演同鄭云衍演也干云合也王廙蜀才云廣也大極音泰掛一卦買反別
也王肅音卦揲時設反案揲猶數也說文云閱持也一音思頰反徐音息列反鄭云取也歸奇紀宜
反注下同於扐郎得反下同馬云指間也荀柔之云別也後掛京作卦云再扐而後布卦之策
初革反字亦作筴當如字下同期本又作朞音基同而伸本又作信音身而長丁丈
反德行下孟反酬市由反徐又音疇酢在洛反京作醋與祐音又助也馬云配也
荀作侑

聖人之道明僧紹作君子之道以言者下三句無以字一本四句皆有如
嚮許兩反又作響能與音預下及注同參伍七南反錯七各反綜宗統反
天地之文一本作天下虞陸本作之爻无籌直周反研蜀才作揅幾也

云情也 典禮京作等禮姚作典體 以斷丁亂反下注同 惡也於嫁反荀作亞亞次也又烏路反馬鄭烏洛反亞通 言天下之至動而不可亂也衆家本並然鄭本作至賾云賾當爲動九家亦作冊 可遠袁万反 之惡烏路反 錯之七各反 議之陸姚桓玄荀柔之作儀之 則盡津忍反 子和胡臥反注同 縻之本又作靡亡池反徐又亡彼反京作劘 行發下孟反下同 見乎賢遍反 樞尺朱反王廙云戶樞也一云門臼 機王廙云弩牙也 先號戶羔反 咷道羔反 或默亡北反字或作嘿 利斷丁亂反王肅丁管反 其臭昌又反

初六藉在夜反下同 用白茅卯交反 无咎或以此爲別章今不用 苟錯七故反本亦作措 可重直勇反 慎斯術也時震反鄭于同一本作順師用義鄭云術道 不德鄭陸蜀才作置鄭云置當爲德 下人遐嫁反後同 爲階姚作機 爲易者本又云作易者 乘釁許覲反 致寇至徐或作戎宋衷云戎誤 乘也

通志堂

出如字又尺遂反下同洛出王肅作雒火德王故從各佳漢家以又以尚賢也鄭本作有以

子曰書不盡如字又津忍反下同之縕紆粉反徐於憤反王肅又於問反之

奧烏報反而上時掌反而錯七故反注同本又作措之賾本亦作之至賾

而裁音才本又作財默而成本或作默而成之德行下孟反

周易繫辭下第八

而重直龍反注同明治直吏反繫辭音係卷內皆同而命孟作明或

否備鄙反而斷丁亂反則見賢遍反下及注皆同趣時七樹反貞勝

姚本作貞稱乎累劣僞反殉吉辭俊反後同未離力智反盡會

津忍反下同貞觀官換反又音官貞夫音符確然苦角反馬韓云剛貌說文云高至

人易以豉反下注同隤然大回反馬韓云柔貌也孟作退陸董姚作妥像此音象施

生始豉反大寶孟作保曰人王肅卜伯玉桓玄明僧紹作仁禁民音金又金鴆反

如字本或作機鄭云機當作幾幾微也夫易開王肅作闓音同物成務一本無夫易二字

冒天莫報反注同覆也以斷丁亂反下二章同著音尸圓而本又作員音同方

以知音智注同下知以叡知注神知皆同有分符問反易以以豉反韓音亦謂變易貢

如字告也京陸虞作工荀作功洗心劉巘悉殄反盡也王肅韓悉禮反京荀虞董張蜀才作先石經同洗

濯直角反藏往如字劉作臧善也能與音預不殺馬鄭王肅干所戒反師同徐所

例反陸韓如字者夫音符如字齊戒側皆反注同以神明其德夫

荀虞顧絶句衆皆以夫字爲下句一本無夫字闔戶胡臘反闢戶婢亦反王肅甫亦反施生

始豉反見乃賢遍反

是故易有大極大音泰注同大極无也馬云北辰也王肅云此章首獨言是故者揔衆章之意

无稱之稱並尺證反縣象音玄探吐南反賾九家作冊索隱色白

反亹亹亡偉反莫善乎蓍龜本亦作莫大見吉賢遍反河

通志堂

七音九反馬云㧑木相擊以行夜說文作欜字林他各反同暴客白報反鄭作虣斷木丁緩反又徒緩反斷斷絕爲杵昌呂反掘地其月反又其勿反爲臼求酉反爲弧音胡說文云木弓剡木以冉反字林云銳也因冉反諸睽苦圭反又音圭則爭爭鬬之爭下同厚衣於既反襘期並如字无數色具反棺椁上音官下音郭而治直吏反下同書契苦計反決斷都亂反象也者像也衆本並云像擬也孟京虞董姚還作象卦奇紀宜反注同德行下孟反下同畫奇音獲下同憧憧本又作憧昌容反以貫古亂反屈也丘勿反下同信也本又作伸同音申下同韋昭漢書音義云古伸字尺蠖紆縛反蟲名也徐又烏郭反龍蛇本文作蛇同之蟄直立反全身本亦作存身思慮息吏反而累劣僞反蒺音疾藜音黎死其其亦作期射食亦反下注同隼恤允反高墉音容不括古活反結也結閡五代反不懲直升反屨俱遇反校胡孝反下同滅止

葛宣

包本又作庖白交反鄭云取也孟京作伏犧許宜反字又作羲鄭云鳥獸全具曰犧孟京作戲云伏服也戲化也

氏包犧氏大皞三皇之最先之王于況反不究九又反爲罟音古馬姚云猶网也黄本作爲网罟云取獸曰网取魚曰罟以佃音田本亦作田以漁音魚本亦作魚又言庶反馬云取獸曰佃取魚曰魚斲木陟角反爲耜音似京云耒下耓也陸云廣五寸耓音勑丁反爲耒力對反京云耜上句木也說文云耜曲木垂所作字林同力佳反徐力猥反垂造作也本或揉木爲之耒耨非耒耨之

利奴豆反馬云鉏也孟云耘除草爲市世本云祝融爲市宋衷云顓頊臣也說文云市時止反噬市制反嗑胡臘反不解佳賣反易窮則變變則通通則久一本作易窮則變通則久祐之音又本亦作佑下治直吏反章末同以別彼列反一本作辯

挎本又作刳口孤反徐又口溝反掞以冉反本亦作剡楫本又作檝將輒反下同徐音集又子入反方言云楫謂之橈或謂之櫂說文云楫舟櫂也致遠以利天下一本無此句諸渙音喚以

利天下蓋取諸隨一本無以利天下一句重門直龍反析他洛

於豔反 後易以豉反注同 長裕丁丈反注同 其施始豉反下同 巽稱尺證反又尺升反 和行下孟反 以遠于万反注同 不濫力暫反 可遠馬王肅韓袁方反注音同師讀如字 上下時掌反章末同 趣舍音捨 處昧音妹 而揆葵癸反度也 其方馬云方道 能循似倫反 以度待洛反 以要一遙反下文要終同 其要於妙反 易知以豉反 撰德鄭作算云數也 噫意於其反王肅於力反辭也馬同 亦要一妙反絕句又一遙反則句至吉凶 則居馬如字處也師音同鄭王肅音基辭 知者音智 彖辭吐貫反馬云彖辭卦辭也鄭云爻辭也周同王肅云彖舉象之要也師說通謂爻卦之辭也一云即夫子彖辭 則思息吏反 貫之古亂反 轉近附近之近下章以近同 而上時掌反 須援于眷反 剛勝升證反一音升 勝其音升 閑邪似嗟反 其當如字下當文王同 紂直又反 蒙難乃旦反 能亨許庚反 易者以豉反注同 其治直吏反 德行下孟反下德行同 易以以豉反下注險易同 知阻莊呂反

本亦作趾弗去羌呂反何校河可反又音河其治直吏反下同知小音智尟
不本亦作鮮仙善反少也折足之設反覆公芳六反餗音速馬作粥形渥
於角反不勝音升而上時掌反未離力智反先見賢遍反介于
徐音戒衆家作介徐云王廙古黠反斷可丁亂反注同復行扶又反注復行同造形七報
反之分符問反无祇韓音祁支反注同王廙輔嗣音支舍凶音捨絪本又作氤
同音因縕本又作氳紆云反化醇音淳易其以豉反不迕五路反字亦作忤
其易之門邪本又作門戶邪之撰仕勉反下章同數也廣雅云定也王肅士眷反
數也色柱反爻繇直救反下同服虔云抽也抽出吉凶也韋昭云由也吉凶所由而出也於
稽古兮反考也闡幽昌善反明也辯物如字徐扶勉反別也斷辭丁亂反注
同辭文如字一音問而中丁仲反注同因貳音二鄭云當爲式民行下孟反注同所蹈徒報
反之柄兵病反之脩如字鄭云治也馬作循之辯如字王肅卜免反不厭

周易音義　二十一　通志堂

反虞陸董姚王肅音亦云歎也數往色具反又色主反而數色主反下文同晅況晚反京云乾也本又作晅徐古鄧反又一音香元反以說音悅後皆同嚮明許亮反而治直吏反

妙萬物如字王肅作眇音妙董云眇成也橈徐乃飽反王肅乃教反又呼勞反熯王肅云呼旦反火氣也徐本作暵音漢云熱暵也說文同莫盛是政反鄭音成云裹也水火不相逮音代一音大計反鄭宋陸王肅王廙無不字悖必內反逆也爲豕京作彘爲狗音苟一

索色白反下同馬云數也王肅云求也長男丁丈反下長女長子皆同中男丁仲反下同少男詩照反下少女皆同爲圜音圓瘠在亦反下同王廙云健之甚者爲多骨也京荀作柴云多筋幹

駁邦角反爲釜房甫反爲吝京作遴嗇音色爲柄彼病反爲龍如字虞干作駹虞云蒼色干云雜色爲旉王肅音孚干云花之通名鋪爲花貌謂之旉本又作專如字虞同姚云專一也鄭市戀反蒼筤音郎或作琅通萑音丸廣雅云薍也薍音秋葦韋鬼反蘆馵王樹反京作朱荀同陽在下的丁歷反說文作馰顙桑黨反的顙白顛反生麻豆之屬反生戴莩

子茂

能說音悦注同亹亹亡偉反鄭云汲汲也王肅云勉也役思息吏反探吐南反射食亦反不厭於豔反以盡津忍反下同愛惡烏路反注同鄭烏洛反泯然亡忍反比爻毗志反辭枝音支誣善音無

周易說卦第九

幽贊本或作讚子旦反幽深也贊明也蓍音尸說文云蒿屬生千歲三百莖易以為數天子九尺諸侯七尺大夫五尺士三尺毛詩草木疏云似藾蕭青色科生鴻範五行傳云蓍百年一本生百莖論衡云七十歲生一莖七百歲生十莖神靈之物故生遲也史記云生滿百莖者其下必有神龜守之其上常有雲氣覆之淮南子云上有叢蓍下有伏龜如嚮香兩反本又作響參七南反又如字音三天或作夫者非而倚於綺反馬云依也王肅其綺反云立也虞同蜀才作奇通數色具反參奇紀宜反觀變一本作觀變化發揮音輝鄭云揚也王廙韓云散也盡性津忍反要其一遙反迭用田節反六位而成章本又作六畫相薄旁各反陸云拒附薄也馬鄭顧云薄入也相射食亦

周易音義　二

通志堂

尢**剛鹵**力杜反鹹土也**爲羊**虞作羔此六子依求索而爲次第也本亦有以三男居前三女後從乾健也章至此韓無注或有注者非也荀爽九家集解本乾後更有四爲龍爲直爲衣爲言巛後有八爲牝爲迷爲方爲囊爲裳爲黃爲帛爲漿震後有三爲王爲鵠爲鼓巽後有二爲楊爲鸛坎後有八爲宮爲律爲可爲棟爲叢棘爲狐爲蒺藜爲桎梏離後有一爲牝牛艮後有三爲鼻爲虎爲狐兌後有二爲常爲輔頰注云常西方神也不同故記之於此

周易序卦第十

之穉直吏反本或作稚**爭興**爭鬬之爭下同**所比**毗志反下注同**所畜**敕六反本亦作蓄下及雜卦同**以否**備鄙反下同**以觀**官喚反**亨則**許庚反鄭許兩反徐音向同**實喪**息浪反**所錯**七各反注同徐七路反**之緼**紆粉反本又作蘊**遠小人**袁万反**有難**乃旦反下同**以解**音蟹下同**決邪**似嗟反**而上**時掌反**去故**起呂反下同**以和**胡卧反又如字**齊**才細反又如字**若長**丁丈反**說**音悅下及注同**行過**下孟反

高宇

周易音義　三三

甲而出也虞作阪云陵坂也陸云阪當爲反蕃音煩鮮息連反爲臭昌又反王肅作爲香臭

寡髮如字本又作宣黑白雜爲宣髮爲廣如字鄭作黃爲近附近之近三倍步罪

反其究九又反矯紀表反一本作撟同鞣如九反王肅奴又反又女九反又如又反馬鄭陸王肅本

作此宋衷王廙作揉宋云使曲者直直者曲爲揉京作柔荀作橈弓輪姚作倫美脊精亦反

爲亟紀力反王肅去記反荀作極云中也爲薄旁博反蹄徒低反爲曳以制反

眚生領反王廙云病也甲胄直又反乾卦古丹反鄭云乾當爲幹陽在外能幹正也董作幹

鼈甲列反本又作鼈同蟹戶賣反蠃力禾反京作螺姚作蠡蚌步項反本又作蜯同

科苦禾反空也虞作折槁苦老反鄭作槀干作熇爲徑古定反果蓏力火反馬云果桃李

之屬蓏瓜瓠之屬應劭云木實曰果草實曰蓏說文云在木曰果在地曰蓏張晏云有核曰果無核曰蓏京本作果墮之字

閽音昏寺如字徐音侍亦作閹字黔其廉反徐音禽王肅其嚴反鄭作黚謂虎豹之屬貪冒之類喙

況廢反徐丁遘反爲堅多節一本無堅字爲巫亡符反附決如字徐音

通志堂

61

五百卅四
一本作以彖觀之
明爻通變 好靜呼報反 度量音亮 朝直遙反 廷音定 必
比毗志反 隆墀本又作坻直其反坻螳冢 遠壑火各反 而濟一本作而載 能
說音悅 善邇善又作繕 愛惡烏路反次章同 語成而後有格舊本
如此一本格作括 能與音豫
明卦適變通爻本又作明卦通變適爻又一本直云適變通爻
否泰備鄙反 險易以豉反章內同 於斷丁亂反 要其一遙反 辭險
音避本亦作避後章同 比復毗志反 好先呼報反 侮妻亡甫反 故當如字
其介音界本又作分符問反
明象觀意本亦作見意 猶蹄音啼 在兔他故反字又作菟 筌者
七全反筌蹄事見莊子 重畫直龍反下胡麥反下同 應健音鷹 滋漫末半反

周易雜卦第十一（韓云雜糅衆卦也孟云雜亂也）

雜糅（如又反）比（毗志反下同）樂（音洛注同）臨觀（古亂反）屯見（賢遍反注及下皆同鄭如字）經綸（又作論音倫又力門反）上升（時掌反下文離上升注同）豫怠（如字姚同京作治虞作怡）則飭（音敕注同整治也鄭本王肅作飾）剝爛（老旦反）晝也（竹又反）誅也（荀云誅滅也陸韓云傷也）解（音蟹）難也（乃旦反）衆（荀作終）去故（起呂反）豐多故（衆家以此絕句）親寡旅也（荀本豐多故親絕句寡旅也別爲句）道長（丁丈反）

周易畧例（此是輔嗣所作既釋經文故相承講之今亦隨世音焉或有題爲第十者後人輙加之耳）

明彖

動不能制動（一本作天地不能制動）貞夫（音符後皆同）琁（悉全反又作旋）璣（音機本又作機或作幾）輻（音福）湊（千豆反）則思（息吏反）可遠（于万反）能渝（羊朱反）至賾（仕責反）能與（音預）觀彖以斯

三百九十 子茂

拯救之拯 同好呼報反 所贍常豔反 褊矣必淺反 遯浸子鴆反 長

張丈反 難在乃旦反 亨在許庚反 大壯 觸昌錄反 蕃扶袁反 明

夷 最遠于万反 最近附近之近 而難乃旦反 能溺寧歷反 睽

最見賢遍反豐卦同 洽乃咸夾反本又作合 豐 惡闇烏路反 之沛步

貝反又普貝反 之蔀步口反 明昧音妹本亦作妹又作沬皆末貝反下文同 無與如字又音

預 折其之舌反

經典釋文卷第二

經四千二百一十九字
注一万七千七百四十字

後學 成德 挍訂

縱復扶又反

辯位　繫辭戶計反下同　位分扶問反下同　去初羌呂反　無六爻無亦作損

畧例下舊本如此本或無下字

率音類又音律又所律反　相比毗志反　險易以豉反　之行下孟反　去六羌呂反　見咥直結反　所怨紆万反又紆元反

卦畧凡十一卦

屯難乃旦反遯明夷卦同　所馮皮冰反本亦作憑　蒙陰昧音妹　不諮本亦作資　四遠袁万反觀明夷卦同　初比毗志反　履不處謂陽爻不處其位爲美　履者禮也今雜卦無此句韓注有或傳寫者誤　臨剛長丁丈反遯卦同　觀古亂反　以所見一本所作知　以近附近之近明夷卦同　大過棟橈乃孝反　拯弱

通志堂

四、周易汉语拼音注音版

郭彧　王殿卿　注音

上　经

乾卦第一

qián yuán hēng lì zhēn
乾：元、亨、利、贞。

chūjiǔ qián lóng wù yòng
初九：潜龙勿用。

jiǔ èr xiàn lóng zài tián lì jiàn dà rén
九二：见[1]龙在田，利见大人。

jiǔ sān jūn zǐ zhōng rì qián qián tì ruò lì wú jiù
九三：君子终日乾乾，惕若[2]，厉[3]无咎。

jiǔ sì huò yuè zài yuān wú jiù
九四：或跃在渊，无咎。

jiǔ wǔ fēi lóng zài tiān lì jiàn dà rén
九五：飞龙在天，利见大人。

shàng jiǔ kàng lóng yǒu huǐ
上九：亢[4]龙有悔。

yòng jiǔ xiàn qún lóng wú shǒu jí
用九：见群龙无首，吉。

① 见：通“现”。
② 若：语气词。
③ 厉：危险。
④ 亢：过甚，嫉妒。《说文》：“亢，人颈也。从大省，象颈脉形。”

《彖》曰：大哉乾元，万物资始，乃统天。云行雨施，品物流形。大明始终，六位时成，时乘六龙以御天。乾道变化，各正性命，保合大[1]和，乃利贞。首出庶物，万国咸宁。

《象》曰：天行，健。君子以自强不息。

“潜龙勿用”阳在下也。“见龙在田”，德施普也。“终日乾乾”，反复道也。“或跃在渊”，进无咎也。“飞龙在天”，大人造也。“亢龙有悔”，盈不可久也。“用九”，天德不可为首也。

《文言》曰：元者，善之长也，亨者，嘉之会也，利者，义之和也，贞者，事之干也。君子体仁足以长人，嘉会足以合礼，利物足以和义，贞固足以干事。君子行此四者，故曰：“乾元亨利贞。”

初九曰“潜龙勿用”何谓也？子曰：“龙德而隐者也。不易乎世，不成乎名。遁世无闷，不见是而无闷。乐则行之，忧则违之。确乎其不可拔，潜龙也。”

九二曰“见龙在田，利见大人”何谓也？子曰：“龙德而正中者也。庸[2]言之信，庸行之谨，闲[3]邪存其诚，善世而不伐，德博而化。”《易》曰：“见龙在田，利见大人”，

① 大：通“太”。

② 庸：平常的，不高明的。《说文》：“庸，用也。”

③ 闲：防范。《说文》：“闲，阑也。”

君德也。

九三曰"君子终日乾乾，夕惕若，厉无咎"何谓也？子曰："君子进德修业，忠信，所以进德也。修辞立其诚，所以居业也。知至至之，可与几也。知终终之，可与存义也。是故居上位而不骄，在下位而不忧。故乾乾因其时而惕，虽危无咎矣。"

九四曰"或跃在渊，无咎"何谓也？子曰："上下无常，非为邪也。进退无恒，非离群也。君子进德修业，欲及时也，故无咎。"

九五曰"飞龙在天，利见大人"何谓也？子曰："同声相应，同气相求，水流湿，火就燥，云从龙，风从虎。圣人作而万物睹，本乎天者亲上，本乎地者亲下，则各从其类也。"

上九曰"亢龙有悔"何谓也？子曰：贵而无位，高而无民，贤人在下，位而无辅，是以动而有悔也。

潜龙勿用，下也。见龙在田，时舍也。终日乾乾，行事也。或跃在渊，自试也。飞龙在天，上治也。亢龙有悔，穷之灾也。乾元用九，天下治也。

潜龙勿用，阳气潜藏。见龙在田，天下文明。终日乾乾，与时偕行。或跃在渊，乾道乃革。飞龙在天，乃位乎天德。亢龙有悔，与时偕极。乾元用九，乃见天则。

乾元者，始而亨者也。利贞者，性情也。乾始能以美利利天下，不言所利，大矣哉！大哉乾乎！刚健中正，纯粹精也。六爻发挥，旁通情也。时乘六龙，以御天也。云行雨施，天下平也。

君子以成德为行，日可见之行也。潜之为言也，隐而未见，行而未成，是以君子弗用也。

君子学以聚之，问以辩之，宽以居之，仁以行之。《易》曰：“见龙在田，利见大人。”君德也。

九三：重刚而不中，上不在天，下不在田。故乾乾因其时而惕，虽危而无咎矣。

九四：重刚而不中，上不在天，下不在田，中不在人，故或之。或之者疑之也，故无咎。

夫大人者，与天地合其德，与日月合其明，与四时合其序，与鬼神合其吉凶。先天而天弗违，后天而奉天时。天且弗违，而况于人乎？况于鬼神乎？

亢之为言也，知进而不知退，知存而不知亡，知得而不知丧。其唯圣人乎？知进退存亡而不失其正者，其唯圣人乎？

坤卦第二

坤 ☷☷ 坤上 坤下

kūn yuán hēng lì pìn mǎ zhī zhēn jūn zǐ yǒu yōu wǎng xiān mí hòu dé zhǔ
坤：元、亨、利牝马①之贞。君子有攸往，先迷后得主
lì xī nán dé péng dōng běi sàng péng ān zhēn jí
利。西南得朋，东北丧朋。安贞，吉。

tuàn yuē zhì zāi kūn yuán wàn wù zī shēng nǎi shùn chéng tiān kūn hòu dé
《彖》曰：至哉坤元，万物资生，乃顺承天。坤厚德
zǎi wù dé hé wú jiāng hán hóng guāng dà pǐn wù xián hēng pìn mǎ dì lèi xíng
载物，德合无疆。含弘光大，品物咸亨。牝马地类，行
dì wú jiāng róu shùn lì zhēn jūn zǐ yōu xíng xiān mí shī dào hòu shùn dé cháng
地无疆。柔顺利贞，君子攸行。先迷失道，后顺得常。
xī nán dé péng nǎi yǔ lèi xíng dōng běi sàng péng nǎi zhōng yǒu qìng ān zhēn zhī
西南得朋，乃与类行；东北丧朋，乃终有庆。安贞之
jí yìng dì wú jiāng
吉，应地无疆。

xiàng yuē dì shì kūn jūn zǐ yǐ hòu dé zǎi wù
《象》曰：地势，坤。君子以厚德载物。

chū liù lǚ shuāng jiān bīng zhì
初六：履霜，坚冰至。

xiàng yuē lǚ shuāng jiān bīng yīn shǐ níng yě xùn zhì qí dào zhì jiān bīng
《象》曰：履霜坚冰，阴始凝也。驯致其道，至坚冰
yě
也。

liù èr zhí fāng dà bù xí wú bú lì
六二：直方大，不习无不利。

xiàng yuē liù èr zhī dòng zhí yǐ fāng yě bù xí wú bú lì dì dào
《象》曰：六二之动，直以方也。不习无不利，地道
guāng yě
光也。

---

① 牝马：母马。

liù sān hán zhāng kě zhēn huò cóng wáng shì wú chéng yǒu zhōng
六三：含章可贞。或从王事，无成有终。

xiàng yuē hán zhāng kě zhēn yǐ shí fā yě huò cóng wáng shì zhì guāng dà yě
《象》曰：含章可贞，以时发也。或从王事，知[1]光大也。

liù sì kuò náng wú jiù wú yù
六四：括囊，无咎无誉。

xiàng yuē kuò náng wú jiù shèn bù hài yě
《象》曰：括囊无咎，慎不害也。

liù wǔ huáng cháng yuán jí
六五：黄裳，元吉。

xiàng yuē huáng cháng yuán jí wén zài zhōng yě
《象》曰：黄裳元吉，文在中也。

shàng liù lóng zhàn yú yě qí xuè xuán huáng
上六：龙战于野，其血玄黄。

xiàng yuē lóng zhàn yú yě qí dào qióng yě
《象》曰：龙战于野，其道穷也。

yòng liù lì yǒng zhēn
用六：利永贞。

xiàng yuē yòng liù yǒng zhēn yǐ dà zhōng yě
《象》曰：用六永贞，以大终也。

wén yán yuē kūn zhì róu ér dòng yě gāng zhì jìng ér dé fāng hòu dé zhǔ ér yǒu cháng hán wàn wù ér huà guāng kūn dào qí shùn hū chéng tiān ér shí xíng
《文言》曰：坤至柔而动也刚，至静而德方，后得主而有常，含万物而化光。坤道其顺乎，承天而时行。

jī shàn zhī jiā bì yǒu yú qìng jī bú shàn zhī jiā bì yǒu yú yāng chén shì qí jūn zǐ shì qí fù fēi yī zhāo yī xī zhī gù qí suǒ yóu běn zhě jiàn yǐ yóu biàn zhī bù zǎo biàn yě yì yuē lǚ shuāng jiān bīng zhì gài yán shùn yě
积善之家，必有余庆；积不善之家，必有余殃。臣弑其君，子弑其父，非一朝一夕之故。其所由本者渐矣，由辩之不早辩也。《易》曰“履霜坚冰至”，盖言顺也。

zhí qí zhèng yě fāng qí yì yě jūn zǐ jìng yǐ zhí nèi yì yǐ fāng wài jìng yì lì ér dé bù gū zhí fāng dà bù xí wú bú lì zé bù yí qí suǒ xíng yě
直其正也，方其义也。君子敬以直内，义以方外，敬义立而德不孤。直方大，不习无不利。则不疑其所行也。

---

① 知：通“智”。

阴虽有美含之，以从王事，弗敢成也。地道也，妻道也，臣道也。地道无成而代有终也。

天地变化，草木蕃。天地闭，贤人隐。《易》曰“括囊，无咎，无誉”，盖言谨也。

君子黄中通理，正位居体，美在其中，而畅于四支[①]，发于事业，美之至也。

阴疑于阳必战。为其嫌于无阳也，故称龙焉。犹未离其类也，故称血焉。夫玄黄者，天地之杂也，天玄而地黄。

屯卦第三

屯　坎上　震下

屯：元亨利贞，勿用有攸往，利建侯。

《彖》曰：屯，刚柔始交而难生，动乎险中，大亨贞。雷雨之动满盈，天造草昧，宜建侯而不宁。

《象》曰：云雷，屯。君子以经纶。

初九：磐[②]桓，利居贞，利建侯。

① 支：通“肢”。
② 磐：通“盘”。

xiàng yuē suī pán huán zhì xíng zhèng yě yǐ guì xià jiàn dà dé mín yě
《象》曰：虽磐桓，志行正也。以贵下贱，大得民也。

liù èr zhūn rú zhān rú chéng mǎ pán rú fěi kòu hūn gòu nǚ zǐ zhēn bù zì shí nián nǎi zì
六二：屯如邅[1]如，乘马班[2]如。匪[3]寇婚媾，女子贞不字，十年乃字[4]。

xiàng yuē liù èr zhī nán chéng gāng yě shí nián nǎi zì fǎn cháng yě
《象》曰：六二之难，乘刚也。十年乃字，反[1][5]常也。

liù sān jí lù wú yú wéi rù yú lín zhōng jūn zǐ jǐ bù rú shě wǎng lìn
六三：即鹿无虞[6]，惟入于林中，君子几，不如舍，往吝。

xiàng yuē jí lù wú yú yǐ cóng qín yě jūn zǐ shě zhī wǎng lìn qióng yě
《象》曰：即鹿无虞，以从禽也。君子舍之，往吝穷也。

liù sì chéng mǎ pán rú qiú hūn gòu wǎng jí wú bú lì
六四：乘马班如，求婚媾，往吉，无不利。

xiàng yuē qiú ér wǎng míng yě
《象》曰：求而往，明也。

jiǔ wǔ zhūn qí gāo xiǎo zhēn jí dà zhēn xiōng
九五：屯其膏，小贞吉，大贞凶。

xiàng yuē zhūn qí gāo shī wèi guāng yě
《象》曰：屯其膏，施未光也。

shàng liù chéng mǎ pán rú qì xuè lián rú
上六：乘马班如，泣血涟如。

xiàng yuē qì xuè lián rú hé kě zhǎng yě
《象》曰：泣血涟如，何可长也。

---

① 邅：难行不进。

② 班：通“盘”。

③ 匪：通“非”。

④ 字：许配。《说文》：“字，乳也。”

⑤ 反：通“返”。

⑥ 虞：古代掌管山泽的官。又《说文》：“虞，驺虞也。白虎黑文，尾长于身。仁兽，食自死之肉。”

蒙卦第四

méng hēng fěi wǒ qiú tóng méng tóng méng qiú wǒ chū shì gào zài sān dú dú zé bù gào lì zhēn
蒙：亨。匪[1]我求童蒙，童蒙求我。初筮告，再三渎，渎则不告。利贞。

tuàn yuē méng shān xià yǒu xiǎn xiǎn ér zhǐ méng méng hēng yǐ hēng xíng shí zhōng yě fěi wǒ qiú tóng méng tóng méng qiú wǒ zhì yìng yě chū shì gào yǐ gāng zhōng yě zài sān dú dú zé bù gào dú méng yě méng yǐ yǎng zhèng shèng gōng yě
《彖》曰：蒙，山下有险，险而止，蒙。蒙，亨，以亨行时中也。匪我求童蒙，童蒙求我，志应也。初筮告，以刚中也。再三渎，渎则不告，渎蒙也。蒙以养正，圣功也。

xiàng yuē shān xià chū quán méng jūn zǐ yǐ guǒ xíng yù dé
《象》曰：山下出泉，蒙。君子以果行育德。

chū liù fā méng lì yòng xíng rén tuō zhì gù yǐ wǎng lìn
初六：发蒙，利用刑人，说[2]桎梏，以往吝。

xiàng yuē lì yòng xíng rén yǐ zhèng fǎ yě
《象》曰：利用刑人，以正法也。

jiǔ èr bāo méng jí nà fù jí zǐ kè jiā
九二：包蒙，吉，纳妇，吉。子克家。

xiàng yuē zǐ kè jiā gāng róu jiē yě
《象》曰：子克家，刚柔节[3]也。

liù sān wù yòng qǔ nǚ jiàn jīn fū bù yǒu gōng wú yōu lì
六三：勿用取女[4]。见金夫，不有躬，无攸利。

xiàng yuē wù yòng qǔ nǚ xíng bù shùn yě
《象》曰：勿用取女，行不顺也。

---

① 匪：通“非”。
② 说：通“脱”。
③ 节：通“接”。
④ 取：通“娶”。

liù sì　kùn méng lìn
六四：困蒙，吝。

xiàng yuē　kùn méng zhī lìn　dú yuǎn shí yě
《象》曰：困蒙之吝，独远实也。

liù wǔ　tóng méng jí
六五：童蒙，吉。

xiàng yuē　tóng méng zhī jí　shùn yǐ xùn yě
《象》曰：童蒙之吉，顺以巽也。

shàng jiǔ　jī méng bú lì wéi kòu　lì yù kòu
上九：击蒙，不利为寇，利御寇。

xiàng yuē　lì yòng yù kòu　shàng xià shùn yě
《象》曰：利用御寇，上下顺也。

需卦第五

xū　yǒu fú　guāng hēng　zhēn jí　lì shè dà chuān
需：有孚，光亨，贞吉。利涉大川。

tuàn yuē　xū　xū yě　xiǎn zài qián yě　gāng jiàn ér bù xiàn　qí yì bù kùn qióng yǐ　xū　yǒu fú　guāng hēng　zhēn jí　wèi hū tiān wèi　yǐ zhèng zhōng yě　lì shè dà chuān　wǎng yǒu gōng yě
《彖》曰：需，须也；险在前也。刚健而不陷，其义不困穷矣。“需，有孚，光亨，贞吉”，位乎天位，以正中也。“利涉大川”，往有功也。

xiàng yuē　yún shàng yú tiān　xū　jūn zǐ yǐ yǐn shí yàn lè
《象》曰：云上于天，需。君子以饮食宴乐。

chū jiǔ　xū yú jiāo　lì yòng héng　wú jiù
初九：需于郊。利用恒，无咎。

xiàng yuē　xū yú jiāo　bù fàn nán xíng yě　lì yòng héng　wú jiù　wèi shī cháng yě
《象》曰：“需于郊”，不犯难行也。“利用恒，无咎”，未失常也。

jiǔ èr xū yú shā xiǎo yǒu yán zhōng jí
九二：需于沙，小有言，终吉。

xiàng yuē xū yú shā yǎn zài zhōng yě suī xiǎo yǒu yán yǐ zhōng jí yě
《象》曰："需于沙"，衍在中也。虽小有言，以终吉也。

jiǔ sān xū yú ní zhì kòu zhì
九三：需于泥，致寇至。

xiàng yuē xū yú ní zāi zài wài yě zì wǒ zhì kòu jìng shèn bù bài yě
《象》曰："需于泥"，灾在外也。自我致寇，敬慎不败也。

liù sì xū yú xuè chū zì xué
六四：需于血，出自穴。

xiàng yuē xū yú xuè shùn yǐ tīng yě
《象》曰："需于血"，顺以听也。

jiǔ wǔ xū yú jiǔ shí zhēn jí
九五：需于酒食，贞吉。

xiàng yuē jiǔ shí zhēn jí yǐ zhōng zhèng yě
《象》曰："酒食贞吉"，以中正也。

shàng liù rù yú xué yǒu bù sù zhī kè sān rén lái jìng zhī zhōng jí
上六：入于穴，有不速之客三人来，敬之终吉。

xiàng yuē bù sù zhī kè lái jìng zhī zhōng jí suī bú dàng wèi wèi dà shī yě
《象》曰："不速之客来"，敬之终吉。虽不当位，未大失也。

讼卦第六

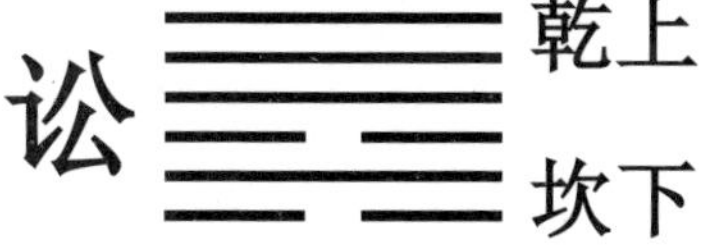

sòng yǒu fú zhì tì zhōng jí zhōng xiōng lì jiàn dà rén bú lì shè dà
讼：有孚窒[①]惕，中吉，终凶。利见大人。不利涉大

① 窒：阻塞不通。《说文》："窒，塞也。"

chuān
川。

tuàn yuē sòng shàng gāng xià xiǎn xiǎn ér jiàn sòng sòng yǒu fú zhì tì
《象》曰：讼，上刚下险，险而健，讼。讼有孚窒惕，
zhōng jí gāng lái ér dé zhōng yě zhōng xiōng sòng bù kě chéng yě lì jiàn dà rén
中吉。刚来而得中也。终凶，讼不可成也。利见大人，
shàng zhōng zhèng yě bú lì shè dà chuān rù yú yuān yě
尚中正也。不利涉大川，入于渊也。

xiàng yuē tiān yǔ shuǐ wéi xíng sòng jūn zǐ yǐ zuò shì móu shǐ
《象》曰：天与水违行，讼。君子以作事谋始。

chū liù bù yǒng suǒ shì xiǎo yǒu yán zhōng jí
初六：不永所事，小有言，终吉。

xiàng yuē bù yǒng suǒ shì sòng bù kě zhǎng yě suī xiǎo yǒu yán qí biàn
《象》曰：不永所事，讼不可长也。虽小有言，其辩
míng yě
明也。

jiǔ èr bù kè sòng guī ér bū qí yì rén sān bǎi hù wú shěng
九二：不克讼，归而逋①。其邑人三百户，无眚②。

xiàng yuē bù kè sòng guī bū cuàn yě zì xià sòng shàng huàn zhì duō yě
《象》曰：不克讼，归逋窜也。自下讼上，患至掇也。

liù sān shí jiù dé zhēn lì zhōng jí huò cóng wáng shì wú chéng
六三：食旧德，贞厉，终吉。或从王事，无成。

xiàng yuē shí jiù dé cóng shàng jí yě
《象》曰：食旧德，从上吉也。

jiǔ sì bù kè sòng fù jí mìng yú ān zhēn jí
九四：不克讼，复即命，渝安贞，吉。

xiàng yuē fù jí mìng yú ān zhēn bù shī yě
《象》曰：复即命，渝安贞，不失也。

jiǔ wǔ sòng yuán jí
九五：讼，元吉。

xiàng yuē sòng yuán jí yǐ zhōng zhèng yě
《象》曰：讼，元吉，以中正也。

shàng jiǔ huò xī zhī pán dài zhōng cháo sān chǐ zhī
上九：或锡之鞶带③，终朝三褫④之。

xiàng yuē yǐ sòng shòu fú yì bù zú jìng yě
《象》曰：以讼受服，亦不足敬也。

---

① 逋：逃亡。《说文》："逋，亡也。"

② 眚：过失，灾祸。《说文》："眚，目病生翳也。"

③ 鞶带：皮制的大带，为古代官员的服饰。

④ 褫：《说文》："褫，夺衣也。"

师卦第七

师 ䷆ 坤上 坎下

shī zhēn zhàng rén jí wú jiù
师：贞，丈人吉，无咎。

tuàn yuē shī zhòng yě zhēn zhèng yě néng yǐ zhòng zhèng kě yǐ wàng yǐ
《彖》曰：师，众也，贞，正也，能以众正，可以王矣。
gāng zhōng ér yīng xíng xiǎn ér shùn yǐ cǐ dū tiān xià ér mín cóng zhī jí yòu
刚中而应，行险而顺，以此毒①天下，而民从之，吉又
hé jiù yǐ
何咎矣！

xiàng yuē dì zhōng yǒu shuǐ shī jūn zǐ yǐ róng mín chù zhòng
《象》曰：地中有水，师。君子以容民畜众。

chū liù shī chū yǐ lǜ pǐ zāng xiōng
初六：师出以律，否臧②凶。

xiàng yuē shī chū yǐ lǜ shī lǜ xiōng yě
《象》曰：师出以律，失律凶也。

jiǔ èr zài shī zhōng jí wú jiù wáng sān cì mìng
九二：在师中吉，无咎，王三锡③命。

xiàng yuē zài shī zhōng jí chéng tiān chǒng yě wáng sān cì mìng huái wàn bāng
《象》曰：在师中吉，承天宠也。王三锡命，怀万邦
yě
也。

liù sān shī huò yú shī xiōng
六三：师或舆尸，凶。

xiàng yuē shī huò yú shī dà wú gōng yě
《象》曰：师或舆尸，大无功也。

liù sì shī zuǒ cì wú jiù
六四：师左次，无咎。

① 毒：通“督”，治理天下。
② 臧：善，好。
③ 锡：通“赐”。

xiàng yuē zuǒ cì wú jiù wèi shī cháng yě
《象》曰：左次无咎，未失常也。

liù wǔ tián yǒu qín lì zhí yán wú jiù zhǎng zǐ shuài shī dì zǐ yú shī zhēn xiōng
六五：田有禽，利执言，无咎。长子帅师，弟子舆尸，贞凶。

xiàng yuē zhǎng zǐ shuài shī yǐ zhōng xíng yě dì zǐ yú shī shǐ bú dàng yě
《象》曰："长子帅师"，以中行也。弟子舆尸，使不当也。

shàng liù dà jūn yǒu mìng kāi guó chéng jiā xiǎo rén wù yòng
上六：大君有命，开国承家，小人勿用。

xiàng yuē dà jūn yǒu mìng yǐ zhèng gōng yě xiǎo rén wù yòng bì luàn bāng yě
《象》曰："大君有命"，以正功也，小人勿用必乱邦也。

比卦第八

比 ䷇ 坎上 坤下

bì jí yuán shì yuán yǒng zhēn wú jiù bù níng fāng lái hòu fū xiōng
比：吉。原筮[①]，元永贞无咎。不宁方来，后夫凶。

tuàn yuē bì jí yě bǐ fǔ yě xià shùn cóng yě yuán shì yuán yǒng zhēn wú jiù yǐ gāng zhōng yě bù níng fāng lái shàng xià yīng yě hòu fū xiōng qí dào qióng yě
《象》曰：比，吉也。比辅也，下顺从也。原筮，元永贞，无咎，以刚中也。不宁方来，上下应也。后夫凶，其道穷也。

xiàng yuē dì shàng yǒu shuǐ bì xiān wáng yǐ jiàn wàn guó qīn zhū hòu
《象》曰：地上有水，比。先王以建万国，亲诸侯。

① 筮：古代用蓍草占卦。

chū liù yǒu fú bǐ zhī wú jiù yǒu fú yíng fǒu zhōng lái yǒu tā jí
初六：有孚比之，无咎。有孚盈缶[1]，终来有它吉。

xiàng yuē bǐ zhī chū liù yǒu tā jí yě
《象》曰：比之初六，有它吉也。

liù èr bǐ zhī zì nèi zhēn jí
六二：比之自内，贞吉。

xiàng yuē bǐ zhī zì nèi bù zì shī yě
《象》曰：比之自内，不自失也。

liù sān bǐ zhī fěi rén
六三：比之匪人。

xiàng yuē bǐ zhī fěi rén bù yì shāng hū
《象》曰：比之匪人，不亦伤乎！

liù sì wài bǐ zhī zhēn jí
六四：外比之，贞吉。

xiàng yuē wài bǐ yú xián yǐ cóng shàng yě
《象》曰：外比于贤，以从上也。

jiǔ wǔ xiǎn bǐ wáng yòng sān qū shī qián qín yì rén bù jiè jí
九五：显比，王用三驱，失前禽。邑人不诫，吉。

xiàng yuē xiǎn bǐ zhī jí wèi zhèng zhōng yě shě nì qǔ shùn shī qián qín
《象》曰：显比之吉，位正中也。舍逆取顺，失前禽

yě yì rén bù jiè shàng shǐ zhōng yě
也。邑人不诫，上使中也。

shàng liù bǐ zhī wú shǒu xiōng
上六：比之无首，凶。

xiàng yuē bǐ zhī wú shǒu wú suǒ zhōng yě
《象》曰：比之无首，无所终也。

小畜卦第九

小畜 ☴☰ 巽上 乾下

xiǎo xù hēng mì yún bù yǔ zì wǒ xī jiāo
小畜：亨。密云不雨，自我西郊。

① 缶：盛酒浆的瓦器。《说文》："缶，瓦器。"

tuàn yuē xiǎo xù róu dé wèi ér shàng xià yīng zhī yuē xiǎo xù jiàn ér xùn gāng zhōng ér zhì xíng nǎi hēng mì yún bù yǔ shàng wǎng yě zì wǒ xī jiāo shī wèi xíng yě
《彖》曰：小畜；柔得位而上下应之，曰小畜。健而巽，刚中而志行，乃亨。密云不雨，尚往也。自我西郊，施未行也。

xiàng yuē fēng xíng tiān shàng xiǎo xù jūn zǐ yǐ yì wén dé
《象》曰：风行天上，小畜。君子以懿[1]文德。

chū jiǔ fù zì dào hé qí jiù jí
初九：复自道，何其咎？吉。

xiàng yuē fù zì dào qí yì jí yě
《象》曰：复自道，其义吉也。

jiǔ èr qiān fù jí
九二：牵复，吉。

xiàng yuē qiān fù zài zhōng yì bù zì shī yě
《象》曰：牵复在中，亦不自失也。

jiǔ sān yú tuō fú fū qī fǎn mù
九三：舆说[2]辐[3]，夫妻反目。

xiàng yuē fū qī fǎn mù bù néng zhèng yě
《象》曰：夫妻反目，不能正也。

liù sì yǒu fú xuè qù tì chū wú jiù
六四：有孚血去，惕出，无咎。

xiàng yuē yǒu fú tì chū shàng hé zhì yě
《象》曰：有孚惕出，上合志也。

jiǔ wǔ yǒu fú luán rú fù yǐ qí lín
九五：有孚挛如，富以其邻。

xiàng yuē yǒu fú luán rú bù dú fù yě
《象》曰：有孚挛如，不独富也。

shàng jiǔ jì yǔ jì chù shàng dé zài fù zhēn lì yuè jī wàng jūn zǐ zhēng xiōng
上九：既雨既处，尚德载；妇贞厉，月几望；君子征凶。

xiàng yuē jì yǔ jì chù dé jī zài yě jūn zǐ zhēn xiōng yǒu suǒ yí yě
《象》曰：既雨既处，德积载也。君子贞凶，有所疑也。

---

① 懿：《说文》：“懿，专久而美也。”

② 说：通“脱”。

③ 辐：连结车辋和车毂的直条。《说文》：“辐，轮轑也。”

履卦第十

履 ䷉ 乾上 兑下

lǚ hǔ wěi bù dié rén hēng
履虎尾，不咥[①]人，亨。

tuàn yuē lǚ róu lǚ gāng yě yuè ér yìng hū qián shì yǐ lǚ hǔ wěi bù chī rén hēng gāng zhōng zhèng lǚ dì wèi ér bù jiù guāng míng yě
《彖》曰：履，柔履刚也。说[②]而应乎乾，是以履虎尾不吃人。亨，刚中正，履帝位而不疚，光明也。

xiàng yuē shàng tiān xià zé lǚ jūn zǐ biàn shàng xià dìng mín zhì
《象》曰：上天下泽，履。君子辨上下，定民志。

chū jiǔ sù lǚ wǎng wú jiù
初九：素履，往无咎。

xiàng yuē sù lǚ zhī wǎng dú xíng yuàn yě
《象》曰：素履之往，独行愿也。

jiǔ èr lǚ dào tǎn tǎn yōu rén zhēn jí
九二：履道坦坦，幽人贞吉。

xiàng yuē yōu rén zhēn jí zhōng bù zì luàn yě
《象》曰：幽人贞吉，中不自乱也。

liù sān miǎo néng shì bǒ néng lǚ lǚ hǔ wěi dié rén xiōng wǔ rén wéi yú dà jūn
六三：眇能视，跛能履，履虎尾，咥人，凶。武人为于大君。

xiàng yuē miǎo néng shì bù zú yǐ yǒu míng yě bǒ néng lǚ bù zú yǐ yǔ xíng yě dié rén zhī xiōng wèi bú dàng yě wǔ rén wéi yú dà jūn zhì gāng yě
《象》曰：眇能视，不足以有明也。跛能履，不足以与行也。咥人之凶，位不当也。武人为于大君，志刚也。

jiǔ sì lǚ hǔ wěi sù sù zhōng jí
九四：履虎尾，愬愬[③]，终吉。

① 咥：通“吃”。
② 说：通“悦”。
③ 愬：小心谨慎。

xiàng yuē sù sù zhōng jí zhì xíng yě
《象》曰：愬愬，终吉，志行也。

jiǔ wǔ guài lǚ zhēn lì
九五：夬履，贞厉。

xiàng yuē guài lǚ zhēn lì wèi zhèng dāng yě
《象》曰：夬履，贞厉，位正当也。

shàng jiǔ shì lǚ kǎo xiáng qí xuán yuán jí
上九：视履考祥，其旋元吉。

xiàng yuē yuán jí zài shàng dà yǒu qìng yě
《象》曰：元吉在上，大有庆也。

泰卦第十一

泰 坤上 乾下

tài xiǎo wǎng dà lái jí hēng
泰：小往大来，吉，亨。

tuàn yuē tài xiǎo wǎng dà lái jí hēng zé shì tiān dì jiāo ér wàn wù tōng yě shàng xià jiāo ér qí zhì tóng yě nèi yáng ér wài yīn nèi jiàn ér wài shùn nèi jūn zǐ ér wài xiǎo rén jūn zǐ dào zhǎng xiǎo rén dào xiāo yě
《彖》曰：泰，小往大来，吉，亨。则是天地交而万物通也。上下交而其志同也。内阳而外阴，内健而外顺，内君子而外小人，君子道长，小人道消也。

xiàng yuē tiān dì jiāo tài hòu yǐ cái chéng tiān dì zhī dào fǔ xiāng tiān dì zhī yí yǐ zuǒ yòu mín
《象》曰：天地交，泰。后以财[①]成天地之道，辅相天地之宜，以左右民。

chū jiǔ bá máo rú yǐ qí wèi zhēng jí
初九：拔茅茹以其彙，征吉。

xiàng yuē bá máo zhēng jí zhì zài wài yě
《象》曰：拔茅征吉，志在外也。

① 财：通“裁”。

jiǔ èr bāo huāng yòng píng hé bù xiá yí péng wáng dé shàng yú zhōng
九二：包荒，用冯[1]河，不遐遗。朋亡，得尚于中
háng
行。

xiàng yuē bāo huāng yòng píng hé dé shàng yú zhōng háng yǐ guāng dà yě
《象》曰：包荒，用冯河，得尚于中行，以光大也。

jiǔ sān wú píng bù bēi wú wǎng bù fù jiān zhēn wú jiù wù xù qí
九三：无平不陂[2]，无往不复。坚贞无咎。勿恤其
fú yú shí yǒu fú
孚，于食有福。

xiàng yuē wú wǎng bù fù tiān dì jì yě
《象》曰：无往不复，天地际也。

liù sì piān piān bù fù yǐ qí lín bù jiè yǐ fú
六四：翩翩不富以其邻，不戒以孚[3]。

xiàng yuē piān piān bù fù jiē shī shí yě bù jiè yǐ fú zhōng xīn yuàn
《象》曰：翩翩不富，皆失实也；不戒以孚，中心愿
yě
也。

liù wǔ dì yǐ guī mèi yǐ zhǐ yuán jí
六五：帝乙归妹，以祉[4]元吉。

xiàng yuē yǐ zhǐ yuán jí zhōng yǐ xíng yuàn yě
《象》曰：以祉元吉，中以行愿也。

shàng liù chéng fù yú huáng wù yòng shī zì yì gào mìng zhēn lìn
上六：城复于隍[5]，勿用师，自邑告命，贞吝。

xiàng yuē chéng fù yú huáng qí mìng luàn yě
《象》曰：城复于隍，其命乱也。

---

① 冯：涉越。《说文》："冯，马行疾也。"
② 陂：山坡、斜坡。《说文》："阪也。一曰沱也。"
③ 孚：信用。《说文》："孚，卵孚也。从爪从子，一曰信也。"
④ 祉：福。《说文》："祉，福也。"
⑤ 隍：《说文》："城池也。有水曰池，无水曰隍。"

否卦第十二

否 ䷋ 乾上 坤下

pǐ pǐ zhī fěi rén bú lì jūn zǐ zhēn dà wǎng xiǎo lái
否：否之匪人，不利君子贞，大往小来。

tuàn yuē pǐ zhī fěi rén bú lì jūn zǐ zhēn dà wǎng xiǎo lái zé shì
《彖》曰：否之匪人，不利君子贞。大往小来，则是
tiān dì bù jiāo ér wàn wù bù tōng yě shàng xià bù jiāo ér tiān dì wú bāng yě
天地不交，而万物不通也。上下不交，而天地无邦也。
nèi yīn ér wài yáng nèi róu ér wài gāng nèi xiǎo rén ér wài jūn zǐ xiǎo rén dào
内阴而外阳，内柔而外刚，内小人而外君子。小人道
zhǎng jūn zǐ dào xiāo yě
长，君子道消也。

xiàng yuē tiān dì bù jiāo pǐ jūn zǐ yǐ jiǎn dé bì nán bù kě róng
《象》曰：天地不交，否。君子以俭德辟[1]难，不可荣
yǐ lù
以禄。

chū liù bá máo rú yǐ qí wèi zhēn jí hēng
初六：拔茅茹以其彚，贞吉，亨。

xiàng yuē bá máo zhēn jí zhì zài jūn yě
《象》曰：拔茅贞吉，志在君也。

liù èr bāo chéng xiǎo rén jí dà rén pǐ hēng
六二：包承，小人吉，大人否，亨。

xiàng yuē dà rén pǐ hēng bù luàn qún yě
《象》曰：大人否，亨，不乱群也。

liù sān bāo xiū
六三：包羞。

xiàng yuē bāo xiū wèi bú dàng yě
《象》曰：包羞，位不当也。

jiǔ sì yǒu mìng wú jiù chóu lí zhǐ
九四：有命无咎，畴[2]离祉[3]。

---

① 辟：通“避”。

② 畴：通“俦”，同类。

③ 祉：受福。

xiàng yuē yǒu mìng wújiù zhì xíng yě
《象》曰：有命无咎，志行也。

jiǔ wǔ xiū pǐ dà rén jí qí wáng qí wáng jì yú bāo sāng
九五：休否，大人吉。其亡其亡，系于苞桑。

xiàng yuē dà rén zhī jí wèi zhèng dāng yě
《象》曰：大人之吉，位正当也。

shàng jiǔ qīng pǐ xiān pǐ hòu xǐ
上九：倾否，先否后喜。

xiàng yuē pǐ zhōng zé qīng hé kě cháng yě
《象》曰：否终则倾，何可长也。

同人卦第十三

同人 ䷌ **乾上 离下**

tóng rén tóng rén yú yě hēng lì shè dà chuān lì jūn zǐ zhēn
同人：同人于野，亨，利涉大川，利君子贞。

tuàn yuē tóng rén róu dé wèi dé zhōng ér yīng hū qián yuē tóng rén tóng rén yuē tóng rén yú yě hēng lì shè dà chuān qián xíng yě wén míng yǐ jiàn zhōng zhèng ér yīng jūn zǐ zhèng yě wéi jūn zǐ néng tōng tiān xià zhī zhì
《彖》曰：同人，柔得位得中而应乎乾，曰同人。同人曰“同人于野，亨，利涉大川”，乾行也。文明以健，中正而应，君子正也。唯君子能通天下之志。

xiàng yuē tiān yǔ huǒ tóng rén jūn zǐ yǐ lèi zú biàn wù
《象》曰：天与火，同人。君子以类族辨物。

chū jiǔ tóng rén yú mén wú jiù
初九：同人于门，无咎。

xiàng yuē chū mén tóng rén yòu shuí jiù yě
《象》曰：出门同人，又谁咎也。

liù èr tóng rén yú zōng lìn
六二：同人于宗，吝。

xiàng yuē tóng rén yú zōng lìn dào yě
《象》曰：同人于宗，吝道也。

jiǔ sān　fú róng yú mǎng shēng qí gāo líng　sān suì bù xīng
九三：伏戎于莽，升其高陵，三岁不兴。

xiàng yuē　fú róng yú mǎng　dí gāng yě　sān suì bù xīng　ān xíng yě
《象》曰：伏戎于莽，敌刚也。三岁不兴，安行也？

jiǔ sì　chéng qí yōng　fú kè gōng　jí
九四：乘其墉①，弗克攻，吉。

xiàng yuē　chéng qí yōng　yì fú kè yě　qí jí　zé kùn ér fǎn zé yě
《象》曰：乘其墉，义弗克也，其吉，则困而反则也。

jiǔ wǔ　tóng rén　xiān hào táo ér hòu xiào　dà shī kè xiāng yù
九五：同人，先号咷而后笑。大师克相遇。

xiàng yuē　tóng rén zhī xiān　yǐ zhōng zhí yě　dà shī xiāng yù　yán xiāng kè yě
《象》曰：同人之先，以中直也。大师相遇，言相克也。

shàng jiǔ　tóng rén yú jiāo　wú huǐ
上九：同人于郊，无悔。

xiàng yuē　tóng rén yú jiāo　zhì wèi dé yě
《象》曰：同人于郊，志未得也。

大有卦第十四

dà yǒu　yuán hēng
大有：元亨。

tuàn yuē　dà yǒu　róu dé zūn wèi　dà zhōng ér shàng xià yīng zhī yuē dà yǒu　qí dé gāng jiàn ér wén míng　yīng hū tiān ér shí xíng　shì yǐ yuán hēng
《彖》曰：大有，柔得尊位，大中而上下应之曰大有。其德刚健而文明，应乎天而时行，是以元亨。

xiàng yuē　huǒ zài tiān shàng　dà yǒu　jūn zǐ yǐ è è yáng shàn　shùn tiān
《象》曰：火在天上，大有。君子以遏恶扬善，顺天

① 墉：城墙。《说文》："墉，城垣也。"

xiū mìng
休命①。

chū jiǔ wú jiāo hài fěi jiù jiān zé wú jiù
初九：无交害，匪②咎，艰则无咎。

xiàng yuē dà yǒu chū jiǔ wú jiāo hài yě
《象》曰：大有初九，无交害也。

jiǔ èr dà jū yǐ zǎi yǒu yōu wǎng wú jiù
九二：大车以载，有攸往，无咎。

xiàng yuē dà chē yǐ zǎi jī zhōng bù bài yě
《象》曰：大车以载，积中不败也。

jiǔ sān gōng yòng xiǎng yú tiān zǐ xiǎo rén fú kè
九三：公用亨③于天子，小人弗克。

xiàng yuē gōng yòng xiǎng yú tiān zǐ xiǎo rén hài yě
《象》曰：公用亨于天子，小人害也。

jiǔ sì fěi qí péng wú jiù
九四：匪其彭④，无咎。

xiàng yuē fěi qí péng wú jiù míng biàn zhé yě
《象》曰：匪其彭，无咎，明辩晢⑤也。

liù wǔ jué fú jiāo rú wēi rú jí
六五：厥⑥孚交如，威如；吉。

xiàng yuē jué fú jiāo rú xìn yǐ fā zhì yě wēi rú zhī jí yì ér wú bèi yě
《象》曰：厥孚交如，信以发志也。威如之吉，易而无备也。

shàng jiǔ zì tiān yòu zhī jí wú bú lì
上九：自天佑之，吉无不利。

xiàng yuē dà yǒu shàng jí zì tiān yòu yě
《象》曰：大有上吉，自天佑也。

---

① 休命：使生命更美好。
② 匪：通“非”。
③ 亨：通“享”。
④ 彭：茂盛的样子。
⑤ 晢：通“哲”。
⑥ 厥：他的。《说文》：“厥，发石也。”

谦卦第十五

谦 ䷎ 坤上 艮下

qiān hēng jūn zǐ yǒu zhōng
谦：亨。君子有终。

tuàn yuē qiān hēng tiān dào xià jì ér guāng míng dì dào bēi ér shàng xíng
《彖》曰：谦，亨。天道下济而光明，地道卑而上行。
tiān dào kuī yíng ér yì qiān dì dào biàn yíng ér liú qiān guǐ shén hài yíng ér fú qiān
天道亏盈而益谦，地道变盈而流谦，鬼神害盈而福谦，
rén dào è yíng ér hào qiān qiān zūn ér guāng bēi ér bù kě yú jūn zǐ zhī zhōng
人道恶盈而好谦。谦尊而光，卑而不可逾，君子之终
yě
也。

xiàng yuē dì zhōng yǒu shān qiān jūn zǐ yǐ póu duō yì guǎ chèng
《象》曰：地中有山，谦。君子以裒①多益寡，称②
wù píng shī
物平施。

chū liù qiān qiān jūn zǐ yòng shè dà chuān jí
初六：谦谦君子，用涉大川，吉。

xiàng yuē qiān qiān jūn zǐ bēi yǐ zì mù yě
《象》曰：谦谦君子，卑以自牧也。

liù èr míng qiān zhēn jí
六二：鸣谦，贞吉。

xiàng yuē míng qiān zhēn jí zhōng xīn dé yě
《象》曰：鸣谦贞吉，中心得也。

jiǔ sān láo qiān jūn zǐ yǒu zhōng jí
九三：劳谦君子，有终吉。

xiàng yuē láo qiān jūn zǐ wàn mín fú yě
《象》曰：劳谦君子，万民服也。

liù sì wú bú lì huī qiān
六四：无不利，撝③谦。

---

① 裒：减去。
② 称：通“秤”。
③ 撝：通“挥”。

xiàng yuē wú bú lì huī qiān bù wéi zé yě
《象》曰：无不利，撝谦；不违则也。

liù wǔ bù fù yǐ qí lín lì yòng qīn fá wú bú lì
六五：不富以其邻，利用侵伐，无不利。

xiàng yuē lì yòng qīn fá zhēng bù fú yě
《象》曰：利用侵伐，征不服也。

shàng liù míng qiān lì yòng xíng shī zhēng yì guó
上六：鸣谦，利用行师征邑国。

xiàng yuē míng qiān zhì wèi dé yě kě yòng xíng shī zhēng yì guó yě
《象》曰：鸣谦，志未得也。可用行师，征邑国也。

豫卦第十六

豫 ䷏ 震上 坤下

yù lì jiàn hòu xíng shī
豫：利建候行师。

tuàn yuē yù gāng yìng ér zhì xíng shùn yǐ dòng yù yù shùn yǐ dòng gù tiān dì rú zhī ér kuàng jiàn hòu xíng shī hū tiān dì yǐ shùn dòng gù rì yuè bú guò ér sì shí bù tè shèng rén yǐ shùn dòng zé xíng fá qīng ér mín fú yù zhī shí yì dà yǐ zāi
《彖》曰：豫，刚应而志行，顺以动，豫。豫，顺以动，故天地如之，而况建候行师乎？天地以顺动，故日月不过，而四时不忒①。圣人以顺动，则刑罚清而民服，豫之时义大矣哉！

xiàng yuē léi chū dì fèn yù xiān wáng yǐ zuò lè chóng dé yīn jiàn zhī shàng dì yǐ pèi zǔ kǎo
《象》曰：雷出地奋，豫。先王以作乐崇②德，殷荐③之上帝，以配祖考。

chū liù míng yù xiōng
初六：鸣豫，凶。。

---

① 忒：差错。《说文》："忒，更也。"

② 崇：崇高。《说文》："崇，嵬高也。"

③ 荐：推举，介绍。《说文》："荐，荐席也。"

xiàng yuē chū liù míng yù zhì qióng xiōng yě
《象》曰：初六鸣豫，志穷凶也。

liù èr jiè yú shí bù zhōng rì zhēn jí
六二：介于石，不终日，贞吉。

xiàng yuē bù zhōng rì zhēn jí yǐ zhōng zhèng yě
《象》曰：不终日，贞吉，以中正也。

liù sān xū yù huǐ chí yǒu huǐ
六三：盱豫悔，迟有悔。

xiàng yuē xū yù yǒu huǐ wèi bú dàng yě
《象》曰：盱[①]豫，有悔，位不当也。

jiǔ sì yóu yù dà yǒu dé wù shī yán péng hé zān
九四：由豫，大有得，勿失言。朋盍簪。

xiàng yuē yóu yù dà yǒu dé zhì dà xíng yě
《象》曰：由豫大有得，志大行也。

liù wǔ zhēn jí héng bù sǐ
六五：贞疾，恒不死。

xiàng yuē liù wǔ zhēn jí chéng gāng yě héng bù sǐ zhōng wèi wáng yě
《象》曰：六五贞疾，乘刚也。恒不死，中未亡也。

shàng liù míng yù chéng yǒu yú wú jiù
上六：冥豫，成有渝[②]，无咎。

xiàng yuē míng yù zài shàng hé kě cháng yě
《象》曰：冥豫在上，何可长也？

随卦第十七

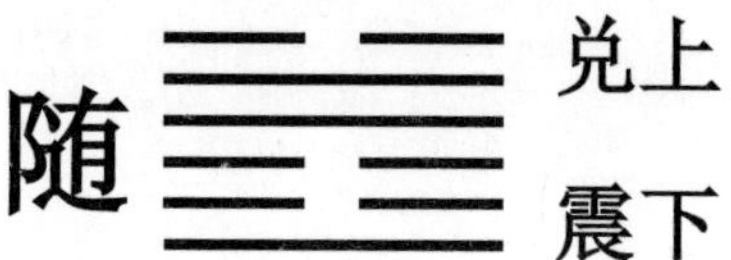

suí yuán hēng lì zhēn wú jiù
随：元亨，利贞，无咎。

tuàn yuē suí gāng lái ér xià róu dòng ér yuè suí dà hēng zhèng zhēn
《彖》曰：随，刚来而下柔，动而说[③]，随。大亨正贞，

---

① 盱：张目。《说文》：“盱，张目也。”
② 渝：改变，违背。《说文》：“渝，变污也。”
③ 说：通“悦”。

wú jiù ér tiān xià suí shí suí shí zhī yì dà yǐ zāi
无咎，而天下随时，随时之义大矣哉！

xiàng yuē zé zhōng yǒu léi suí jūn zǐ yǐ xiàng huì rù yàn xī
《象》曰：泽中有雷，随。君子以向晦①入宴息。

chū jiǔ guān yǒu yú zhēn jí chū mén jiāo yǒu gōng
初九：官有渝，贞吉。出门交有功。

xiàng yuē guān yǒu yú cóng zhèng jí yě chū mén jiāo yǒu gōng bù shī yě
象曰：官有渝，从正吉也。出门交有功，不失也。

liù èr xì xiǎo zǐ shī zhàng fū
六二：系小子，失丈夫。

xiàng yuē xì xiǎo zǐ fú jiān yǔ yě
《象》曰："系小子"，弗兼与也。

liù sān xì zhàng fū shī xiǎo zǐ suí yǒu qiú dé lì jū zhēn
六三：系丈夫，失小子。随有求得，利居贞。

xiàng yuē xì zhàng fū zhì shě xià yě
《象》曰："系丈夫"，志舍下也。

jiǔ sì suí yǒu huò zhēn xiōng yǒu fú zài dào yǐ míng hé jiù
九四：随有获，贞凶。有孚在道，以明何咎。

xiàng yuē suí yǒu huò qí yì xiōng yě yǒu fú zài dào míng gōng yě
《象》曰："随有获"，其义凶也。有孚在道，明功也。

jiǔ wǔ fú yú jiā jí
九五：孚于嘉，吉。

xiàng yuē fú yú jiā jí wèi zhèng zhōng yě
《象》曰："孚于嘉"，吉，位正中也。

shàng liù jū xì zhī nǎi cóng wéi zhī wáng yòng xiǎng yú xī shān
上六：拘系之，乃从维之。王用亨于西山。

xiàng yuē jū xì zhī shàng qióng yě
《象》曰："拘系之"，上穷也。

① 晦：入夜。《说文》："晦，月尽也。"

蛊卦第十八

蛊 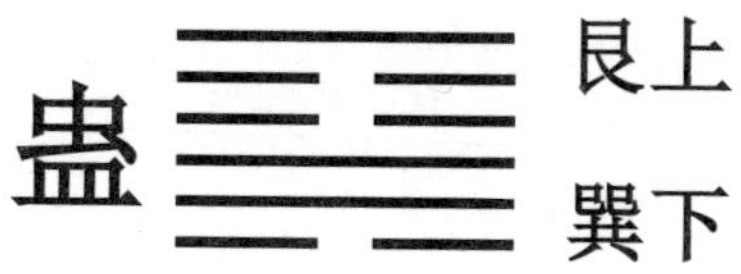 艮上 巽下

gǔ yuán hēng lì shè dà chuān xiān jiǎ sān rì hòu jiǎ sān rì
蛊①：元亨，利涉大川。先甲三日，后甲三日。

tuàn yuē gǔ gāng shàng ér róu xià xùn ér zhǐ gǔ gǔ yuán hēng ér tiān xià zhì yě lì shè dà chuān wǎng yǒu shì yě xiān jiǎ sān rì hòu jiǎ sān rì zhōng zé yǒu shǐ tiān xíng yě
《彖》曰：蛊，刚上而柔下，巽②而止，蛊。"蛊，元亨"，而天下治也。"利涉大川"，往有事也。"先甲三日，后甲三日"，终则有始，天行也。

xiàng yuē shān xià yǒu fēng gǔ jūn zǐ yǐ zhèn mín yù dé
《象》曰：山下有风，蛊。君子以振民育德。

chū liù gàn fù zhī gǔ yǒu zǐ kǎo wú jiù lì zhōng jí
初六：干③父之蛊，有子；考④无咎，厉终吉。

xiàng yuē gàn fù zhī gǔ yì chéng kǎo yě
《象》曰：干父之蛊，意承考也。

jiǔ èr gàn mǔ zhī gǔ bù kě zhēn
九二：干母之蛊，不可贞。

xiàng yuē gàn mǔ zhī gǔ dé zhōng dào yě
《象》曰：干母之蛊，得中道也。

jiǔ sān gàn fù zhī gǔ xiǎo yǒu huǐ wú dà jiù
九三：干父之蛊小有悔，无大咎。

xiàng yuē gàn fù zhī gǔ zhōng wú jiù yě
《象》曰：干父之蛊，终无咎也。

liù sì yù fù zhī gǔ wǎng jiàn lìn
六四：裕父之蛊，往见吝。

xiàng yuē yù fù zhī gǔ wǎng wèi dé yě
《象》曰：裕父之蛊，往未得也。

---

① 蛊：《说文》："蛊，腹中虫也。"
② 巽：风。《说文》："巽，具也。"
③ 干：做，办理。《说文》："干，犯也。"
④ 考：父亲。《说文》："考，老也。"

liù wǔ gàn fù zhī gǔ yòng yù
六五：干父之蛊，用誉。。

xiàng yuē gàn fù yòng yù chéng yǐ dé yě
《象》曰：干父用誉，承以德也。

shàng jiǔ bù shì wáng hóu gāo shàng qí shì
上九：不事王侯，高尚其事。

xiàng yuē bù shì wáng hóu zhì kě zé yě
《象》曰：不事王侯，志可则也。

临卦第十九

临 坤上 兑下

lín yuán hēng lì zhēn zhì yú bā yuè yǒu xiōng
临：元亨，利贞，至于八月有凶。

tuàn yuē lín gāng jìn ér zhǎng yuè ér shùn gāng zhōng ér yīng dà hēng yǐ zhèng tiān zhī dào yě zhì yú bā yuè yǒu xiōng xiāo bù jiǔ yě
《彖》曰：临，刚浸而长。说①而顺，刚中而应，大亨以正，天之道也。至于八月有凶，消不久也。

xiàng yuē zé shàng yǒu dì lín jūn zǐ yǐ jiào sī wú qióng róng bǎo mín wú jiāng
《象》曰：泽上有地，临。君子以教思无穷，容保民无疆。

chū jiǔ xián lín zhēn jí
初九：咸②临，贞吉。

xiàng yuē xián lín zhēn jí zhì xíng zhèng yě
《象》曰：咸临，贞吉，志行正也。

jiǔ èr xián lín jí wú bú lì
九二：咸临，吉，无不利。

xiàng yuē xián lín jí wú bú lì wèi shùn mìng yě
《象》曰：咸临，吉，无不利，未顺命也。

---

① 说：通“悦”

② 咸：同感。《说文》：“咸，皆也。悉也。”

liù sān gān lín wú yōu lì jì yōu zhī wú jiù
六三：甘[1]临，无攸[2]利。既忧之，无咎。

xiàng yuē gān lín wèi bú dàng yě jì yōu zhī jiù bù zhǎng yě
《象》曰：甘临，位不当也。既忧之，咎不长也。

liù sì zhì lín wú jiù
六四：至临，无咎。

xiàng yuē zhì lín wú jiù wèi dàng yě
《象》曰：至临无咎，位当也。

liù wǔ zhì lín dà jūn zhī yí jí
六五：知[3]临，大君之宜，吉。

xiàng yuē dà jūn zhī yí xíng zhōng zhī wèi yě
《象》曰：大君之宜，行中之谓也。

shàng liù dūn lín jí wú jiù
上六：敦[4]临，吉，无咎。

xiàng yuē dūn lín zhī jí zhì zài nèi yě
《象》曰：敦临之吉，志在内也。

观卦第二十

观 巽上 坤下

guàn guàn ér bù jiàn yǒu fú yóng ruò
观：盥[5]而不荐[6]，有孚颙[7]若。

tuàn yuē dà guān zài shàng shùn ér xùn zhōng zhèng yǐ guān tiān xià guān guàn ér bù jiàn yǒu fú yóng ruò xià guān ér huà yě guān tiān zhī shén dào ér sì
《彖》曰：大观在上，顺而巽，中正以观天下。观，盥而不荐，有孚颙若，下观而化也。观天之神道，而四

---

① 甘：甜。《说文》："甘，美也。"
② 攸：《说文》："攸，行水也。"
③ 知：通"智"。
④ 敦：厚道，笃厚。《说文》："敦，怒也，诋也。一曰谁何也。"
⑤ 盥：洗手。《说文》："盥，澡手也。"
⑥ 荐：进献，祭献。
⑦ 颙：仰望。《说文》："颙，大头也。"

shí bù tè shèng rén yǐ shén dào shè jiào ér tiān xià fú yǐ
时不忒[1]，圣人以神道设教，而天下服矣。

xiàng yuē fēng xíng dì shàng guān xiān wáng yǐ shěng fāng guān mín shè jiào
《象》曰：风行地上，观。先王以省方观民设教。

chū liù tóng guān xiǎo rén wú jiù jūn zǐ lìn
初六：童观，小人无咎，君子吝。

xiàng yuē chū liù tóng guān xiǎo rén dào yě
《象》曰：初六童观，小人道也。

liù èr kuī guān lì nǚ zhēn
六二：窥观，利女贞。

xiàng yuē kuī guān nǚ zhēn yì kě chǒu yě
《象》曰：窥观女贞，亦可丑也。

liù sān guān wǒ shēng jìn tuì
六三：观我生，进退。

xiàng yuē guān wǒ shēng jìn tuì wèi shī dào yě
《象》曰：观我生进退，未失道也。

liù sì guān guó zhī guāng lì yòng bīn yú wáng
六四：观国之光，利用宾于王。

xiàng yuē guān guó zhī guāng shàng bīn yě
《象》曰：观国之光，尚宾也。

jiǔ wǔ guān wǒ shēng jūn zǐ wú jiù
九五：观我生，君子无咎。

xiàng yuē guān wǒ shēng guān mín yě
《象》曰：观我生，观民也。

shàng jiǔ guān qí shēng jūn zǐ wú jiù
上九：观其生，君子无咎。

xiàng yuē guān qí shēng zhì wèi píng yě
《象》曰：观其生，志未平也。

噬嗑卦第二十一

噬嗑 离上 震下

shì hé hēng lì yòng yù
噬嗑：亨，利用狱。

---

① 忒：差错。《说文》："忒，更也。"

tuàn yuē yí zhōng yǒu wù yuē shì hé shì hé ér hēng gāng róu fēn dòng ér míng léi diàn hé ér zhāng róu dé zhōng ér shàng xíng suī bú dàng wèi lì yòng yù yě
《彖》曰：颐中有物曰噬嗑，噬嗑而亨。刚柔分，动而明，雷电合而章。柔得中而上行，虽不当位，利用狱也。

xiàng yuē léi diàn shì hé xiān wáng yǐ míng fá chì fǎ
《象》曰：雷电，噬嗑。先王以明罚敕①法。

chū jiǔ jù jiào miè zhǐ wú jiù
初九：屦②校灭趾，无咎。

xiàng yuē jù jiào miè zhǐ bù xíng yě
《象》曰：屦校灭趾，不行也。

liù èr shì fū miè bí wú jiù
六二：噬肤灭鼻，无咎。

xiàng yuē shì fū miè bí chèng gāng yě
《象》曰：噬肤灭鼻，乘刚也。

liù sān shì là ròu yù dú xiǎo lìn wú jiù
六三：噬腊肉遇毒，小吝，无咎。

xiàng yuē yù dú wèi bú dàng yě
《象》曰：遇毒，位不当也。

jiǔ sì shì gàn zǐ dé jīn shǐ lì jiān zhēn jí
九四：噬干胏③，得金矢，利艰贞吉。

xiàng yuē lì jiān zhēn jí wèi guāng yě
《象》曰：利艰贞吉，未光也。

liù wǔ shì gàn ròu dé huáng jīn zhēn lì wú jiù
六五：噬干肉，得黄金，贞厉，无咎。

xiàng yuē zhēn lì wú jiù dé dàng yě
《象》曰：贞厉无咎，得当也。

shàng jiǔ hé jiào miè ěr xiōng
上九：何④校灭耳，凶。

xiàng yuē hé jiào miè ěr cōng bù míng yě
《象》曰：何校灭耳，聪不明也。

---

① 敕：通“饬”，整治，整饬。《说文》：“敕，戒也。”
② 屦：古代用麻葛制成的一种鞋。《说文》：“屦也。从履省，娄声。一曰鞮也。”
③ 胏：干肉。
④ 何：通“荷”。

贲卦第二十二

贲 ䷕ 艮上 离下

bì　hēng　xiǎo lì yǒu suǒ wǎng
贲：亨。小利有所往。

tuàn　yuē　bì　hēng　róu lái ér wén gāng　gù hēng　fēn gāng shàng ér wén róu　gù xiǎo lì yǒu yōu wǎng gāng róu jiāo cuò　tiān wén yě　wén míng yǐ zhǐ　rén wén yě　guān hū tiān wén yǐ chá shí biàn　guān hū rén wén yǐ huà chéng tiān xià
《彖》曰：贲，亨。柔来而文刚，故亨。分刚上而文柔，故小利有攸往。刚柔交错，天文也；文明以止，人文也。观乎天文以察时变，观乎人文以化成天下。

xiàng　yuē　shān xià yǒu huǒ　bì　jūn zǐ yǐ míng shù zhèng　wú gǎn zhé yù
《象》曰：山下有火，贲。君子以明庶政，无敢折狱。

chū jiǔ　bēn qí zhǐ　shě chē ér tú
初九：贲其趾，舍车而徒。

xiàng　yuē　shě chē ér tú　yì fú chéng yě
《象》曰：舍车而徒，义弗乘也。

liù èr　bì qí xū
六二：贲其须。

xiàng　yuē　bì qí xū　yǔ shàng xìng yě
《象》曰：贲其须，与上兴也。

jiǔ sān　bì rú　rú rú　yǒng zhēn jí
九三：贲如，濡如，永贞吉。

xiàng　yuē　yǒng zhēn zhī jí　zhōng mò zhī líng yě
《象》曰：永贞之吉，终莫之陵也。

liù sì　bì rú　pó　rú　bái mǎ hàn rú　fěi kòu hūn gòu
六四：贲如，皤[1]如，白马翰如，匪寇婚媾。

xiàng　yuē　liù sì　dàng wèi yí yě　fěi kòu hūn gòu　zhōng wú yóu yě
《象》曰：六四，当位疑也，匪寇婚媾，终无尤也。

---

①皤：形容白色。《说文》："皤，老人白也。"

liù wǔ　bì yú qiū yuán　shù bó jiān jiān　lìn zhōng jí
六五：贲于丘园，束帛戋戋①，吝终吉。

xiàng yuē　liù wǔ zhī jí　yǒu xǐ yě
《象》曰：六五之吉，有喜也。

shàng jiǔ　bái bì　wú jiù
上九：白贲，无咎。

xiàng yuē　bái bì wú jiù　shàng dé zhì yě
《象》曰：白贲无咎，上得志也。

剥卦第二十三

剥　坤上　艮下

bāo　bù lì yǒu yōu wǎng
剥：不利有攸往。

tuàn yuē　bāo　bō yě　róu biàn gāng yě　bù lì yǒu yōu wǎng　xiǎo rén zhǎng yě　shùn ér zhǐ zhī　guān xiàng yě　jūn zǐ shàng xiāo xī yíng xū　tiān xíng yě
《彖》曰：剥，剥也，柔变刚也。不利有攸往，小人长也。顺而止之，观象也。君子尚消息盈虚，天行也。

xiàng yuē　shān fù yú dì　bāo　shàng yǐ hòu xià　ān zhái
《象》曰：山附于地，剥。上以厚下，安宅。

chū liù　bāo chuáng yǐ zú　miè　zhēn xiōng
初六：剥床以足，蔑②，贞凶。

xiàng yuē　bāo chuáng yǐ zú　yǐ miè xià yě
《象》曰：剥床以足，以灭下也。

liù èr　bāo chuáng yǐ biàn　miè　zhēn xiōng
六二：剥床以辨③，蔑，贞凶。

xiàng yuē　bāo chuáng yǐ biàn　wèi yǒu yǔ yě
《象》曰：剥床以辨，未有与也。

---

① 戋：少，细微。《说文》："戋，贼也。"

② 蔑：通"灭"。

③ 辨：通"遍"，指四周的栏板，一作床身与床足之间的床干。

liù sān bāo zhī wú jiù
六三：剥之无咎。

xiàng yuē bāo zhī wú jiù shī shàng xià yě
《象》曰：剥之无咎，失上下也。

liù sì bāo chuáng yǐ fū xiōng
六四：剥床以肤，凶。

xiàng yuē bāo chuáng yǐ fū qiè jìn zāi yě
《象》曰：剥床以肤，切近灾也。

liù wǔ guàn yú yǐ gōng rén chǒng wú bú lì
六五：贯鱼，以宫人宠，无不利。

xiàng yuē yǐ gōng rén chǒng zhōng wú yóu yě
《象》曰：以宫人宠，终无尤也。

shàng jiǔ shuò guǒ bù shí jūn zǐ dé yú xiǎo rén bāo lú
上九：硕果不食，君子得舆，小人剥庐①。

xiàng yuē jūn zǐ dé yú mín suǒ zǎi yě xiǎo rén bāo lú zhōng bù kě yòng yě
《象》曰：君子得舆，民所载也；小人剥庐，终不可用也。

复卦第二十四

复 ䷗ 坤上 震下

fù hēng chū rù wú jí péng lái wú jiù fǎn fù qí dào qī rì lái fù lì yǒu yōu wǎng
复：亨。出入无疾，朋来无咎。反复其道，七日来复，利有攸往。

tuàn yuē fù hēng gāng fǎn dòng ér yǐ shùn xíng shì yǐ chū rù wú jí péng lái wú jiù fǎn fù qí dào qī rì lái fù tiān xíng yě lì yǒu yōu
《彖》曰：复，亨，刚反，动而以顺行，是以出入无疾，朋来无咎。反复其道，七日来复，天行也，利有攸

① 庐：表示和房屋有关。本义：特指田中看守庄稼的小屋，亦泛指简陋居室。《说文》：“庐，寄也。秋冬去，春夏居。”

wǎng gāng zhǎng yě fù qí jiàn tiān dì zhī xīn hū
往，刚长也。复，其见天地之心乎？

xiàng yuē léi zài dì zhōng fù xiān wáng yǐ zhì rì bì guān shāng lǚ bù xíng hòu bù shěng fāng
《象》曰：雷在地中，复。先王以至日闭关，商旅不行，后不省方。

chū jiǔ bù fù yuǎn wú zhī huǐ yuán jí
初九：不复远，无祇[①]悔，元吉。

xiàng yuē bù yuǎn zhī fù yǐ xiū shēn yě
《象》曰：不远之复，以修身也。

liù èr xiū fù jí
六二：休[②]复，吉。

xiàng yuē xiū fù zhī jí yǐ xià rén yě
《象》曰：休复之吉，以下仁也。

liù sān pín fù lì wú jiù
六三：频[③]复，厉，无咎。

xiàng yuē pín fù zhī lì yì wú jiù yě
《象》曰：频复之厉，义无咎也。

liù sì zhōng háng dú fù
六四：中行独复。

xiàng yuē zhōng háng dú fù yǐ cóng dào yě
《象》曰：中行独复，以从道也。

liù wǔ dūn fù wú huǐ
六五：敦[④]复，无悔。

xiàng yuē dūn fù wú huǐ zhōng yǐ zì kǎo yě
《象》曰：敦复无悔，中以自考也。

shàng liù mí fù xiōng yǒu zāi shěng yòng xíng shī zhōng yǒu dà bài yǐ qí guó jūn xiōng zhì yú shí nián bù kè zhēng
上六：迷复，凶，有灾眚；用行师，终有大败，以其国君凶，至于十年不克征。

xiàng yuē mí fù zhī xiōng fǎn jūn dào yě
《象》曰：迷复之凶，反君道也。

---

① 祇：qí祇当为祇，大。《说文》："祇，敬也。"

② 休：美好。《说文》："休，息止也。"

③ 频：通"颦"。

④ 敦：笃诚。《说文》："敦，怒也。诋也。一曰谁何也。"

无妄卦第二十五

无妄 ䷘ 乾上 震下

wúwàng yuán hēng lì zhēn qí fěi zhèng yǒu shěng bú lì yǒu yōu wǎng
无妄：元亨，利贞。其匪正有眚，不利有攸往。

tuàn yuē wú wàng gāng zì wài lái ér wéi zhǔ yú nèi dòng ér jiàn gāng
《彖》曰：无妄，刚自外来而为主于内，动而健，刚
zhōng ér yìng dà hēng yǐ zhèng tiān zhī mìng yě qí fěi zhèng yǒu shěng bú lì
中而应。大亨以正，天之命也。其匪①正有眚？不利
yǒu yōu wǎng wú wàng zhī wǎng hé zhī yǐ tiān mìng bù yòu xíng yǐ zāi
有攸往。无妄之往何之矣？天命不佑，行矣哉！

xiàng yuē tiān xià léi xíng wù yǔ wú wàng xiān wáng yǐ mào duì shí yù
《象》曰：天下雷行物与，无妄。先王以茂对时，育
wàn wù
万物。

chū jiǔ wú wàng wǎng jí
初九：无妄，往吉。

xiàng yuē wú wàng zhī wǎng dé zhì yě
《象》曰：无妄之往，得志也。

liù èr bù gēng huò bù zī shē zé lì yǒu yōu wǎng
六二：不耕获，不菑畬②，则利有攸往。

xiàng yuē bù gēng huò wèi fù yě
《象》曰：不耕获，未富也。

liù sān wú wàng zhī zāi huò xì zhī niú xíng rén zhī dé yì rén zhī zāi
六三：无妄之灾。或系之牛，行人之得，邑人之灾。

xiàng yuē xíng rén dé niú yì rén zāi yě
《象》曰：行人得牛，邑人灾也。

jiǔ sì kě zhēn wú jiù
九四：可贞。无咎。

xiàng yuē kě zhēn wú jiù gù yǒu zhī yě
《象》曰：可贞，无咎。固有之也。

---

① 匪：通“非”。

② 菑畬：耕耘。菑，一年生地，畬，三年熟田。

jiǔ wǔ　wú wàng zhī jí　wù yào yǒu xǐ
九五：无妄之疾，勿药有喜。

xiàng　yuē　wú wàng zhī yào　bù kě shì yě
《象》曰：无妄之药，不可试也。

shàng jiǔ　wú wàng xíng yǒu shěng　wú yōu lì
上九：无妄，行有眚，无攸利。

xiàng　yuē　wú wàng zhī xíng qióng zhī zāi yě
《象》曰：无妄之行，穷之灾也。

大畜卦第二十六

大畜 ䷙ **艮上 乾下**

dà xù　lì zhēn　bù jiā shí jí　lì shè dà chuān
大畜：利贞，不家食吉，利涉大川。

tuàn　yuē　dà xù　gāng jiàn dǔ　shí huī guāng rì xīn qí dé　gāng shàng ér shàng xián　néng zhǐ jiàn　dà zhèng yě　bù jiā shí jí　yǎng xián yě　lì shè dà chuān　yīng hū tiān yě
《彖》曰：大畜，刚健笃[①]实辉光，日新其德。刚上而尚贤。能止健，大正也。不家食吉，养贤也。利涉大川，应乎天也。

xiàng　yuē　tiān zài shān zhōng　dà xù　jūn zǐ yǐ duō zhì　qián yán wǎng xíng　yǐ xù qí dé
《象》曰：天在山中，大畜。君子以多识[②]前言往行，以畜其德。

chū jiǔ　yǒu lì　lì yǐ
初九：有厉[③]，利已。

xiàng　yuē　yǒu lì　lì yǐ　bù fàn zāi yě
《象》曰：有厉，利已，不犯灾也。

---

① 笃：厚。《说文》："笃，马行顿迟。"

② 识：通"志"。

③ 厉：凶猛，厉害。《说文》："厉，旱石也。"

jiǔ èr　yú tuō fù
九二：舆说①輹②。

xiàng yuē　yú tuō fù　zhōng wú yóu yě
《象》曰：舆说輹，中无尤也。

jiǔ sān　liáng mǎ zhú　lì jiān zhēn　yuē xián yú wèi　lì yǒu yōu wǎng
九三：良马逐，利艰贞。曰闲舆卫，利有攸往。

xiàng yuē　lì yǒu yōu wǎng shàng hé zhì yě
《象》曰：利有攸往，上合志也。

liù sì　tóng niú zhī gù　yuán jí
六四：童牛之牿③，元吉。

xiàng yuē　liù sì yuán jí　yǒu xǐ yě
《象》曰：六四元吉，有喜也。

liù wǔ　fén shǐ　zhī yá　jí
六五：豮豕④之牙，吉。

xiàng yuē　liù wǔ zhī jí　yǒu qìng yě
《象》曰：六五之吉，有庆也。

shàng jiǔ　hè　tiān zhī qú　hēng
上九：何⑤天之衢⑥，亨。

xiàng yuē　hè tiān zhī qú　dào dà xíng yě
《象》曰：何天之衢，道大行也。

颐卦第二十七

颐　艮上　震下

yí　zhēn jí　guān yí　zì qiú kǒu shí
颐：贞吉，观颐，自求口实。

---

① 说：通“脱”。
② 輹：固定车轴与车厢的钩子。《说文》：“輹，车轴缚也。”
③ 牿：绑在牛角上使其不能抵入的横木。
④ 豮豕：阉割过的猪。
⑤ 何：通“荷”。
⑥ 衢：大路，四通八达的大路。《说文》：“衢，四达谓之衢。”

tuàn yuē yí zhēn jí yǎng zhèng zé jí yě guān yí guān qí suǒ yǎng
《彖》曰：颐，贞吉，养正则吉也。观颐，观其所养
yě zì qiú kǒu shí guān qí zì yǎng yě tiān dì yǎng wàn wù shèng rén yǎng xián yǐ
也。自求口食，观其自养也，天地养万物，圣人养贤以
jí wàn mín yí zhī shí dà yǐ zāi
及万民，颐之时大矣哉！

xiàng yuē shān xià yǒu léi yí jūn zǐ yǐ shèn yán yǔ jié yǐn shí
《象》曰：山下有雷，颐。君子以慎言语，节饮食。

chū jiǔ shě ěr líng guī guān wǒ duǒ yí xiōng
初九：舍尔灵龟，观我朵颐，凶。

xiàng yuē guān wǒ duǒ yí yì bù zú guì yě
《象》曰：观我朵颐，亦不足贵也。

liù èr diān yí fú jīng yú qiū yí zhēng xiōng
六二：颠颐，拂[1]经于丘颐，征凶。

xiàng yuē liù èr zhēng xiōng xíng shī lèi yě
《象》曰：六二征凶，行失类也。

liù sān fú yí zhēn xiōng shí nián wù yòng wú yōu lì
六三：拂颐，贞凶，十年勿用，无攸利。

xiàng yuē shí nián wù yòng dào dà bèi yě
《象》曰：十年勿用，道大悖[2]也。

liù sì diān yí jí hǔ shì dān dān qí yù zhú zhú wú jiù
六四：颠颐，吉。虎视眈眈，其欲逐逐[3]，无咎。

xiàng yuē diān yí zhī jí shàng shī guāng yě
《象》曰：颠颐之吉，上施光也。

liù wǔ fú jīng jū zhēn jí bù kě shè dà chuān
六五：拂经，居贞吉，不可涉大川。

xiàng yuē jū zhēn zhī jí shùn yǐ cóng shàng yě
《象》曰：居贞之吉，顺以从上也。

shàng jiǔ yóu yí lì jí lì shè dà chuān
上九：由颐，厉吉，利涉大川。

xiàng yuē yóu yí lì jí dà yǒu qìng yě
《象》曰：由颐，厉吉，大有庆也。

---

① 拂：违背，不顺。《说文》：“拂，过击也。”

② 悖：惑，违背道理，谬误。《说文》：“悖，乱也。”

③ 逐：追逐，急于得利。《说文》：“逐，追也。”

大过卦第二十八

大过 ䷛ 兑上 巽下

dà guò dòng ráo lì yǒu yōu wǎng hēng
大过：栋桡[1]，利有攸往，亨。

tuàn yuē dà guò dà zhě guò yě dòng ráo běn mò ruò yě gāng guò ér zhōng xùn ér yuè xíng lì yǒu yōu wǎng nǎi hēng dà guò zhī shí dà yǐ zāi
《彖》曰：大过，大者过也。栋桡，本末弱也。刚过而中，巽而说[2]行，利有攸往，乃亨。大过之时大矣哉！

xiàng yuē zé miè mù dà guò jūn zǐ yǐ dú lì bù jù dùn shì wú mèn
《象》曰：泽灭木，大过。君子以独立不惧，遁世无闷。

chū liù jí yòng bái máo wú jiù
初六：藉用白茅，无咎。

xiàng yuē jí yòng bái máo róu zài xià yě
《象》曰：藉用白茅，柔在下也。

jiǔ èr kū yáng shēng tí lǎo fū dé qí nǚ qī wú bú lì
九二：枯杨生稊[3]，老夫得其女妻，无不利。

xiàng yuē lǎo fū shǎo qī guò yǐ xiāng yǔ yě
《象》曰：老夫少妻，过以相与也。

jiǔ sān dòng ráo xiōng
九三：栋桡，凶。

xiàng yuē dòng ráo zhī xiōng bù kě yǐ yǒu fǔ yě
《象》曰：栋桡之凶，不可以有辅也。

jiǔ sì dòng lóng jí yǒu tā lìn
九四：栋隆，吉，有它，吝。

xiàng yuē dòng lóng zhī jí bù ráo hū xià yě
《象》曰：栋隆之吉，不桡乎下也。

① 桡：曲木；木头弯曲；泛指弯曲。《说文》：“桡，曲木。”

② 说：通“悦”。

③ 稊：通“荑”，杨柳新长出的嫩芽。

jiǔ wǔ　kū yáng shēng huā　lǎo fù dé shì fū　wú jiù wú yù
九五：枯杨生华①，老妇得士夫，无咎无誉。

xiàng yuē　kū yáng shēng huā　hé kě jiǔ yě　lǎo fù shì fū　yì kě chǒu yě
《象》曰：枯杨生华，何可久也。老妇士夫，亦可丑也。

shàng liù　guò shè miè dǐng　xiōng　wú jiù
上六：过涉灭顶，凶，无咎。

xiàng yuē　guò shè zhī xiōng　bù kě jiù yě
《象》曰：过涉之凶，不可咎也。

习坎卦第二十九

习坎　坎上
　　　坎下

xí kǎn　yǒu fú　wéi xīn hēng　xíng yǒu shàng
习坎，有孚，维心亨，行有尚。

tuàn yuē　xí kǎn zhòng xiǎn yě　shuǐ liú ér bù yíng　xíng xiǎn ér bù shī qí xìn　wéi xīn hēng　nǎi yǐ gāng zhōng yě　xíng yǒu shàng　wǎng yǒu gōng yě　tiān xiǎn　bù kě shēng yě　dì xiǎn　shān chuān qiū líng yě　wáng gōng shè xiǎn yǐ shǒu qí guó　kǎn zhī shí yòng dà yǐ zāi
《彖》曰：习坎，重险也。水流而不盈，行险而不失其信。维心亨，乃以刚中也。行有尚，往有功也。天险，不可升也；地险，山川丘陵也。王公设险以守其国，坎之时用大矣哉！

xiàng yuē　shuǐ jiàn zhì　xí kǎn　jūn zǐ yǐ cháng dé xíng　xí jiào shì
《象》曰：水洊②至，习坎。君子以常德行，习教事。

chū liù　xí kǎn　rù yú kǎn dàn　xiōng
初六：习坎，入于坎窞③，凶。

xiàng yuē　xí kǎn　rù kǎn　shī dào　xiōng yě
《象》曰：习坎，入坎，失道，凶也。

① 华：通“花”。
② 洊：再，屡次。《说文》：“洊，水至也。”
③ 窞：深坑。《说文》：“窞，坎中小坎也。”

jiǔ èr kǎn yǒu xiǎn qiú xiǎo dé
九二：坎有险，求小得。

xiàng yuē qiú xiǎo dé wèi chū zhōng yě
《象》曰：求小得，未出中也。

liù sān lái zhī kǎn kǎn xiǎn qiě zhěn rù yú kǎn dàn wù yòng
六三：来之坎坎，险且枕[1]，入于坎窞，勿用。

xiàng yuē lái zhī kǎn kǎn zhōng wú gōng yě
《象》曰：来之坎坎，终无功也。

liù sì zūn jiǔ guǐ èr yòng fǒu nà yuē zì yǒu zhōng wú jiù
六四：樽酒簋[2]贰，用缶纳约自牖[3]，终无咎。

xiàng yuē zūn jiǔ guǐ èr gāng róu jì yě
《象》曰：樽酒簋贰，刚柔际也。

jiǔ wǔ kǎn bù yíng chí jì píng wú jiù
九五：坎不盈，祇[4]既平，无咎。

xiàng yuē kǎn bù yíng zhōng wèi dà yě
《象》曰：坎不盈，中未大也。

shàng liù xì yòng huī mò zhì yú cóng jí sān suì bù dé xiōng
上六：系用徽纆[5]，置于丛棘，三岁不得，凶。

xiàng yuē shàng liù shī dào xiōng sān suì yě
《象》曰：上六失道，凶三岁也。

离卦第三十

lí lì zhēn hēng xù pìn niú jí
离：利贞，亨。畜牝[6]牛，吉。

---

① 枕：枕叠，重叠。《说文》：“枕，卧所荐首者。”
② 簋：古代的食具。《说文》：“簋，黍稷方器也。”
③ 牖：窗户。《说文》：“牖，穿壁以木为交窗也。”
④ 祇：通“坻”，小山坡。
⑤ 纆：绳索。
⑥ 牝：意为雌性的鸟或兽。《说文》：“牝，畜母也。”

tuàn yuē lí lì yě rì yuè lì hū tiān bǎi gǔ cǎo mù lì hū tǔ
《彖》曰：离，丽也；日月丽乎天，百谷草木丽乎土，
zhòng míng yǐ lì hū zhèng nǎi huà chéng tiān xià róu lì hū zhōng zhèng gù hēng shì
重明以丽乎正，乃化成天下。柔丽乎中正，故亨，是
yǐ xù pìn niú jí yě
以畜牝牛吉也。

xiàng yuē míng liǎng zuò lí dà rén yǐ jì míng zhào yú sì fāng
《象》曰：明两作，离。大人以继明照于四方。

chū jiǔ lǚ cuò rán jìng zhī wú jiù
初九：履错然，敬之，无咎。

xiàng yuē lǚ cuò zhī jìng yǐ bì jiù yě
《象》曰：履错之敬，以辟[1]咎也。

liù èr huáng lí yuán jí
六二：黄离，元吉。

xiàng yuē huáng lí yuán jí dé zhōng dào yě
《象》曰：黄离元吉，得中道也。

jiǔ sān rì zè zhī lí bù gǔ fǒu ér gē zé dà dié zhī jiē xiōng
九三：日昃[2]之离，不鼓缶而歌，则大耋[3]之嗟，凶。

xiàng yuē rì zè zhī lí hé kě jiǔ yě
《象》曰：日昃之离，何可久也。

jiǔ sì tū rú qí lái rú fén rú sǐ rú qì rú
九四：突如其来如，焚如，死如，弃如。

xiàng yuē tū rú qí lái rú wú suǒ róng yě
《象》曰：突如其来如，无所容也。

liù wǔ chū tì tuó ruò qī jiē ruò jí
六五：出涕沱若，戚嗟若，吉。

xiàng yuē liù wǔ zhī jí lí wáng gōng yě
《象》曰：六五之吉，离王公也。

shàng jiǔ wáng yòng chū zhēng yǒu jiā zhé shǒu huò fěi qí chǒu wú jiù
上九：王用出征，有嘉折首，获匪其丑[4]，无咎。

xiàng yuē wáng yòng chū zhēng yǐ zhèng bāng yě
《象》曰：王用出征，以正邦也。

---

① 辟：通“避”。

② 昃：意为太阳偏西的时候。《说文》：“昃，日在西方时。”

③ 耋：年老，七八十岁的年纪。

④ 丑：捕获不亲己的异类。

下　经

咸卦第三十一

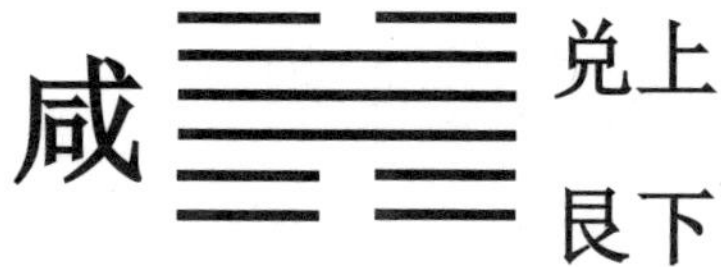

咸：亨。利贞。取[1]女吉。

《彖》曰：咸，感也。柔上而刚下，二气感应以相与。止而说[2]。男下女，是以亨利贞，取女吉也。天地感而万物化生。圣人感人心而天下和平。观其所感，而天地万物之情可见矣！

《象》曰：山上有泽，咸。君子能以虚受人。

初六：咸其拇。

《象》曰：咸其拇，志在外也。

六二：咸其腓[3]，凶，居吉。

---

① 取：通“娶”。

② 说：通“悦”。

③ 腓：胫骨后的肉，俗称“腿肚子”。《说文》：“腓，胫腨（shuàn）也。”

《象》曰：虽凶，居吉，顺[1]不害也。

九三：咸其股，执其随，往吝。

《象》曰：咸其股，亦不处也。志在随人，所执下也。

九四：贞吉。悔亡。憧憧[2]往来，朋从而思。

《象》曰：贞吉，悔亡，未感害也。憧憧往来，未光大也。

九五：咸其脢[3]，无悔。

《象》曰：咸其脢，志未也。

上六：咸其辅[4]颊舌。

《象》曰：咸其辅颊舌，滕[5]口说也。

恒卦第三十二

恒 ☳☴ 震上 巽下

恒：亨。无咎。利贞，利有攸往。

《彖》曰：恒，久也。刚上而柔下。雷风相与，巽而

① 顺：通"慎"。
② 憧憧：往来不绝貌。
③ 脢：《说文》："脢，背肉也。"
④ 辅：此处指人的颊骨。《说文》："辅，人颊车也。"
⑤ 滕：《说文》："滕，水超涌也。"引申为张口说话。

动，刚柔皆应，恒。恒，亨无咎，利贞，久于其道也，天地之道恒久而不已也。利有攸往，终则有始也。日月得天而能久照，四时变化而能久成。圣人久于其道而天下化成。观其所恒，而天地之情可见矣！

《象》曰：雷风，恒。君子以立不易方。

初六：浚[1]恒，贞凶，无攸利。

《象》曰：浚恒之凶，始求深也。

九二：悔亡。

《象》曰：九二悔亡，能久中也。

九三：不恒其德，或承之羞，贞吝。

《象》曰：不恒其德，无所容也。

九四：田无禽。

《象》曰：久非其位，安得禽也。

六五：恒其德，贞。妇人吉，夫子凶。

《象》曰：妇人贞吉，从一而终也。夫子制义，从妇凶也。

上六：振恒，凶。

《象》曰：振恒在上，大无功也。

---

① 浚：疏通，挖深。《说文》："浚，抒也。"

遯卦第三十三

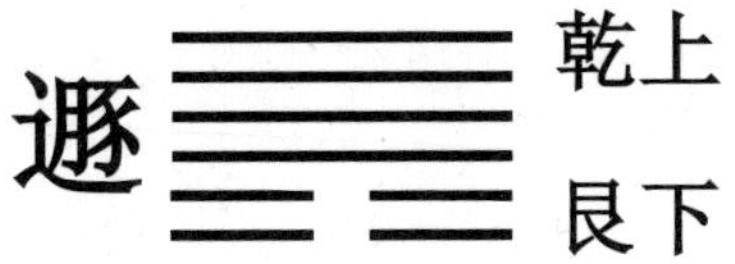

dùn　hēng　xiǎo lì zhēn
遯[1]：亨。小利贞。

tuàn　yuē　dùn　hēng　dùn ér hēng yě　gāng dāng wèi ér yìng　yǔ shí háng　yě　xiǎo lì zhēn　jìn ér zhǎng yě　dùn zhī shí yì dà yǐ zāi
《彖》曰：遯，亨，遯而亨也。刚当位而应，与时行也。小利贞，浸而长也。遯之时义大矣哉！

xiàng　yuē　tiān xià yǒu shān　dùn　jūn zǐ yǐ yuǎn xiǎo rén　bú è　ér yán
《象》曰：天下有山，遯。君子以远小人，不恶[2]而严。

chū liù　dùn wěi　lì　wù yòng yǒu yōu wǎng
初六：遯尾，厉。勿用有攸往。

xiàng　yuē　dùn wěi zhī lì　bú wǎng hé zāi yě
《象》曰：遯尾之厉，不往何灾也。

liù èr　zhí zhī yòng huáng niú zhī gé　mò zhī shèng tuō
六二：执之用黄牛之革，莫之胜说[3]。

xiàng　yuē　zhí yòng huáng niú　gù zhì yě
《象》曰：执用黄牛，固志也。

jiǔ sān　xì dùn　yǒu jí　lì　xù chén qiè　jí
九三：系遯，有疾，厉。畜臣妾，吉。

xiàng　yuē　xì dùn zhī lì　yǒu jí bèi yě　chù chén qiè jí　bú kě dà shì　yě
《象》曰：系遯之厉，有疾惫也。畜臣妾吉，不可大事也。

jiǔ sì　hǎo dùn　jūn zǐ jí　xiǎo rén pǐ
九四：好遯，君子吉，小人否。

xiàng　yuē　jūn zǐ hǎo dùn　xiǎo rén pǐ yě
《象》曰：君子好遯，小人否也。

jiǔ wǔ　jiā dùn　zhēn jí
九五：嘉遯，贞吉。

---

① 遯：同遁，《说文》：“遯，逃也。”
② 恶：《说文》：“恶，过也。”
③ 说：通“脱”。

xiàng yuē jiā dùn zhēn jí yǐ zhèng zhì yě
《象》曰：嘉遯，贞吉以正志也。

shàng jiǔ fēi dùn wú bú lì
上九：肥[①]遯，无不利。

xiàng yuē fēi dùn wú bú lì wú suǒ yí yě
《象》曰：肥遯，无不利，无所疑也。

大壮卦第三十四

大壮 ䷡ **震上 乾下**

dà zhuàng lì zhēn
大壮：利贞。

tuàn yuē dà zhuàng dà zhě zhuàng yě gāng yǐ dòng gù zhuàng dà zhuàng lì
《彖》曰：大壮，大者壮也。刚以动，故壮。大壮，利
zhēn dà zhě zhèng yě zhèng dà ér tiān dì zhī qíng kě jiàn yǐ
贞，大者正也。正大，而天地之情可见矣。

xiàng yuē léi zài tiān shàng dà zhuàng jūn zǐ yǐ fēi lǐ fú lǚ
《象》曰：雷在天上，大壮。君子以非礼弗履。

chū jiǔ zhuàng yú zhǐ zhēng xiōng yǒu fú
初九：壮于趾，征凶，有孚。

xiàng yuē zhuàng yú zhǐ qí fú qióng yě
《象》曰：壮于趾，其孚穷也。

jiǔ èr zhēn jí
九二：贞吉。

xiàng yuē jiǔ èr zhēn jí yǐ zhōng yě
《象》曰：九二贞吉，以中也。

jiǔ sān xiǎo rén yòng zhuàng jūn zǐ yòng wǎng zhēn lì dī yáng chù fān léi
九三：小人用壮，君子用罔，贞厉。羝羊[②]触藩，羸[③]
qí jiǎo
其角。

① 肥：通“飞”。

② 羝羊：指的是公羊。《说文》：“羝，牡羊也。”

③ 羸：本义是瘦弱，此处指损坏。《说文》：“羸，瘦也。”

xiàng yuē xiǎo rén yòng zhuàng jūn zǐ yòng wǎng yě
《象》曰：小人用壮，君子用罔也。

jiǔ sì zhēn jí huǐ wáng fān jué bú léi zhuàng yú dà yú zhī fù
九四：贞吉，悔亡。藩决不羸，壮于大舆之輹①。

xiàng yuē fān jué bú léi shàng wǎng yě
《象》曰：藩决不羸，尚往也。

liù wǔ sàng yáng yú yì wú huǐ
六五：丧羊于易②，无悔。

xiàng yuē yáng sàng yú yì wèi bú dāng yě
《象》曰：羊丧于易，位不当也。

shàng liù dī yáng chù fān bú néng tuì bú néng suì wú yōu lì jiān zé jí
上六：羝羊触藩，不能退，不能遂，无攸利。艰则吉。

xiàng yuē bú néng tuì bú néng suì bú xiáng yě jiānzé jí jiù bú cháng yě
《象》曰：不能退，不能遂，不祥也。艰则吉，咎不长也。

晋卦第三十五

晋 ䷢ 艮上 坤下

jìn kāng hóu yòng xī mǎ fān shù zhòu rì sān jiē
晋：康侯用锡③马蕃庶，昼日三接。

tuàn yuē jìn jìn yě míng chū dì shàng shùn ér lì hū dà míng róu jìn ér shàng háng shì yǐ kāng hóu yòng xī mǎ fān shù zhòu rì sān jiē yě
《象》曰：晋，进也。明出地上，顺而丽乎大明，柔进而上行，是以康侯用锡马蕃庶，昼日三接也。

xiàng yuē míng chū dì shàng jìn jūn zǐ yǐ zì zhāo míng dé
《象》曰：明出地上，晋。君子以自昭明德。

① 輹：捆绑在车伏兔和车轴的绳索。《说文》："輹，车轴缚也。"
② 易：通"场"，田畔。
③ 锡：通"赐"。

chū liù jìn rú cuī rú zhēn jí wǎng fú yù wú jiù
初六：晋如，摧如，贞吉。罔孚，裕无咎。

xiàng yuē jìn rú cuī rú dú háng zhèng dì yù wú jiù wèi shòu mìng yě
《象》曰：晋如，摧如，独行正地。裕无咎，未受命也。

liù èr jìn rú chóu rú zhēn jí shòu zī jiè fú yú qí wáng mǔ
六二：晋如，愁如，贞吉。受兹介福，于其王母。

xiàng yuē shòu zī jiè fú yǐ zhōng zhèng yě
《象》曰：受兹介福，以中正也。

liù sān zhòng yǔn huǐ wáng
六三：众允，悔亡。

xiàng yuē zhòng yǔn zhī zhì shàng háng yě
《象》曰：众允之志，上①行也。

jiǔ sì jìn rú shí shǔ zhēn lì
九四：晋如鼫鼠，贞厉。

xiàng yuē shí shǔ zhēn lì wèi bú dāng yě
《象》曰：鼫鼠，贞厉，位不当也。

liù wǔ huǐ wáng shī dé wù xù wǎng jí wú bú lì
六五：悔亡，失得勿恤。往吉，无不利。

xiàng yuē shī dé xù wǎng yǒu qìng yě
《象》曰：失得恤，往有庆也。

shàng jiǔ jìn qí jiǎo wéi yòng fá yì lì jí wú jiù zhēn lìn
上九：晋其角，维用伐邑。厉吉，无咎，贞吝。

xiàng yuē wéi yòng fá yì dào wèi guāng yě
《象》曰：维用伐邑，道未光也。

明夷卦第三十六

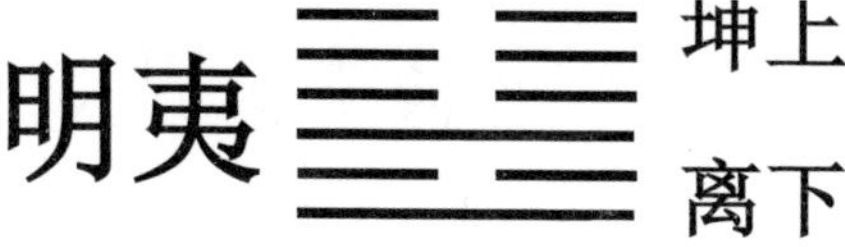

míng yí lì jiān zhēn
明夷：利艰贞。

① 上：通“尚”。

tuàn yuē míng rù dì zhōng míng yí nèi wén míng ér wài róu shùn yǐ méng dà nán wén wáng yǐ zhī lì jiān zhēn huì qí míng yě nèi nán ér néng zhèng qí zhì jī zǐ yǐ zhī

《彖》曰：明入地中，明夷。内文明而外柔顺，以蒙大难，文王以之。利艰贞，晦其明也，内难而能正其志，箕子以之。

xiàng yuē míng rù dì zhōng míng yí jūn zǐ yǐ lì zhòng yòng huì ér míng

《象》曰：明入地中，明夷。君子以莅①众，用晦而明。

chū jiǔ míng yí yú fēi chuí qí yì jūn zǐ yú háng sān rì bú shí yǒu yōu wǎng zhǔ rén yǒu yán

初九：明夷于飞，垂其翼。君子于行，三日不食。有攸往，主人有言。

xiàng yuē jūn zǐ yú háng yì bú shí yě

《象》曰：君子于行，义不食也。

liù èr míng yí yí yú zuǒ gǔ yòng zhěng mǎ zhuàng jí

六二：明夷，夷于左股，用拯马壮吉。

xiàng yuē liù èr zhī jí shùn yǐ zé yě

《象》曰：六二之吉，顺以则也。

jiǔ sān míng yí yú nán shòu dé qí dà shǒu bú kě jí zhēn

九三：明夷于南狩，得其大首，不可疾贞。

xiàng yuē nán shòu zhī zhì nǎi dà dé yě

《象》曰：南狩之志，乃大得也。

liù sì rù yú dà fù huò míng yí zhī xīn yú chū mén tíng

六四：入于大腹，获明夷之心，于出门庭。

xiàng yuē rù yú zuǒ fù huò xīn yì yě

《象》曰：入于左腹，获心意也。

liù wǔ jī zǐ zhī míng yí lì zhēn

六五：箕子之明夷，利贞。

xiàng yuē jī zǐ zhī zhēn míng bú kě xī yě

《象》曰：箕子之贞，明不可息也。

shàng liù bú míng huì chū dēng yú tiān hòu rù yú dì

上六：不明晦，初登于天，后入于地。

xiàng yuē chū dēng yú tiān zhào sì guó yě hòu rù yú dì shī zé yě

《象》曰：初登于天，照四国也。后入于地，失则也。

---

① 莅：治理、统治、管理。

家人卦第三十七

家人 ䷤ 巽上 离下

jiā rén lì nǚ zhēn
家人：利女贞

tuàn yuē jiā rén nǚ zhèng wèi hū nèi nán zhèng wèi hū wài nán nǚ zhèng tiān dì zhī dà yì yě jiā rén yǒu yán jūn yān fù mǔ zhī wèi yě fù fù zǐ zǐ xiōng xiōng dì dì fū fū fù fù ér jiā dào zhèng zhèng jiā ér tiān xià dìng
《彖》曰：家人，女正位乎内，男正位乎外。男女正，天地之大义也。家人有严君焉，父母之谓也。父父，子子，兄兄，弟弟，夫夫，妇妇，而家道正。正家而天下定。

xiàng yuē fēng zì huǒ chū jiā rén jūn zǐ yǐ yán yǒu wù ér háng yǒu héng
《象》曰：风自火出，家人。君子以言有物而行有恒。

chū jiǔ xián yǒu jiā huǐ wáng
初九：闲①有家，悔亡。

xiàng yuē xián yǒu jiā zhì wèi biàn yě
《象》曰：闲有家，志未变也。

liù èr wú yōu suì zài zhōng kuì zhēn jí
六二：无攸遂，在中馈，贞吉。

xiàng yuē liù èr zhī jí shùn yǐ xùn yě
《象》曰：六二之吉，顺以巽也。

jiǔ sān jiā rén hè hè huǐ lì jí fù zǐ xī xī zhōng lìn
九三：家人嗃嗃②，悔厉，吉；妇子嘻嘻，终吝。

xiàng yuē jiā rén hè hè wèi shī yě fù zǐ xī xī shī jiā jié yě
《象》曰：家人嗃嗃，未失也；妇子嘻嘻，失家节也。

liù sì fù jiā dà jí
六四：富家，大吉。

xiàng yuē fù jiā dà jí shùn zài wèi yě
《象》曰：富家，大吉，顺在位也。

jiǔ wǔ wáng gé yǒu jiā cōng xù jí
九五：王假③有家，匆恤，吉。

---

① 闲：防御，防范。《说文》："闲，阑也。"
② 嗃：《说文》："嗃嗃，严酷貌。"
③ 假：通"格"。用至诚感到的意思。

xiàng yuē wáng gé yǒu jiā jiāo xiāng ài yě
《象》曰：王假有家，交相爱也。

shàng jiǔ yǒu fú wēi rú zhōng jí
上九：有孚威如，终吉。

xiàng yuē wēi rú zhī jí fǎn shēn zhī wèi yě
《象》曰：威如之吉，反身之谓也。

睽卦第三十八

kuí xiǎo shì jí
睽：小事吉。

tuàn yuē kuí huǒ dòng ér shàng zé dòng ér xià èr nǚ tong jū qí zhì
《彖》曰：睽，火动而上，泽动而下。二女同居，其志
bù tong xíng yuè ér lì hū míng róu jìn ér shàng xíng dé zhōng ér yìng hū gāng
不同行。说[1]而丽乎明，柔进而上行，得中而应乎刚，
shì yǐ xiǎo shì jí tiān dì kuí ér qí shì tong yě nán nǚ kuí ér qí zhì tōng yě
是以小事吉。天地睽而其事同也；男女睽而其志通也；
wàn wù kuí ér qí shì lèi yě kuí zhī shí yòng dà yǐ zāi
万物睽而其事类也；睽之时用大矣哉！

xiàng yuē shàng huǒ xià zé kuí jūn zǐ yǐ tong ér yì
《象》曰：上火下泽，睽。君子以同而异。

chū jiǔ huǐ wáng sàng mǎ wù zhú zì fù jiàn è rén wú jiù
初九：悔亡。丧马，勿逐，自复。见恶人，无咎。

xiàng yuē jiàn è rén yǐ bì jiù yě
《象》曰：见恶人，以辟[2]咎也。

jiǔ èr yù zhǔ yú xiàng wú jiù
九二：遇主于巷，无咎。

xiàng yuē yù zhǔ yú xiàng wèi shī dào yě
《象》曰：遇主于巷，未失道也。

---

① 说：通“悦”。
② 辟：通“避”。

liù sān jiàn yú yè qí niú chè qí rén tiān qiě yì wú chū yǒu zhōng
六三：见舆曳，其牛掣[1]。其人天且劓[2]，无初有终。

xiàng yuē jiàn yú yè wèi bú dāng yě wú chū yǒu zhōng yù gāng yě
《象》曰：见舆曳，位不当也。无初有终，遇刚也。

jiǔ sì kuí gū yù yuán fū jiāo fú lì wú jiù
九四：睽孤，遇元夫，交孚，厉无咎。

xiàng yuē jiāo fú wú jiù zhì háng yě
《象》曰：交孚无咎，志行也。

liù wǔ huǐ wáng jué zōng shì fū wǎng hé jiù
六五：悔亡。厥宗[3]噬肤，往何咎。

xiàng yuē jué zōng shì fū wǎng yǒu qìng yě
《象》曰：厥宗噬肤，往有庆也。

shàng jiǔ kuí gū jiàn shǐ fù tú zǎi guǐ yī chē xiān zhāng zhī hú hòu tuō zhī hú fēi kòu hūn gòu wǎng yù yǔ zé jí
上九：睽孤。见豕负途，载鬼一车。先张之弧，后说[4]之弧。匪[5]寇婚媾，往遇雨则吉。

xiàng yuē yù yǔ zhī jí qún yí wáng yě
《象》曰：遇雨之吉，群疑亡也。

蹇卦第三十九

蹇 ䷦ **坎上 艮下**

jiǎn lì xī nán bú lì dōng běi lì jiàn dà rén zhēn jí
蹇：利西南，不利东北；利见大人，贞吉。

tuàn yuē jiǎn nán yě xiǎn zài qián yě jiàn xiǎn ér néng zhǐ zhì yǐ
《彖》曰：蹇，难也，险在前也。见险而能止，知[6]已

---

① 掣：牵制，控制。
② 劓：刀割鼻子。《说文》："劓，刖鼻也。"
③ 宗：同宗。
④ 说：通"脱"。
⑤ 匪：通"非"。
⑥ 知：通"智"。

zāi jiǎn lì xī nán wǎng dé zhōng yě bú lì dōng běi qí dào qióng yě lì
哉！蹇，利西南，往得中也。不利东北，其道穷也。利
jiàn dà rén wǎng yǒu gōng yě dāng wèi zhēn jí yǐ zhèng bāng yě jiǎn zhī shí yòng
见大人，往有功也。当位贞吉，以正邦也，蹇之时，用
dà yǐ zāi
大矣哉！

xiàng yuē shān shàng yǒu shuǐ jiǎn jūn zǐ yǐ fǎn shēn xiū dé
《象》曰：山上有水，蹇。君子以反身修德。

chū liù wǎng jiǎn lái yù
初六：往蹇，来誉。

xiàng yuē wǎng jiǎn lái yù yí dài yě
《象》曰：往蹇，来誉，宜待也。

liù èr wáng chén jiǎn jiǎn fēi gōng zhī gù
六二：王臣蹇蹇，匪①躬之故。

xiàng yuē wáng chén jiǎn jiǎn zhōng wú yóu yě
《象》曰：王臣蹇蹇，终无尤也。

jiǔ sān wǎng jiǎn lái fǎn
九三：往蹇来反。

xiàng yuē wǎng jiǎn lái fǎn nèi xǐ zhī yě
《象》曰：往蹇来反，内喜之也。

liù sì wǎng jiǎn lái lián
六四：往蹇来连。

xiàng yuē wǎng jiǎn lái lián dàng wèi shí yě
《象》曰：往蹇来连，当位实也。

jiǔ wǔ dà jiǎn péng lái
九五：大蹇，朋来。

xiàng yuē dà jiǎn péng lái yǐ zhōng jié yě
《象》曰：大蹇朋来，以中节也。

shàng liù wǎng jiǎn lái shuò jí lì jiàn dà rén
上六：往蹇来硕，吉；利见大人。

xiàng yuē wǎng jiǎn lái shuò zhì zài nèi yě lì jiàn dà rén yǐ cóng guì
《象》曰：往蹇来硕，志在内也。利见大人，以从贵
yě
也。

① 匪：通"非"。

解卦第四十

解 ䷧ 震上 坎下

xiè lì xī nán wú suǒ wǎng qí lái fù jí yǒu yōu wǎng sù jí
解：利西南。无所往，其来复吉。有攸往，夙[①]吉。

tuàn yuē xiè xiǎn yǐ dòng dòng ér miǎn hū xiǎn xiè xiè lì xī nán
《彖》曰：解，险以动，动而免乎险，解。解，利西南，
wǎng dé zhòng yě wú suǒ wǎng qí lái fù jí nǎi dé zhōng yě yǒu yōu wǎng sù
往得众也。无所往，其来复吉，乃得中也，有攸往夙
jí wǎng yǒu gōng yě tiān dì xiè ér léi yǔ zuò léi yǔ zuò ér bǎi guǒ cǎo mù jiē
吉，往有功也。天地解而雷雨作，雷雨作而百果草木皆
jiǎ chè xiè zhī shí dà yǐ zāi
甲坼[②]。解之时大矣哉！

xiàng yuē léi yǔ zuò xiè jūn zǐ yǐ shè guò yòu zuì
《象》曰：雷雨作，解。君子以赦过宥[③]罪。

chū liù wú jiù
初六：无咎。

xiàng yuē gāng róu zhī jì yì wú jiù yě
《象》曰：刚柔之际，义无咎也。

jiǔ èr tián huò sān hú dé huáng shǐ zhēn jí
九二：田获三狐，得黄矢，贞吉。

xiàng yuē jiǔ èr zhēn jí dé zhōng dào yě
《象》曰：九二贞吉，得中道也。

liù sān fù qiě chéng zhì kòu zhì zhēn lìn
六三：负且乘，致寇至，贞吝。

xiàng yuē fù qiě chéng yì kě chǒu yě zì wǒ zhì róng yòu shuí jiù
《象》曰：负且乘，亦可丑也，自我致戎[④]，又谁咎
yě
也？

---

① 夙：早。《说文》：“夙，早敬也。”

② 坼：裂开，分裂。《说文》：“坼，裂也。”

③ 宥：宽容，饶恕，原谅。《说文》：“宥，宽也。”

④ 戎：《说文》：“戎，兵也。”

jiǔ sì jiě ér mǔ péng zhì sī fú
九四：解而拇，朋至斯[1]孚。

xiàng yuē jiě ér mǔ wèi dàng wèi yě
《象》曰：解而拇，未当位也。

liù wǔ jūn zǐ wéi yǒu xiè jí yǒu fú yú xiǎo rén
六五：君子唯有解，吉，有孚于小人。

xiàng yuē jūn zǐ yǒu xiè xiǎo rén tuì yě
《象》曰：君子有解，小人退也。

shàng liù gōng yòng shè sǔn yú gāo yōng zhī shàng huò zhī wú bù lì
上六：公用射隼，于高墉[2]之上，获之，无不利。

xiàng yuē gōng yòng shè sǔn yǐ xiè bèi yě
《象》曰：公用射隼，以解悖[3]也。

损卦第四十一

损 艮上 兑下

sǔn yǒu fú yuán jí wú jiù kě zhēn lì yǒu yōu wǎng hé zhī yòng èr guǐ kě yòng xiǎng
损：有孚，元吉，无咎，可贞，利有攸往。曷之用？二簋可用享。

tuàn yuē sǔn sǔn xià yì shàng qí dào shàng háng sǔn ér yǒu fú yuán jí wú jiù kě zhēn lì yǒu yōu wǎng hé zhī yòng èr guǐ kě yòng xiǎng èr guǐ yìng yǒu shí sǔn gāng yì róu yǒu shí sǔn yì yíng xū yǔ shí xié háng
《彖》曰：损，损下益上，其道上行。损而有孚，元吉，无咎，可贞，利有攸往。曷之用？二簋可用享。二簋应有时，损刚益柔有时。损益盈虚，与时偕行。

xiàng yuē shān xià yǒu zé sǔn jūn zǐ yǐ chéng fèn zhì yù
《象》曰：山下有泽，损。君子以惩忿窒欲[4]。

① 斯：这，这个，这里。《说文》："斯，析也。"
② 墉：城墙。《说文》："墉，城垣也。"
③ 悖：《说文》："悖，乱也。"
④ 欲：克制愤怒，杜塞情欲。

chū jiǔ sì shì chuán wǎng wú jiù zhuó sǔn zhī
初九：巳①事遄②往，无咎，酌损之。

xiàng yuē sì shì chuán wǎng shàng hé zhì yě
《象》曰：巳事遄往，尚合志也。

jiǔ èr lì zhēn zhēng xiōng fú sǔn yì zhī
九二：利贞，征凶，弗损益之。

xiàng yuē jiǔ èr lì zhēn zhōng yǐ wéi zhì yě
《象》曰：九二利贞，中以为志也。

liù sān sān rén xíng zé sǔn yī rén yī rén xíng zé dé qí yǒu
六三：三人行，则损一人；一人行，则得其友。

xiàng yuē yī rén xíng sān zé yí yě
《象》曰：一人行，三则疑也。

liù sì sǔn qí jí shǐ chuán yǒu xǐ wú jiù
六四：损其疾，使遄有喜，无咎。

xiàng yuē sǔn qí jí yì kě xǐ yě
《象》曰：损其疾，亦可喜也。

liù wǔ huò yì zhī shí péng zhī guī fú kè wéi yuán jí
六五：或益之十朋之龟，弗克违，元吉。

xiàng yuē liù wǔ yuán jí zì shàng yòu yě
《象》曰：六五元吉，自上佑也。

shàng jiǔ fú sǔn yì zhī wú jiù zhēn jí lì yǒu yōu wǎng dé chén wú jiā
上九：弗损益之，无咎，贞吉，利有攸往，得臣无家。

xiàng yuē fú sǔn yì zhī dà dé zhì yě
《象》曰：弗损益之，大得志也。

---

① 巳：通“祀”。

② 遄：《说文》：“遄，往来数也。”《玉篇》：“疾也，速也。”

益卦第四十二

益　巽上　震下

yì lì yǒu yōu wǎng lì shè dà chuān
益：利有攸往，利涉大川。

tuàn yuē yì sǔn shàng yì xià mín yuè wú jiāng zì shàng xià xià qí dào dà guāng lì yǒu yōu wǎng zhōng zhèng yǒu qìng lì shè dà chuān mù dào nǎi háng yì dòng ér xùn rì jìn wú jiāng tiān shī dì shēng qí yì wú fāng fán yì zhī dào yǔ shí xié háng
《彖》曰：益，损上益下，民说[1]无疆。自上下下，其道大光。利有攸往，中正有庆。利涉大川，木道乃行。益动而巽，日进无疆，天施地生，其益无方。凡益之道，与时偕行。

xiàng yuē fēng léi yì jūn zǐ yǐ jiàn shàn zé qiān yǒu guò zé gǎi
《象》曰：风雷，益。君子以见善则迁，有过则改。

chū jiǔ lì yòng wéi dà zuò yuán jí wú jiù
初九：利用为大作，元吉，无咎。

xiàng yuē yuán jí wú jiù xià bú hòu shì yě
《象》曰：元吉无咎，下不厚事也。

liù èr huò yì zhī shí péng zhī guī fú kè wéi yǒng zhēn jí wáng yòng xiǎng yú dì jí
六二：或益之十朋之龟，弗克违，永贞吉。王用享于帝，吉。

xiàng yuē huò yì zhī zì wài lái yě
《象》曰：或益之，自外来也。

liù sān yì zhī yòng xiōng shì wú jiù yǒu fú zhōng háng gào gōng yòng guī
六三：益之用凶事，无咎。有孚中行，告公用圭[2]。

xiàng yuē yì yòng xiōng shì gù yǒu zhī yě
《象》曰：益用凶事，固有之也。

liù sì zhōng háng gào gōng cóng lì yòng wéi yī qiān guó
六四：中行，告公从。利用为依迁国。

---

① 说：通“悦”。

② 圭：古代帝王或诸侯在举行典礼时拿的一种玉器，上圆下方。《说文》：“圭，瑞玉也。”

xiàng yuē gào gōng cóng yǐ yì zhì yě
《象》曰：告公从，以益志也。

jiǔ wǔ yǒu fú huì xīn wù wèn yuán jí yǒu fú huì wǒ dé
九五：有孚惠心，勿问元吉。有孚惠我德。

xiàng yuē yǒu fú huì xīn wù wèn zhī yǐ huì wǒ dé dà dé zhì yě
《象》曰：有孚惠心，勿问之矣。惠我德，大得志也。

shàng jiǔ mò yì zhī huò jī zhī lì xīn wù héng xiōng
上九：莫益之，或击之，立心勿恒，凶。

xiàng yuē mò yì zhī biàn cí yě huò jī zhī zì wài lái yě
《象》曰：莫益之，偏辞也。或击之，自外来也。

夬卦第四十三

夬 ䷪ 兑上 乾下

guài yáng yú wáng tíng fú hào yǒu lì gào zì yì bù lì jí róng lì
夬：扬于王庭，孚号，有厉，告自邑，不利即戎，利
yǒu yōu wǎng
有攸往。

tuàn yuē guài jué yě gāng jué róu yě jiàn ér yuè jué ér hé yáng
《彖》曰：夬，决也，刚决柔也。健而说[①]，决而和，扬
yú wáng tíng róu chéng wǔ gāng yě fú hào yǒu lì qí wēi nǎi guāng yě gào zì
于王庭，柔乘五刚也。孚号有厉，其危乃光也。告自
yì bú lì jí róng suǒ shàng nǎi qióng yě lì yǒu yōu wǎng gāng cháng nǎi zhōng yě
邑，不利即戎，所尚乃穷也。利有攸往，刚长乃终也。

xiàng yuē zé shàng yú tiān guài jūn zǐ yǐ shī lù jí xià jū dé zé
《象》曰：泽上于天，夬。君子以施禄及下，居德则
jì
忌。

chū jiǔ zhuàng yú qián zhǐ wǎng bú shèng wéi jiù
初九：壮于前趾，往不胜，为咎。

xiàng yuē bú shèng ér wǎng jiù yě
《象》曰：不胜而往，咎也。

---

① 说：通“悦”。

jiǔ èr tì hào mù yè yǒu róng wù xù
九二：惕号，莫①夜有戎，勿恤。

xiàng yuē yǒu róng wù xù dé zhōng dào yě
《象》曰：有戎勿恤，得中道也。

jiǔ sān zhuàng yú kuí yǒu xiōng jūn zǐ guài guài dú háng yù yǔ ruò rú yǒu yùn wú jiù
九三：壮于頄②，有凶。君子夬夬独行，遇雨若濡，有愠，无咎。

xiàng yuē jūn zǐ guài guài zhōng wú jiù yě
《象》曰：君子夬夬，终无咎也。

jiǔ sì tún wú fū qí háng zī jū qiān yáng huǐ wáng wén yán bú xìn
九四：臀无肤，其行次且③，牵羊悔亡，闻言不信。

xiàng yuē qí háng zī jū wèi bù dāng yě wén yán bù xìn cōng bù míng yě
《象》曰：其行次且，位不当也。闻言不信，聪不明也。

jiǔ wǔ xiàn lù guài guài zhōng háng wú jiù
九五：苋陆④夬夬，中行无咎。

xiàng yuē zhōng háng wú jiù zhōng wèi guāng yě
《象》曰：中行无咎，中未光也。

shàng liù wú hào zhōng yǒu xiōng
上六：无号，终有凶。

xiàng yuē wú hào zhī xiōng zhōng bú kě cháng yě
《象》曰：无号之凶，终不可长也。

---

① 莫：通“暮”。

② 頄：颧骨。

③ 次且：趑趄，行走困难。

④ 苋陆：一种草木植物。

姤卦第四十四

gòu nǚ zhuàng wù yòng qǔ nǚ
姤：女壮，勿用取女。

tuàn yuē gòu yù yě róu yù gāng yě wù yòng qǔ nǚ bù kě yǔ cháng yě tiān dì xiāng yù pǐn wù xián zhāng yě gāng yù zhōng zhèng tiān xià dà háng yě gòu zhī shí yì dà yǐ zāi
《彖》曰：姤，遇也，柔遇刚也，勿用取[1]女，不可与长也。天地相遇，品物咸章也。刚遇中正，天下大行也。姤之时义大矣哉！

xiàng yuē tiān xià yǒu fēng gòu hòu yǐ shī mìng gào sì fāng
《象》曰：天下有风，姤。后以施命诰四方。

chū liù xì yú jīn nǐ zhēn jí yǒu yōu wǎng jiàn xiōng léi shǐ fú zhí zhú
初六：系于金柅[2]，贞吉。有攸往，见凶，羸豕孚蹢躅[3]。

xiàng yuē xì yú jīn nǐ róu dào qiān yě
《象》曰：系于金柅，柔道牵也。

jiǔ èr páo yǒu yú wú jiù bù lì bīn
九二：包[4]有鱼。无咎，不利宾。

xiàng yuē páo yǒu yú yì bù jí bīn yě
《象》曰：包有鱼，义不及宾也。

jiǔ sān tún wú fū qí háng zī jū lì wú dà jiù
九三：臀无肤，其行趑趄，厉，无大咎。

xiàng rì qí háng zī jū xíng wèi qiān yě
《象》日：其行趑趄，行未牵也。

jiǔ sì páo wú yú qǐ xiōng
九四：包无鱼，起凶。

---

[1] 取：通"娶"。

[2] 柅：车刹。

[3] 蹢躅：徘徊不进。

[4] 包：通"庖"。

xiàng yuē wú yú zhī xiōng yuǎn mín yě
《象》曰：无鱼之凶，远民也。

jiǔ wǔ yǐ qǐ páo guā hán zhāng yǒu yǔn zì tiān
九五：以杞包[1]瓜，含章，有陨自天。

xiàng yuē jiǔ wǔ hán zhāng zhōng zhèng yě yǒu yǔn zì tiān zhì bù shě mìng yě
《象》曰：九五含章，中正也。有陨自天，志不舍命也。

shàng jiǔ gòu qí jiǎo lìn wú jiù
上九：姤其角，吝，无咎。

xiàng yuē gòu qí jiǎo shàng qióng lìn yě
《象》曰：姤其角，上穷吝也。

萃卦第四十五

萃 兑上 坤下

cuì hēng wáng gé yǒu miào lì jiàn dà rén hēng lì zhēn yòng dà shēng jí lì yǒu yōu wǎng
萃：亨。王假[2]有庙，利见大人，亨，利贞。用大牲吉，利有攸往。

tuàn yuē cuì jù yě shùn yǐ yuè gāng zhōng ér yìng gù jù yě wáng gé yǒu miào zhì xiào xiǎng yě lì jiàn dà rén hēng jù yǐ zhèng yě yòng dà shēng jí lì yǒu yōu wǎng shùn tiān mìng yě jiàn qí suǒ jù ér tiān dì wàn wù zhī qíng kě jiàn yǐ
《彖》曰：萃，聚也。顺以说[3]，刚中而应，故聚也。王假有庙，致孝享也。利见大人，亨，聚以正也。用大牲吉，利有攸往，顺天命也。见其所聚，而天地万物之情可见矣。

xiàng yuē zé shàng yú dì cuì jūn zǐ yǐ chú róng qì jiè bù yú
《象》曰：泽上于地，萃。君子以除戎器，戒不虞。

---

① 包：通“匏”。

② 假：通“格”。

③ 说：通“悦”。

chū liù yǒu fú bù zhōng nǎi luàn nǎi cuì ruò hào yī wò wéi xiào wù xù
初六：有孚不终，乃乱乃萃。若号，一握为笑，勿恤，
wǎng wú jiù
往无咎。

xiàng yuē nǎi luàn nǎi cuì qí zhì luàn yě
《象》曰：乃乱乃萃，其志乱也。

liù èr yǐn jí wú jiù fú nǎi lì yòng yuè
六二：引吉，无咎，孚乃利用禴①。

xiàng yuē yǐn jí wú jiù zhōng wèi biàn yě
《象》曰：引吉无咎，中未变也。

liù sān cuì rú jiē rú wú yōu lì wǎng wú jiù xiǎo lìn
六三：萃如嗟如，无攸利。往无咎，小吝。

xiàng yuē wǎng wú jiù shàng xùn yě
《象》曰：往无咎，上巽也。

jiǔ sì dà jí wú jiù
九四：大吉无咎。

xiàng yuē dà jí wú jiù wèi bù dāng yě
《象》曰：大吉无咎，位不当也。

jiǔ wǔ cuì yǒu wèi wú jiù fěi fú yuán yǒng zhēn huǐ wáng
九五：萃有位，无咎。匪②孚，元永贞，悔亡。

xiàng yuē cuì yǒu wèi zhì wèi guāng yě
《象》曰：萃有位，志未光也。

shàng liù jī zī tì tì wú jiù
上六：赍咨③涕洟④，无咎。

xiàng yuē jī zī tì tì wèi ān shàng yě
《象》曰：赍咨涕洟，未安上也。

---

① 禴：祭名，中国夏商两代在春天举行，周代在夏天举行。

② 匪：通“非”。

③ 咨：叹息。

④ 涕洟：涕泪俱下；哭泣。

升卦第四十六

升 坤上 巽下

shēng yuán hēng yòng jiàn dà rén wù xù nán zhēng jí
升：元亨，用见大人，勿恤，南征吉。

tuàn yuē róu yǐ shí shēng xùn ér shùn gāng zhōng ér yìng shì yǐ dà hēng yòng jiàn dà rén wù xù yǒu qìng yě nán zhēng jí zhì háng yě
《彖》曰：柔以时升，巽而顺，刚中而应，是以大亨。用见大人，勿恤，有庆也。南征吉，志行也。

xiàng yuē dì zhōng shēng mù shēng jūn zǐ yǐ shùn dé jī xiǎo yǐ gāo dà
《象》曰：地中生木，升。君子以顺德，积小以高大。

chū liù yǔn shēng dà jí
初六：允升，大吉。

xiàng yuē yǔn shēng dà jí shàng hé zhì yě
《象》曰：允升大吉，上合志也。

jiǔ èr fú nǎi lì yòng yuè wú jiù
九二：孚乃利用禴，无咎。

xiàng yuē jiǔ èr zhī fú yǒu xǐ yě
《象》曰：九二之孚，有喜也。

jiǔ sān shēng xū yì
九三：升虚邑。

xiàng yuē shēng xū yì wú suǒ yí yě
《象》曰：升虚邑，无所疑也。

liù sì wáng yòng xiǎng yú qí shān jí wú jiù
六四：王用亨①于岐山，吉无咎。

xiàng yuē wáng yòng xiǎng yú qí shān shùn shì yě
《象》曰：王用亨于岐山，顺事也。

liù wǔ zhēn jí shēng jiē
六五：贞吉，升阶。

xiàng yuē zhēn jí shēng jiē dà dé jí yě
《象》曰：贞吉升阶，大得吉也。

---

① 亨：通“享”。

shàng liù míng shēng lì yú bù xī zhī zhēn
上六：冥升，利于不息之贞。

xiàng yuē míng shēng zài shàng xiāo bù fù yě
《象》曰：冥升在上，消不富也。

困卦第四十七

困 兑上 坎下

kùn hēng zhēn dà rén jí wú jiù yǒu yán bù xìn
困：亨。贞，大人吉，无咎。有言不信。

tuàn yuē kùn gāng yǎn yě xiǎn yǐ yuè kùn ér bù shī qí suǒ hēng qí wéi jūn zǐ hū zhēn dà rén jí yǐ gāng zhōng yě yǒu yán bù xìn shàng kǒu nǎi qióng yě
《彖》曰：困，刚揜[①]也。险以说[②]，困而不失其所亨，其唯君子乎？贞，大人吉，以刚中也。有言不信，尚口乃穷也。

xiàng yuē zé wú shuǐ kùn jūn zǐ yǐ zhì mìng zhú zhì
《象》曰：泽无水，困。君子以致命逐志。

chū liù tún kùn yú zhū mù rù yú yōu gǔ sān suì bú dí
初六：臀困于株木，入于幽谷，三岁不觌[③]。

xiàng yuē rù yú yōu gǔ yōu bù míng yě
《象》曰：入于幽谷，幽不明也。

jiǔ èr kùn yú jiǔ shí zhū fú fāng lái lì yòng xiǎng sì zhēng xiōng wú jiù
九二：困于酒食，朱绂[④]方来，利用亨[⑤]祀，征凶，无咎。

xiàng yuē kùn yú jiǔ shí zhōng yǒu qìng yě
《象》曰：困于酒食，中有庆也。

---

① 揜：遮掩、掩藏。《说文》："揜，自关以东，取曰揜，一曰覆也。"
② 说：通"悦"。
③ 觌：见，指见天日。
④ 朱绂：古代礼服上的红色蔽膝，后多借指官服。
⑤ 亨：通"享"。

liù sān kùn yú shí jù yú jí lí rù yú qí gōng bù jiàn qí qī xiōng
六三：困于石，据于蒺藜①，入于其宫，不见其妻，凶。

xiàng yuē jù yú jí lí chéng gāng yě rù yú qí gōng bù jiàn qí qī bù xiáng yě
《象》曰：据于蒺藜，乘刚也。入于其宫，不见其妻，不祥也。

jiǔ sì lái xú xú kùn yú jīn chē lìn yǒu zhōng
九四：来徐徐，困于金车，吝，有终。

xiàng yuē lái xú xú zhì zài xià yě suī bù dāng wèi yǒu yǔ yě
《象》曰：来徐徐，志在下也。虽不当位，有与也。

jiǔ wǔ yì yuè kùn yú chì fú nǎi xú yǒu yuè lì yòng jì sì
九五：劓刖②，困于赤绂③，乃徐有说，利用祭祀。

xiàng yuē yì yuè zhì wèi dé yě nǎi xú yǒu tuō yǐ zhōng zhí yě lì yòng jì sì shòu fú yě
《象》曰：劓刖，志未得也。乃徐有说④，以中直也。利用祭祀，受福也。

shàng liù kùn yú gě lěi yú niè wù yuē dòng huǐ yǒu huǐ zhēng jí
上六：困于葛藟⑤，于臲卼⑥，曰动悔。有悔，征吉。

xiàng yuē kùn yú gě lěi wèi dāng yě dòng huǐ yǒu huǐ jí xíng yě
《象》曰：困于葛藟，未当也。动悔有悔，吉行也。

---

① 蒺藜：一种带刺的植物。

② 劓刖：割鼻断足。

③ 赤绂：红丝祭服，诸侯专用。

④ 说：通“脱”。

⑤ 葛藟：葛藤。

⑥ 卼：动摇不安貌；不安的样子。

井卦第四十八

井 ䷯ 坎上 巽下

jǐng gǎi yì bù gǎi jǐng wú sàng wú dé wǎng lái jǐng jǐng qì zhì yì wèi jú jǐng léi qí píng xiōng

井：改邑不改井，无丧无得，往来井井。汔至，亦未繘[1]井，羸[2]其瓶，凶。

tuàn yuē xùn hū shuǐ ér shàng shuǐ jǐng jǐng yǎng ér bù qióng yě gǎi yì bù gǎi jǐng nǎi yǐ gāng zhōng yě qì zhì yì wèi jú jǐng wèi yǒu gōng yě léi qí píng shì yǐ xiōng yě

《彖》曰：巽乎水而上水，井。井养而不穷也。改邑不改井，乃以刚中也。汔至亦未繘井，未有功也。羸其瓶是以凶也。

xiàng yuē mù shàng yǒu shuǐ jǐng jūn zǐ yǐ láo mín quàn xiāng

《象》曰：木上有水，井。君子以劳民劝相。

chū liù jǐng ní bù shí jiù jǐng wú qín

初六：井泥不食，旧井无禽。

xiàng yuē jǐng ní bù shí xià yě jiù jǐng wú qín shí shě yě

《象》曰：井泥不食，下也。旧井无禽，时舍也。

jiǔ èr jǐng gǔ shè fù wèng bì lòu

九二：井谷射鲋[3]，瓮敝漏。

xiàng yuē jǐng gǔ shè fù wú yǔ yě

《象》曰：井谷射鲋，无与也。

jiǔ sān jǐng xiè bú shí wéi wǒ xīn cè kě yòng jí wáng míng bìng shòu qí fú

九三：井渫[4]不食，为我心恻。可用汲，王明，并受其福。

xiàng yuē jǐng xiè bù shí xíng cè yě qiú wáng míng shòu fú yě

《象》曰：井渫不食，行恻也。求王明，受福也。

---

① 繘：用绳汲井水。《说文》：“繘，绠也。”

② 羸：损坏。《说文》：“羸，瘦也。”

③ 鲋：小鱼。《说文》：“鲋，鱼名。”

④ 渫：除去，淘去污泥。《说文》：“渫，除去也。”

liù sì jǐng zhòu wú jiù
六四：井甃[1]，无咎。

xiàng yuē jǐng zhòu wú jiù xiū jǐng yě
《象》曰：井甃，无咎，修井也。

jiǔ wǔ jǐng liè hán quán shí
九五：井洌[2]，寒泉食。

xiàng yuē hán quán zhī shí zhōng zhèng yě
《象》曰：寒泉之食，中正也。

shàng liù jǐng shōu wù mù yǒu fú yuán jí
上六：井收勿幕，有孚元吉。

xiàng yuē yuán jí zài shàng dà chéng yě
《象》曰：元吉在上，大成也。

革卦第四十九

革 兑上 离下

gé sì rì nǎi fú yuán hēng lì zhēn huǐ wáng
革：巳[3]日乃孚。元亨，利贞。悔亡。

tuàn yuē gé shuǐ huǒ xiāng xī èr nǚ tong jū qí zhì bù xiāng dé yuē gé sì rì nǎi fú gé ér xìn zhī wén míng yǐ yuè dà hēng yǐ zhèng gé ér dāng qí huǐ nǎi wáng tiān dì gé ér sì shí chéng tāng wǔ gé mìng shùn hū tiān ér yìng rén gé zhī shí dà yǐ zāi
《彖》曰：革，水火相息，二女同居，其志不相得曰革。巳日乃孚；革而信之。文明以说[4]，大亨以正，革而当，其悔乃亡。天地革而四时成，汤武革命，顺乎天而应人，革之时大矣哉！

xiàng yuē zé zhōng yǒu huǒ gé jūn zǐ yǐ zhì lì míng shí
《象》曰：泽中有火，革。君子以治历明时。

---

① 甃：砌。以砖修井。《说文》：“甃，井壁也。”
② 洌：水清。《说文》：“洌，水清也。”
③ 巳：通“祀”。
④ 说：通“悦”。

chū jiǔ gǒng yòng huáng niú zhī gé
初九：巩[1]用黄牛之革。

xiàng yuē gǒng yòng huáng niú bú kě yǐ yǒu wéi yě
《象》曰：巩用黄牛，不可以有为也。

liù èr sì rì nǎi gé zhī zhēng jí wú jiù
六二：巳日乃革之，征吉，无咎。

xiàng yuē sì rì gé zhī xíng yǒu jiā yě
《象》曰：巳日革之，行有嘉也。

jiǔ sān zhēng xiōng zhēn lì gé yán sān jiù yǒu fú
九三：征凶。贞厉。革言三就，有孚。

xiàng yuē gé yán sān jiù yòu hé zhī yǐ
《象》曰：革言三就，又何之矣！

jiǔ sì huǐ wáng yǒu fú gǎi mìng jí
九四：悔亡。有孚，改命，吉。

xiàng yuē gǎi mìng zhī jí shēn zhì yě
《象》曰：改命之吉，信[2]志也。

jiǔ wǔ dà rén hǔ biàn wèi zhàn yǒu fú
九五：大人虎变，未占有孚。

xiàng yuē dà rén hǔ biàn qí wén bǐng yě
《象》曰：大人虎变，其文炳[3]也。

shàng liù jūn zǐ bào biàn xiǎo rén gé miàn zhēng xiōng jū zhēn jí
上六：君子豹变，小人革面。征凶。居贞吉。

xiàng yuē jūn zǐ bào biàn qí wén wèi yě xiǎo rén gé miàn shùn yǐ cóng jūn yě
《象》曰：君子豹变，其文蔚[4]也，小人革面，顺以从君也。

① 巩：用皮革捆东西。《说文》：“巩，以韦束也。”
② 信：通“伸”。
③ 炳：光明显著。《说文》：“炳，明也。”
④ 蔚：文采华丽。《说文》：“蔚，牡蒿也。”

鼎卦第五十

鼎 ䷱ 离下 巽上

dǐng yuán jí hēng
鼎：元吉，亨。

tuàn yuē dǐng xiàng yě yǐ mù xùn huǒ pēng rèn yě shèng rén pēng yǐ
《彖》曰：鼎，象也。以木巽火，亨[1]饪也。圣人亨以
xiǎng shàng dì ér dà pēng yǐ yǎng shèng xián xùn ér ěr mù cōng míng róu jìn ér
享上帝，而大亨以养圣贤。巽而耳目聪明，柔进而
shàng háng dé zhōng ér yìng hū gāng shì yǐ yuán hēng
上行，得中而应乎刚，是以元亨。

xiàng yuē mù shàng yǒu huǒ dǐng jūn zǐ yǐ zhèng wèi níng mìng
《象》曰：木上有火，鼎。君子以正位凝命。

chū liù dǐng diān zhǐ lì chū pǐ dé qiè yǐ qí zǐ wú jiù
初六：鼎颠趾，利出否。得妾以其子，无咎。

xiàng yuē dǐng diān zhǐ wèi bèi yě lì chū pǐ yǐ cóng guì yě
《象》曰：鼎颠趾，未悖也。利出否，以从贵也。

jiǔ èr dǐng yǒu shí wǒ qiú yǒu jí bù wǒ néng jí jí
九二：鼎有实，我仇有疾，不我能即，吉。

xiàng yuē dǐng yǒu shí shèn suǒ zhī yě wǒ qiú yǒu jí zhōng wú yóu yě
《象》曰：鼎有实，慎所之也。我仇有疾，终无尤也。

jiǔ sān dǐng ěr gé qí háng sāi zhì gāo bù shí fāng yǔ kuī huǐ zhōng
九三：鼎耳革，其行塞，雉膏不食，方雨亏悔，终
jí
吉。

xiàng yuē dǐng ěr gé shī qí yì yě
《象》曰：鼎耳革，失其义也。

jiǔ sì dǐng zhé zú fù gōng sù qí xíng wò xiōng
九四：鼎折足，覆公𫗧[2]，其形渥[3]，凶。

xiàng yuē fù gōng sù xìn rú hé yě
《象》曰：覆公𫗧，信如何也。

---

① 亨：通“烹”。

② 𫗧：鼎中的食物，泛指美味佳肴。

③ 渥：湿濡龌龊。《说文》：“渥，沾也。”

liù wǔ dǐng huáng ěr jīn xuàn lì zhēn
六五：鼎黄耳金铉，利贞。

xiàng yuē dǐng huáng ěr zhōng yǐ wéi shí yě
《象》曰：鼎黄耳，中以为实也。

shàng jiǔ dǐng yù xuàn dà jí wú bú lì
上九：鼎玉铉，大吉，无不利。

xiàng yuē yù xuàn zài shàng gāng róu jié yě
《象》曰：玉铉在上，刚柔节也。

震卦第五十一

震 ䷲ 震上 震下

zhèn hēng zhèn lái xì xì xiào yán yā yā zhèn jīng bǎi lǐ bú sàng bǐ chāng
震：亨。震来虩虩①，笑言哑哑②，震惊百里，不丧匕鬯③。

tuàn yuē zhèn hēng zhèn lái xì xì kǒng zhì fú yě xiào yán yǎ yǎ hòu yǒu zé yě zhèn jīng bǎi lǐ jīng yuǎn ér jù ěr yě bú sàng bǐ chàng chū kě yǐ shǒu zōng miào shè jì yǐ wéi jì zhǔ yě
《彖》曰：震，亨。震来虩虩，恐致福也。笑言哑哑，后有则也。震惊百里，惊远而惧迩也。不丧匕鬯，出可以守宗庙社稷④，以为祭主也。

xiàng yuē jiàn léi zhèn jūn zǐ yǐ kǒng jù xiū xǐng
《象》曰：洊⑤雷，震。君子以恐惧修省。

chū jiǔ zhèn lái xì xì hòu xiào yán yā yā jí
初九：震来虩虩，后笑言哑哑，吉。

---

① 虩虩：恐惧的样子。

② 哑哑：欢笑声。

③ 鬯：古代祭祀用的酒，用郁金草酿黑黍而成。

④ 社稷：古代帝王、诸侯所祭的土神和谷神。社，土神；稷，谷神。亦用为国家的代称。

⑤ 洊：再，屡次。

xiàng yuē zhèn lái xì xì kǒng zhì fú yě xiào yán yǎ yǎ hòu yǒu zé yě
《象》曰：震来虩虩，恐致福也。笑言哑哑，后有则也。

liù èr zhèn lái lì yì sàng bèi jī yú jiǔ líng wù zhú qī rì dé
六二：震来厉，亿①丧贝。跻于九陵，勿逐，七日得。

xiàng yuē zhèn lái lì chéng gāng yě
《象》曰：震来厉，乘刚也。

liù sān zhèn sū sū zhèn xíng wú shěng
六三：震苏苏，震行无眚②。

xiàng yuē zhèn sū sū wèi bú dāng yě
《象》曰：震苏苏，位不当也。

jiǔ sì zhèn zhuì ní
九四：震遂③泥。

xiàng yuē zhèn zhuì ní wèi guāng yě
《象》曰：震遂泥，未光也。

liù wǔ zhèn wǎng lái lì yì wú sàng yǒu shì
六五：震往来厉，亿无丧，有事。

xiàng yuē zhèn wǎng lái lì wēi xíng yě qí shì zài zhōng dà wú sàng yě
《象》曰：震往来厉，危行也。其事在中，大无丧也。

shàng liù zhèn suǒ suǒ shì jué jué zhēng xiōng zhèn bú yú qí gōng yú qí lín wú jiù hūn gòu yǒu yán
上六：震索索④，视矍矍⑤，征凶。震不于其躬，于其邻，无咎。婚媾有言。

xiàng yuē zhèn suǒ suǒ zhōng wèi dé yě suī xiōng wú jiù wèi lín jiè yě
《象》曰：震索索，中未得也。虽凶无咎，畏邻戒也。

---

① 亿：通“忆”。
② 眚：灾祸。
③ 遂：通“坠”。
④ 索索：恐惧的样子。
⑤ 矍矍：惊惧四顾貌。

艮卦第五十二

艮 ䷳ 艮上 艮下

gèn gèn qí bèi bù huò qí shēn xíng qí tíng bù jiàn qí rén wú jiù
艮：艮其背，不获其身。行其庭，不见其人，无咎。

tuàn yuē gèn zhǐ yě shí zhǐ zé zhǐ shí xíng zé xíng dòng jìng bù shī
《彖》曰：艮，止也。时止则止，时行则行，动静不失
qí shí qí dào guāng míng gèn qí zhǐ zhǐ qí suǒ yě shàng xià dí yìng bù xiāng
其时，其道光明。艮其止，止其所也。上下敌应，不相
yǔ yě shì yǐ bù huò qí shēn xíng qí tíng bù jiàn qí rén wú jiù yě
与也。是以不获其身，行其庭不见其人，无咎也。

xiàng yuē jiān shān gèn jūn zǐ yǐ sī bù chū qí wèi
《象》曰：兼山，艮。君子以思不出其位。

chū liù gèn qí zhǐ wú jiù lì yǒng zhēn
初六：艮其趾，无咎。利永贞。

xiàng yuē gèn qí zhǐ wèi shī zhèng yě
《象》曰：艮其趾，未失正也。

liù èr gèn qí féi bù zhěng qí suí qí xīn bù kuài
六二：艮其腓[1]，不拯其随[2]，其心不快。

xiàng yuē bù zhěng qí suí wèi tuì tīng yě
《象》曰：不拯[3]其随，未退听也。

jiǔ sān gèn qí xiàn liè qí yín lì xūn xīn
九三：艮其限，列其夤[4]厉，熏心。

xiàng yuē gèn qí xiàn wēi xūn xīn yě
《象》曰：艮其限，危熏心也。

liù sì gèn qí shēn wú jiù
六四：艮其身，无咎。

xiàng yuē gèn qí shēn zhǐ zhū gōng yě
《象》曰：艮其身，止诸躬也。

---

① 腓：胫骨后的肉，即腿肚子。《说文》："腓，胫腨也。"
② 随：随从。《说文》："随，从也。"
③ 拯：向上举。
④ 夤：夹背肉。

liù wǔ gèn qí fǔ yán yǒu xù huǐ wáng
六五：艮其辅，言有序，悔亡。

xiàng yuē gèn qí fǔ yǐ zhōng zhèng yě
《象》曰：艮其辅，以中正也。

shàng jiǔ dūn gèn jí
上九：敦艮，吉。

xiàng yuē dūn gèn zhī jí yǐ hòu zhōng yě
《象》曰：敦艮之吉，以厚终也。

渐卦第五十三

渐  巽上 艮下

jiàn nǚ guī jí lì zhēn
渐：女归吉，利贞。

tuàn yuē jiàn zhī jìn yě nǚ guī jí yě jìn dé wèi wǎng yǒu gōng yě jìn yǐ zhèng kě yǐ zhèng bāng yě qí wèi gāng dé zhōng yě zhǐ ér xùn dòng bù qióng yě
《彖》曰：渐之进也，女归吉也。进得位，往有功也，进以正，可以正邦也。其位刚得中也。止而巽，动不穷也。

xiàng yuē shān shàng yǒu mù jiàn jūn zǐ yǐ jū xián dé shàn sú
《象》曰：山上有木，渐。君子以居贤德善俗。

chū liù hóng jiàn yú gàn xiǎo zǐ lì yǒu yán wú jiù
初六：鸿渐于干，小子厉，有言无咎。

xiàng yuē xiǎo zǐ yǒu lì yì wú jiù yě
《象》曰：小子有厉，义无咎也。

liù èr hóng jiàn yú pán yǐn shí kàn kàn jí
六二：鸿渐于磐，饮食衎衎[①]吉。

xiàng yuē yǐn shí kàn kàn bù sù bǎo yě
《象》曰：饮食衎衎，不素饱也。

jiǔ sān hóng jiàn yú lù fū zhēng bù fù fù yùn bù yù xiōng lì yù
九三：鸿渐于陆。夫征不复，妇孕不育，凶。利御

① 衎衎：和乐的样子。

kòu
寇。

xiàng yuē fū zhēng bù fù lí qún chǒu yě fù yùn bù yù shī qí dào
《象》曰：夫征不复，离群丑也。妇孕不育，失其道
yě lì yòng yù kòu shùn xiāng bǎo yě
也。利用御寇，顺相保也。

liù sì hóng jiàn yú mù huò dé qí jué wú jiù
六四：鸿渐于木，或得其桷①，无咎。

xiàng yuē huò dé qí jué shùn yǐ xùn yě
《象》曰：或得其桷，顺以巽也。

jiǔ wǔ hóng jiàn yú líng fù sān suì bù yùn zhōng mò zhī shèng jí
九五：鸿渐于陵，妇三岁不孕，终莫之胜，吉。

xiàng yuē zhōng mò zhī shèng jí dé suǒ yuàn yě
《象》曰：终莫之胜，吉，得所愿也。

shàng jiǔ hóng jiàn yú lù qí yǔ kě yòng wéi yí jí
上九：鸿渐于陆，其羽可用为仪，吉。

xiàng yuē qí yǔ kě yòng wéi yí jí bù kě luàn yě
《象》曰：其羽可用为仪吉，不可乱也。

归妹卦第五十四

归妹　震上　兑下

guī mèi zhēng xiōng wú yōu lì
归妹：征凶，无攸利。

tuàn yuē guī mèi tiān dì zhī dà yì yě tiān dì bù jiāo ér wàn wù bù
《彖》曰：归妹，天地之大义也。天地不交，而万物不
xìng guī mèi rén zhī zhōng shǐ yě yuè yǐ dòng suǒ guī mèi yě zhēng xiōng wèi bù
兴；归妹，人之终始也。说②以动，所归妹也。征凶，位不
dāng yě wú yōu lì róu chéng gāng yě
当也。无攸利，柔乘刚也。

① 桷：指横平可作桷的树枝。《说文》："桷，榱也。"
② 说：通"悦"。

xiàng yuē zé shàng yǒu léi guī mèi jūn zǐ yǐ yǒng zhōng zhī bì
《象》曰：泽上有雷，归妹。君子以永终知敝[①]。

chū jiǔ guī mèi yǐ dì bǒ néng lǚ zhēng jí
初九：归妹以娣，跛[②]能履，征吉。

xiàng yuē guī mèi yǐ dì yǐ héng yě bǒ néng lǚ jí xiāng chéng yě
《象》曰：归妹以娣，以恒也。跛能履吉，相承也。

jiǔ èr miǎo néng shì lì yōu rén zhī zhēn
九二：眇[③]能视，利幽人之贞。

xiàng yuē lì yōu rén zhī zhēn wèi biàn cháng yě
《象》曰：利幽人之贞，未变常也。

liù sān guī mèi yǐ xū fǎn guī yǐ dì
六三：归妹以须，反[④]归以娣。

xiàng yuē guī mèi yǐ xū wèi dāng yě
《象》曰：归妹以须，未当也。

jiǔ sì guī mèi qiān qī chí guī yǒu shí
九四：归妹愆期，迟归有时。

xiàng yuē qiān qī zhī zhì yǒu dài ér háng yě
《象》曰：愆期之志，有待而行也。

liù wǔ dì yǐ guī mèi qí jūn zhī mèi bù rú qí dì zhī mèi liáng yuè jǐ wàng jí
六五：帝乙归妹，其君之袂不如其娣之袂[⑤]良，月几望，吉。

xiàng yuē dì yǐ guī mèi bù rú qí dì zhī mèi liáng yě qí wèi zài zhōng yǐ guì háng yě
《象》曰：帝乙归妹，不如其娣之袂良也。其位在中，以贵行也。

shàng liù nǚ chéng kuāng wú shí shì kuī yáng wú xuè wú yōu lì
上六：女承筐，无实；士刲[⑥]羊，无血。无攸利。

xiàng yuē shàng liù wú shí chéng xū kuāng yě
《象》曰：上六无实，承虚筐也。

---

① 敝：通“弊”。

② 跛：瘸，腿或脚有毛病。《说文》：“跛，行不正也。”

③ 眇：瞎了一只眼，后亦指两眼俱瞎。《说文》：“眇，一目小也。”

④ 反：通“返”。

⑤ 袂：衣袖。

⑥ 刲：割。《说文》：“刲，刺也。”

丰卦第五十五

丰 ䷶ 震上 离下

fēng hēng wáng gé zhī wù yōu yí rì zhōng
丰：亨，王假[1]之，勿忧，宜日中。

tuàn yuē fēng dà yě míng yǐ dòng gù fēng wáng gé zhī shàng dà yě
《彖》曰：丰，大也。明以动，故丰。王假之，尚大也。
wù yōu yí rì zhōng yí zhào tiān xià yě rì zhōng zé zè yuè yíng zé shí tiān
勿忧宜日中，宜照天下也。日中则昃[2]，月盈则食，天
dì yíng xū yǔ shí xiāo xī ér kuàng yú rén hū kuàng yú guǐ shén hū
地盈虚，与时消息，而况于人乎？况于鬼神乎？

xiàng yuē léi diàn jiē zhì fēng jūn zǐ yǐ zhé yù zhì xíng
《象》曰：雷电皆至，丰。君子以折狱致刑。

chū jiǔ yù qí pèi zhǔ suī xún wú jiù wǎng yǒu shàng
初九：遇其配主，虽旬无咎，往有尚。

xiàng yuē suī xún wú jiù guò xún zāi yě
《象》曰：虽旬无咎，过旬灾也。

liù èr fēng qí bù rì zhōng jiàn dǒu wǎng dé yí jí yǒu fú fā ruò
六二：丰其蔀[3]，日中见斗。往得疑疾，有孚发若，
jí
吉。

xiàng yuē yǒu fú fā ruò xìn yǐ fā zhì yě
《象》曰：有孚发若，信以发志也。

jiǔ sān fēng qí pèi rì zhōng jiàn mèi zhé qí yòu gōng wú jiù
九三：丰其沛[4]，日中见沬[5]，折其右肱，无咎。

xiàng yuē fēng qí pèi bù kě dà shì yě zhé qí yòu gōng zhōng bù kě
《象》曰：丰其沛，不可大事也。折其右肱[6]，终不可

---

① 假：通“格”。
② 昃：太阳西斜。《说文》：“昃，日在西方时侧也。”
③ 蔀：覆盖于棚架上以遮蔽阳光的草席。
④ 沛：通“旆”，幡幕。
⑤ 沬：通“昧”。
⑥ 肱：上臂，手臂由肘到肩的部分。

yòng yě
用也。

jiǔ sì fēng qí bù rì zhōng jiàn dǒu yù qí yí zhǔ jí
九四：丰其蔀，日中见斗，遇其夷主，吉。

xiàng yuē fēng qí bù wèi bù dāng yě rì zhōng jiàn dǒu yōu bù míng yě yù qí yí zhǔ jí háng yě
《象》曰：丰其蔀，位不当也。日中见斗，幽不明也。遇其夷主，吉；行也。

liù wǔ lái zhāng yǒu qìng yù jí
六五：来章，有庆誉，吉。

xiàng yuē liù wǔ zhī jí yǒu qìng yě
《象》曰：六五之吉，有庆也。

shàng liù fēng qí wū bù qí jiā kuī qí hù qù qí wú rén sān suì bú dí xiōng
上六：丰其屋，蔀其家，窥其户，阒①其无人，三岁不觌②，凶。

xiàng yuē fēng qí wū tiān jì xiáng yě kuī qí hù qù qí wú rén zì cáng yě
《象》曰：丰其屋，天际翔也。窥其户，阒其无人，自藏也。

旅卦第五十六

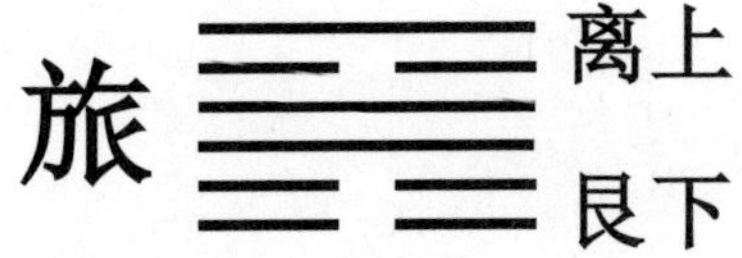

lǚ xiǎo hēng lǚ zhēn jí
旅：小亨。旅贞吉。

tuàn yuē lǚ xiǎo hēng róu dé zhōng hū wài ér shùn hū gāng zhǐ ér lì hū míng shì yǐ xiǎo hēng lǚ zhēn jí yě lǚ zhī shí yì dà yǐ zāi
《彖》曰：旅，小亨，柔得中乎外，而顺乎刚，止而丽乎明，是以小亨，旅贞吉也。旅之时义大矣哉。

① 阒：寂静。《说文》：“阒，静也。”
② 觌：见，相见。《说文》：“觌，见也。”

xiàng yuē shān shàng yǒu huǒ lǚ jūn zǐ yǐ míng shèn yòng xíng ér bù liú yù
《象》曰：山上有火，旅。君子以明慎用刑而不留狱。

chū liù lǚ suǒ suǒ sī qí suǒ qǔ zāi
初六：旅琐琐，斯其所取灾。

xiàng yuē lǚ suǒ suǒ zhì qióng zāi yě
《象》曰：旅琐琐，志穷灾也。

liù èr lǚ jí cì huái qí zī dé tóng pú zhēn
六二：旅即次①，怀其资，得童仆贞。

xiàng yuē dé tóng pú zhēn zhōng wú yóu yě
《象》曰：得童仆贞，终无尤也。

jiǔ sān lǚ fén qí cì sàng qí tóng pú zhēn lì
九三：旅焚其次，丧其童仆，贞厉。

xiàng yuē lǚ fén qí cì yì yǐ shāng yǐ yǐ lǚ yǔ xià qí yì sàng yě
《象》曰：旅焚其次，亦以伤矣。以旅与下，其义丧也。

jiǔ sì lǚ yú chù dé qí zī fǔ wǒ xīn bú kuài
九四：旅于处，得其资斧，我心不快。

xiàng yuē lǚ yú chù wèi dé wèi yě dé qí zī fǔ xīn wèi kuài yě
《象》曰：旅于处未得位也。得其资斧，心未快也。

liù wǔ shè zhì yī shǐ wáng zhōng yǐ yù mìng
六五：射雉，一矢亡，终以誉命。

xiàng yuē zhōng yǐ yù mìng shàng dǎi yě
《象》曰：终以誉命，上逮也。

shàng jiǔ niǎo fén qí cháo lǚ rén xiān xiào hòu háo táo sàng niú yú yì xiōng
上九：鸟焚其巢，旅人先笑后号咷，丧牛于易②，凶。

xiàng yuē yǐ lǚ zài shàng qí yì fén yě sàng niú yú yì zhōng mò zhī wén yě
《象》曰：以旅在上，其义焚也。丧牛于易，终莫之闻也。

---

① 次：到达旅途所居之地。

② 易：通“场”，边界。

巽卦第五十七

巽 巽上 巽下

xùn xiǎo hēng lì yǒu yōu wǎng lì jiàn dà rén
巽：小亨，利有攸往，利见大人。

tuàn yuē zhòng xùn yǐ shēn mìng gāng xùn hū zhōng zhèng ér zhì háng róu jiē shùn hū gāng shì yǐ xiǎo hēng lì yǒu yōu wǎng lì jiàn dà rén
《彖》曰：重巽以申命，刚巽乎中正而志行。柔皆顺乎刚，是以小亨，利有攸往，利见大人。

xiàng yuē suí fēng xùn jūn zǐ yǐ shēn mìng háng shì
《象》曰：随风，巽。君子以申命行事。

chū liù jìn tuì lì wǔ rén zhī zhēn
初六：进退，利武人之贞。

xiàng yuē jìn tuì zhì yí yě lì wǔ rén zhī zhēn zhì zhì yě
《象》曰：进退，志疑也。利武人之贞，志治也。

jiǔ èr xùn zài chuáng xià yòng shǐ wū fēn ruò jí wú jiù
九二：巽在床下，用史巫纷若，吉，无咎。

xiàng yuē fēn ruò zhī jí dé zhōng yě
《象》曰：纷若之吉，得中也。

jiǔ sān pín xùn lìn
九三：频①巽，吝。

xiàng yuē pín xùn zhī lìn zhì qióng yě
《象》曰：频巽之吝，志穷也。

liù sì huǐ wáng tián huò sān pǐn
六四：悔亡，田获三品。

xiàng yuē tián huò sān pǐn yǒu gōng yě
《象》曰：田获三品，有功也。

jiǔ wǔ zhēn jí huǐ wáng wú bú lì wú chū yǒu zhōng xiān gēng sān rì hòu gēng sān rì jí
九五：贞吉，悔亡，无不利。无初有终，先庚②三日，后庚三日，吉。

---

① 频：通“颦”。

② 庚：天干的第七位，与地支相配，用以纪年、月、日。《说文》：“庚位西方，象秋时万物庚庚有实也。”

《象》曰：九五之吉，位正中也。

上九：巽在床下，丧其资斧，贞凶。

《象》曰：巽在床下，上穷也。丧其资斧，正乎凶也。

兑卦第五十八

兑　兑上
　　兑下

兑：亨，利贞。

《彖》曰：兑，说[①]也。刚中而柔外，说悦以利贞，是以顺乎天而应乎人。说以先民，民忘其劳；说以犯难，民忘其死；说之大，民劝矣哉！

《象》曰：丽泽，兑。君子以朋友讲习。

初九：和兑，吉。

《象》曰：和兑之吉，行未疑也。

九二：孚兑，吉，悔亡。

《象》曰：孚兑之吉，信志也。

六三：来兑，凶。

---

① 说：通“悦”。

xiàng yuē lái duì zhī xiōng wèi bù dāng yě
《象》曰：来兑之凶，位不当也。

jiǔ sì shāng duì wèi níng jiè jí yǒu xǐ
九四：商兑未宁，介①疾有喜。

xiàng yuē jiǔ sì zhī xǐ yǒu qìng yě
《象》曰：九四之喜，有庆也。

jiǔ wǔ fú yú bō yǒu lì
九五：孚于剥，有厉。

xiàng yuē fú yú bō wèi zhèng dāng yě
《象》曰：孚于剥，位正当也。

shàng liù yǐn duì
上六：引兑。

xiàng yuē shàng liù yǐn duì wèi guāng yě
《象》曰：上六引兑，未光也。

涣卦第五十九

涣 巽上 坎下

huàn hēng wáng gé yǒu miào lì shè dà chuān lì zhēn
涣：亨。王假②有庙，利涉大川，利贞。

tuàn yuē huàn hēng gāng lái ér bù qióng róu dé wèi hū wài ér shàng tong
《彖》曰：涣，亨。刚来而不穷，柔得位乎外而上同。
wáng gé yǒu miào wáng nǎi zài zhōng yě lì shè dà chuān chéng mù yǒu gōng yě
王假有庙，王乃在中也。利涉大川，乘木有功也。

xiàng yuē fēng háng shuǐ shàng huàn xiān wáng yǐ xiǎng yú dì lì miào
《象》曰：风行水上，涣。先王以亨③于帝，立庙。

chū liù yòng zhěng mǎ zhuàng jí
初六：用拯马壮，吉。

xiàng yuē chū liù zhī jí shùn yě
《象》曰：初六之吉，顺也。

① 介：隔绝。

② 假：通“格”。至，到。

③ 亨：通“享”。

jiǔ èr huàn bēn qí jī huǐ wáng
九二：涣奔其机[1]，悔亡。

xiàng yuē huàn bēn qí jī dé yuàn yě
《象》曰：涣奔其机，得愿也。

liù sān huàn qí gōng wú huǐ
六三：涣其躬，无悔。

xiàng yuē huàn qí gōng zhì zài wài yě
《象》曰：涣其躬，志在外也。

liù sì huàn qí qún yuán jí huàn yǒu qiū fěi yí suǒ sī
六四：涣其群，元吉，涣有丘，匪夷所思。

xiàng yuē huàn qí qún yuán jí guāng dà yě
《象》曰：涣其群，元吉，光大也。

jiǔ wǔ huàn hàn qí dà hào huàn wáng jū wú jiù
九五：涣汗其大号，涣王居，无咎。

xiàng yuē wáng jū wú jiù zhèng wèi yě
《象》曰：王居无咎，正位也。

shàng jiǔ huàn qí xuè qù tì chū wú jiù
上九：涣其血，去逖[2]出，无咎。

xiàng yuē huàn qí xuè yuǎn hài yě
《象》曰：涣其血，远害也。

节卦第六十

节 兑上 坎下

jié hēng kǔ jié bù kě zhēn
节：亨。苦节不可贞。

tuàn yuē jié hēng gāng róu fēn ér dé zhōng kǔ jié bù kě zhēn qí dào qióng yě yuè yǐ xíng xiǎn dāng wèi yǐ jié zhōng zhèng yǐ tōng tiān dì jié ér sì
《彖》曰：节亨，刚柔分而得中。苦节不可贞，其道穷也。说[3]以行险，当位以节，中正以通。天地节而四

① 机：通“几”。案几，台阶。
② 逖：远。
③ 说：通“悦”。

shí chéng jié yǐ zhì dù bù shāng cái bù hài mín
时成，节以制度，不伤财，不害民。

xiàng yuē zé shàng yǒu shuǐ jié jūn zǐ yǐ zhì shù dù yì dé xíng
《象》曰：泽上有水，节。君子以制数度，议德行。

chū jiǔ bù chū hù tíng wú jiù
初九：不出户庭，无咎。

xiàng yuē bù chū hù tíng zhī tōng sāi yě
《象》曰：不出户庭，知通塞也。

jiǔ èr bù chū mén tíng xiōng
九二：不出门庭，凶。

xiàng yuē bù chū mén tíng shī shí jí yě
《象》曰：不出门庭，失时极也。

liù sān bù jié ruò zé jiē ruò wú jiù
六三：不节若，则嗟若，无咎。

xiàng yuē bù jié zhī jiē yòu shuí jiù yě
《象》曰：不节之嗟，又谁咎也。

liù sì ān jié hēng
六四：安节，亨。

xiàng yuē ān jié zhī hēng chéng shàng dào yě
《象》曰：安节之亨，承上道也。

jiǔ wǔ gān jié jí wǎng yǒu shàng
九五：甘节，吉；往有尚。

xiàng yuē gān jié zhī jí jū wèi zhōng yě
《象》曰：甘节之吉，居位中也。

shàng liù kǔ jié zhēn xiōng huǐ wáng
上六：苦节，贞凶，悔亡。

xiàng yuē kǔ jié zhēn xiōng qí dào qióng yě
《象》曰：苦节贞凶，其道穷也。

中孚卦第六十一

中孚　兑上 巽下

zhōng fú tún yú jí lì shè dà chuān lì zhēn
中孚：豚[1]鱼吉，利涉大川，利贞。

tuàn yuē zhōng fú róu zài nèi ér gāng dé zhōng yuè ér xùn fú nǎi huà bāng yě tún yú jí xìn jí tún yú yě lì shè dà chuān chéng mù zhōu xū yě zhōng fú yǐ lì zhēn nǎi yìng hū tiān yě
《彖》曰：中孚，柔在内而刚得中。说[2]而巽，孚，乃化邦也，豚鱼吉，信及豚鱼也。利涉大川，乘木舟虚也。中孚以利贞，乃应乎天也。

xiàng yuē zé shàng yǒu fēng zhōng fú jūn zǐ yǐ yì yù huǎn sǐ
《象》曰：泽上有风，中孚。君子以议狱缓死。

chū jiǔ yú jí yǒu tā bù yàn
初九：虞[3]吉，有它不燕[4]。

xiàng yuē chū jiǔ yú jí zhì wèi biàn yě
《象》曰：初九虞吉，志未变也。

jiǔ èr míng hè zài yīn qí zǐ hè zhī wǒ yǒu hǎo jué wú yǔ ěr mí zhī
九二：鸣鹤在阴，其子和之。我有好爵，吾与尔靡之。

xiàng yuē qí zǐ hè zhī zhōng xīn yuàn yě
《象》曰：其子和之，中心愿也。

liù sān dé dí huò gǔ huò pí huò qì huò gē
六三：得敌，或鼓或罢[5]，或泣或歌。

xiàng yuē huò gǔ huò pí wèi bù dāng yě
《象》曰：或鼓或罢，位不当也。

liù sì yuè jǐ wàng mǎ pǐ wáng wú jiù
六四：月几望，马匹亡，无咎。

---

① 豚：指猪。
② 说：通“悦”。
③ 虞：专。
④ 燕：通“宴”，安乐。
⑤ 罢：通“疲”。

xiàng yuē mǎ pǐ wáng jué lèi shàng yě
《象》曰：马匹亡，绝类上也。

jiǔ wǔ yǒu fú luán rú wú jiù
九五：有孚挛[①]如，无咎。

xiàng yuē yǒu fú luán rú wèi zhèng dāng yě
《象》曰：有孚挛如，位正当也。

shàng jiǔ hàn yīn dēng yú tiān zhēn xiōng
上九：翰音登于天，贞凶。

xiàng yuē hàn yīn dēng yú tiān hé kě cháng yě
《象》曰：翰音登于天，何可长也。

小过卦第六十二

小过 ䷽ 震上 艮下

xiǎo guò hēng lì zhēn kě xiǎo shì bù kě dà shì fēi niǎo yí zhī yīn bù yí shàng yí xià dà jí
小过：亨，利贞，可小事，不可大事。飞鸟遗之音，不宜上，宜下，大吉。

tuàn yuē xiǎo guò xiǎo zhě guò ér hēng yě guò yǐ lì zhēn yǔ shí háng yě róu dé zhōng shì yǐ xiǎo shì jí yě gāng shī wèi ér bú zhōng shì yǐ bù kě dà shì yě yǒu fēi niǎo zhī xiàng yān yǒu fēi niǎo yí zhī yīn bù yí shàng yí xià dà jí shàng nì ér xià shùn yě
《彖》曰：小过，小者过而亨也。过以利贞，与时行也。柔得中，是以小事吉也。刚失位而不中，是以不可大事也。有飞鸟之象焉，有飞鸟遗之音，不宜上，宜下，大吉，上逆而下顺也。

xiàng yuē shān shàng yǒu léi xiǎo guò jūn zǐ yǐ xíng guò hū gōng sàng guò hū āi yòng guò hū jiǎn
《象》曰：山上有雷，小过。君子以行过乎恭，丧过乎哀，用过乎俭。

chū liù fēi niǎo yǐ xiōng
初六：飞鸟以凶。

---

① 挛：维系，牵系。《说文》：“挛，系也。”

xiàng yuē fēi niǎo yǐ xiōng bù kě rú hé yě
《象》曰：飞鸟以凶，不可如何也。

liù èr guò qí zǔ yù qí bǐ bù jí qí jūn yù qí chén wú jiù
六二：过其祖，遇其妣；不及其君，遇其臣；无咎。

xiàng yuē bù jí qí jūn chén bù kě guò yě
《象》曰：不及其君，臣不可过也。

jiǔ sān fú guò fáng zhī cóng huò qiāng zhī xiōng
九三：弗过防之，从或戕①之，凶。

xiàng yuē cóng huò qiāng zhī xiōng rú hé yě
《象》曰：从或戕之，凶如何也。

jiǔ sì wú jiù fú guò yù zhī wǎng lì bì jiè wù yòng yǒng zhēn
九四：无咎。弗过遇之，往厉必戒。勿用，永贞。。

xiàng yuē fú guò yù zhī wèi bù dāng yě wǎng lì bì jiè zhōng bù kě cháng yě
《象》曰：弗过遇之，位不当也；往厉必戒，终不可长也。

liù wǔ mì yún bú yǔ zì wǒ xī jiāo gōng yì qǔ bǐ zài xué
六五：密云不雨，自我西郊，公弋②取彼在穴。

xiàng yuē mì yún bú yǔ yǐ shàng yě
《象》曰：密云不雨，已上也。

shàng liù fú yù guò zhī fēi niǎo lí zhī xiōng shì wèi zāi shěng
上六：弗遇过之，飞鸟离之，凶，是谓灾眚。

xiàng yuē fú yù guò zhī yǐ kàng yě
《象》曰：弗遇过之，已亢也。

既济卦第六十三

既济 ䷾ 坎上 离下

jì jì hēng xiǎo lì zhēn chū jí zhōng luàn
既济：亨小，利贞，初吉终乱。

---

① 戕：残杀，杀害。《说文》："戕，抢也。他国臣来弑君曰戕。"

② 弋：射。用带绳子的箭射猎。《说文》："弋橜也。象折木衺锐著形。从厂象物挂之也。"

tuàn yuē jì jì hēng xiǎo zhě hēng yě lì zhēn gāng róu zhèng ér wèi dāng yě chū jí róu dé zhōng yě zhōng zhǐ zé luàn qí dào qióng yě
《彖》曰：既济，亨，小者亨也。利贞，刚柔正而位当也。初吉，柔得中也。终止则乱，其道穷也。

xiàng yuē shuǐ zài huǒ shàng jì jì jūn zǐ yǐ sī huàn ér yù fáng zhī
《象》曰：水在火上，既济。君子以思患而豫防之。

chū jiǔ yè qí lún rú qí wěi wú jiù
初九：曳其轮，濡其尾，无咎。

xiàng yuē yè qí lún yì wú jiù yě
《象》曰：曳其轮，义无咎也。

liù èr fù sàng qí fú wù zhú qī rì dé
六二：妇丧其茀[1]勿逐，七日得。

xiàng yuē qī rì dé yǐ zhōng dào yě
《象》曰：七日得，以中道也。

jiǔ sān gāo zōng fá guǐ fāng sān nián kè zhī xiǎo rén wù yòng
九三：高宗伐鬼方，三年克之，小人勿用。

xiàng yuē sān nián kè zhī bèi yě
《象》曰：三年克之，惫也。

liù sì xū yǒu yī rú zhōng rì jiè
六四：繻[2]有衣袽[3]终日戒。

xiàng yuē zhōng rì jiè yǒu suǒ yí yě
《象》曰：终日戒，有所疑也。

jiǔ wǔ dōng lín shā niú bù rú xī lín zhī yuè jì shí shòu qí fú
九五：东邻杀牛，不如西邻之禴[4]祭，实受其福。

xiàng yuē dōng lín shā niú bù rú xī lín zhī shí yě shí shòu qí fú jí dà lái yě
《象》曰：东邻杀牛不如西邻之时也。实受其福，吉大来也。

shàng liù rú qí shǒu lì
上六：濡其首，厉。

xiàng yuē rú qí shǒu lì hé kě jiǔ yě
《象》曰：濡其首厉，何可久也？

---

① 茀：车蔽，古代妇女乘车不露于世，车之前后设障以自隐蔽。《说文》："茀，道多艸，不可行。"

② 繻：彩色绸衣。

③ 袽：破衣败絮。

④ 禴：祭名，中国夏商两代在春天举行，周代在夏天举行。

未济卦第六十四

未济　离上 坎下

wèi jì　hēng　xiǎo hú qì　jì　rú qí wěi　wú yōu lì
未济：亨，小狐汔[①]济，濡其尾，无攸利。

tuàn　yuē　wèi jì　hēng　róu dé zhōng yě　xiǎo hú qì jì　wèi chū zhōng yě　rú qí wěi　wú yōu lì　bù xù zhōng yě　suī bù dàng wèi　gāng róu yìng yě
《彖》曰：未济，亨，柔得中也。小狐汔济，未出中也。濡其尾，无攸利，不续终也。虽不当位，刚柔应也。

xiàng　yuē　huǒ zài shuǐ shàng　wèi jì　jūn zǐ yǐ shèn biàn wù jū fāng
《象》曰：火在水上，未济。君子以慎辨物居方。

chū liù　rú　qí wěi　lìn
初六：濡[②]其尾，吝。

xiàng　yuē　rú qí wěi　yì bù zhī jí yě
《象》曰：濡其尾，亦不知极也。

jiǔ èr　yè qí lún　zhēn jí
九二：曳其轮，贞吉。

xiàng　yuē　jiǔ èr zhēn jí　zhōng yǐ xíng zhèng yě
《象》曰：九二贞吉，中以行正也。

liù sān　wèi jì zhēng xiōng　lì shè dà chuān
六三：未济征凶，利涉大川。

xiàng　yuē　wèi jì　zhēng xiōng　wèi bù dàng yě
《象》曰：未济，征凶，位不当也。

jiǔ sì　zhēn jí　huǐ wáng　zhèn yòng fá guǐ fāng　sān nián yǒu shǎng yú dà guó
九四：贞吉，悔亡，震用伐鬼方，三年有赏于大国。

xiàng　yuē　zhēn jí　huǐ wáng　zhì xíng yě
《象》曰：贞吉，悔亡，志行也。

liù wǔ　zhēn jí　wú huǐ　jūn zǐ zhī guāng　yǒu fú　jí
六五：贞吉，无悔，君子之光。有孚，吉。

xiàng　yuē　jūn zǐ zhī guāng　qí huī jí yě
《象》曰：君子之光，其晖吉也。

---

① 汔：几乎，差不多。《说文》："汔，水涸也。"

② 濡：沾湿。《说文》："濡水。出涿郡故安，东入漆涑。"

shàng jiǔ yǒu fú yú yǐn jiǔ wú jiù rú qí shǒu yǒu fú shī shì
上九：有孚于饮酒，无咎，濡其首，有孚失是。

xiàng yuē yǐn jiǔ rú shǒu yì bù zhī jié yě
《象》曰：饮酒濡首，亦不知节也。

系辞上传

第一章

tiān zūn dì bēi qián kūn dìng yǐ bēi gāo yǐ zhèn guì jiàn wèi yǐ dòng jìng
天尊地卑，乾坤定矣。卑高以陈，贵贱位矣。动静
yǒu cháng gāng róu duàn yǐ fāng yǐ lèi jù wù yǐ qún fēn jí xiōng shēng yǐ zài
有常，刚柔断矣。方以类聚，物以群分，吉凶生矣。在
tiān chéng xiàng zài dì chéng xíng biàn huà xiàn yǐ
天成象，在地成形，变化见①矣。

shì gù gāng róu xiāng mó bā guà xiāng dàng gǔ zhī yǐ léi tíng rùn zhī yǐ
是故刚柔相摩，八卦相荡。鼓之以雷霆，润之以
fēng yǔ rì yuè yùn xíng yī hán yī shǔ qián dào chéng nán kūn dào chéng nǚ qián
风雨；日月运行，一寒一暑。乾道成男，坤道成女。乾
zhī tài shǐ kūn zuò chéng wù
知大始，坤作成物。

qián yǐ yǐ zhī kūn yǐ jiǎn néng yì zé yǐ zhī jiǎn zé yǐ cóng yǐ zhī zé
乾以易知，坤以简能，易则易知，简则易从；易知则
yǒu qīn yǐ cóng zé yǒu gōng yǒu qīn zé kě jiǔ yǒu gōng zé kě dà kě jiǔ zé
有亲，易从则有功。有亲则可久，有功则可大；可久则
xián rén zhī dé kě dà zé xián rén zhī yè yì jiǎn ér tiān xià zhī lǐ dé yǐ tiān
贤人之德，可大则贤人之业。易简而天下之理得矣。天
xià zhī lǐ dé ér chéng wèi hū qí zhōng yǐ
下之理得，而成位乎其中矣。

① 见：通“现”。

第二章

shèng rén shè guà guān xiàng xì cí yān ér míng jí xiōng gāng róu xiāng tuī ér
圣人设卦，观象系辞焉而明吉凶，刚柔相推而
shēng biàn huà shì gù jí xiōng zhě shī dé zhī xiàng yě huǐ lìn zhě yōu yú zhī
生变化。是故吉凶者，失得之象也，悔吝者，忧虞之
xiàng yě biàn huà zhě jìn tuì zhī xiàng yě gāng róu zhě zhòu yè zhī xiàng yě liù
象也。变化者，进退之象也。刚柔者，昼夜之象也。六
yáo zhī dòng sān jí zhī dào yě
爻之动，三极之道也。

shì gù jūn zǐ suǒ jū ér ān zhě yì zhī xù yě suǒ lè ér wán zhě
是故，君子所居而安者，《易》之序也。所乐而玩者，
yáo zhī cí yě shì gù jūn zǐ jū zé guān qí xiàng ér wán qí cí dòng zé guān
爻之辞也。是故，君子居则观其象而玩其辞，动则观
qí biàn ér wán qí zhān shì gù zì tiān yòu zhī jí wú bú lì
其变而玩其占。是故，自天佑之，吉无不利。

第三章

tuàn zhě yán hū xiàng zhě yě yáo zhě yán hū biàn zhě yě jí xiōng zhě yán
彖者言乎象者也；爻者，言乎变者也。吉凶者，言
hū qí shī dé yě huǐ lìn zhě yán hū qí xiǎo cī yě wú jiù zhě shàn bǔ guò
乎其失得也；悔吝者，言乎其小疵也。无咎者，善补过
zhě yě
者也。

shì gù liè guì jiàn zhě cún hū wèi qí xiǎo dà zhě cún hū guà biàn jí xiōng
是故列贵贱者存乎位，齐小大者存乎卦，辨吉凶
zhě cún hū cí yōu huǐ lìn zhě cún hū jiè zhèn wú jiù zhě cún hū huǐ shì gù guà
者存乎辞，忧悔吝者存乎介，震无咎者存乎悔。是故卦
yǒu xiǎo dà cí yǒu xiǎn yì cí yě zhě gè zhǐ qí suǒ zhī
有小大，辞有险易；辞也者，各指其所之。

第四章

yì yǔ tiān dì zhǔn gù néng mí lún tiān dì zhī dào yǎng yǐ guān yú tiān wén
易与天地准，故能弥纶天地之道，仰以观于天文，
fǔ yǐ chá yú dì lǐ shì gù zhī yōu míng zhī gù yuán shǐ fǎn zhōng gù zhī sǐ
俯以察于地理，是故知幽明之故。原始反终，故知死
shēng zhī shuō
生之说。

jīng qì wéi wù you hún wéi biàn shì gù zhī guǐ shén zhī qíng zhuàng yǔ tiān
精气为物，游魂为变，是故知鬼神之情状。与天
dì xiāng sì gù bú wéi zhì zhōu hū wàn wù ér dào jì tiān xià gù bú guò páng
地相似，故不违；知周乎万物而道济天下，故不过。旁
háng ér bú liú lè tiān zhī mìng gù bú yōu ān tǔ dūn hū rén gù néng ài
行而不流，乐天知命，故不忧。安土敦乎仁，故能爱。

fàn wéi tiān dì zhī huà ér bú guò qǔ chéng wàn wù ér bú yí tōng hū zhòu
范围天地之化而不过，曲成万物而不遗，通乎昼
yè zhī dào ér zhī gù shén wú fāng ér yì wú tǐ
夜之道而知，故神无方而易无体。

第五章

yī yīn yī yáng zhī wèi dào jì zhī zhě shàn yě chéng zhī zhě xìng yě rén zhě
一阴一阳之谓道。继之者善也，成之者性也。仁者
jiàn zhī wèi zhī rén zhì zhě jiàn zhī wèi zhī zhì bǎi xìng rì yòng ér bú zhī gù jūn
见之谓之仁，知者见之谓之知，百姓日用而不知，故君
zǐ zhī dào xiān yǐ
子之道鲜矣！

xiǎn zhū rén zàng zhū yòng gǔ wàn wù ér bú yǔ shèng rén tong yōu shèng dé dà
显诸仁，藏诸用，鼓万物而不与圣人同忧，盛德大
yè zhì yǐ zāi fù yǒu zhī wèi dà yè rì xīn zhī wèi shèng dé shēng shēng zhī wèi
业，至矣哉！富有之谓大业，日新之谓盛德。生生之谓
yì chéng xiàng zhī wèi qián xiào fǎ zhī wèi kūn jí shù zhī lái zhī wèi zhān tōng biàn
易，成象之谓乾，效法之谓坤，极数知来之谓占，通变

zhī wèi shì yīn yáng bù cè zhī wèi shén
之谓事，阴阳不测之谓神。

第六章

fú yì guǎng yǐ dà yǐ yǐ yán hū yuǎn zé bú yù yǐ yán hū ěr zé
夫《易》，广矣大矣！以言乎远则不御，以言乎迩则
jìng ér zhèng yǐ yán hū tiān dì zhī jiān zé bèi yǐ
静而正，以言乎天地之间则备矣！

fú qián qí jìng yě tuán qí dòng yě zhí shì yǐ dà shēng yān fū kūn
夫乾，其静也专，其动也直，是以大生焉。夫坤，
qí jìng yě xī qí dòng yě pì shì yǐ guǎng shēng yān guǎng dà pèi tiān dì biàn
其静也翕，其动也辟，是以广生焉。广大配天地，变
tōng pèi sì shí yīn yáng zhī yì pèi rì yuè yì jiǎn zhī shàn pèi zhì dé
通配四时，阴阳之义配日月，易简之善配至德。

第七章

zǐ yuē yì qí zhì yǐ hū fú yì shèng rén suǒ yǐ chóng dé ér guǎng
子曰：“易其至矣乎！”夫易，圣人所以崇德而广
yè yě zhì chóng lǐ bēi chóng xiào tiān bēi fǎ dì tiān dì shè wèi ér yì háng
业也。知[①]崇礼卑，崇效天，卑法地，天地设位，而易行
hū qí zhōng yǐ chéng xìng cún cún dào yì zhī mén
乎其中矣。成性存存，道义之门。

① 知：通“智”。

第八章

圣人有以见天下之赜，而拟诸其形容，象其物宜，是故谓之象。圣人有以见天下之动，而观其会通，以行其典礼。系辞焉以断其吉凶，是故谓之爻。言天下之至赜而不可恶也。言天下之至动而不可乱也。拟之而后言，议之而后动，拟议以成其变化。

“鸣鹤在阴，其子和之，我有好爵，吾与尔靡之。”子曰：“君子居其室，出其言善，则千里之外应之，况其迩者乎？居其室，出其言不善，则千里之外违之，况其迩者乎？言出乎身，加乎民；行发乎迩，见乎远。言行，君子之枢机，枢机之发，荣辱之主也，言行,君子之所以动天地也，可不慎乎？”《同人》：“先号咷而后笑。”子曰：“君子之道，或出或处，或默或语，二人同心，其利断金；同心之言，其臭①如兰。”

“初六，藉用白茅，无咎。”子曰：“苟错②诸地而可矣，席用白茅，何咎之有？慎之至也。夫茅之为物薄，而用可重也。慎斯术也以往，其无所失矣。”

“劳谦，君子有终，吉。”子曰：“劳而不伐，有功而不

① 臭：通“嗅”。
② 错：通“措”。

dé hòu zhī zhì yě yǔ yǐ qí gōng xià rén zhě yě dé yán shèng lǐ yán gōng qiān
德，厚之至也。语以其功下人者也。德言盛，礼言恭，谦
yě zhě zhì gōng yǐ cún qí wèi zhě yě
也者，致恭以存其位者也。”

kàng lóng yǒu huǐ zǐ yuē guì ér wú wèi gāo ér wú mín xián rén zài
“亢龙有悔。”子曰：“贵而无位，高而无民，贤人在
xià wèi ér wú fǔ shì yǐ dòng ér yǒu huǐ yě
下，位而无辅，是以动而有悔也。”

bú chū hù tíng wú jiù zǐ yuē luàn zhī suǒ shēng yě zé yán yǔ yǐ
“不出户庭，无咎。”子曰：“乱之所生也，则言语以
wéi jiē jūn bú mì zé shī chén chén bú mì zé shī shēn jǐ shì bú mì zé hài
为阶。君不密则失臣，臣不密则失身，几事不密则害
chéng shì yǐ jūn zǐ shèn mì ér bú chū yě
成。是以君子慎密而不出也。”

zǐ yuē zuò yì zhě qí zhī dào hū yì yuē fù qiě chéng zhì kòu
子曰：“作《易》者其知盗乎？《易》曰：‘负且乘，致寇
zhì fù yě zhě xiǎo rén zhī shì yě chéng yě zhě jūn zǐ zhī qì yě xiǎo rén
至。’负也者，小人之事也；乘也者，君子之器也，小人
ér chéng jūn zǐ zhī qì dào sī duó zhī yǐ shàng màn xià bào dào sī fá zhī yǐ
而乘君子之器盗思夺之矣！上慢下暴，盗思伐之矣！
màn cáng huì dào yě róng huì yín yì yuē fù qiě chéng zhì kòu zhì dào zhī
慢藏诲盗，冶容诲淫”。《易》曰“负且乘，致寇至”，盗之
zhāo yě
招也。

第九章

tiān yī dì èr tiān sān dì sì tiān wǔ dì liù tiān qī dì bā tiān jiǔ dì
天一地二，天三地四，天五地六，天七地八，天九地
shí tiān shù wǔ dì shù wǔ wǔ wèi xiàng dé ér gè yǒu hé tiān shù èr shí yòu
十。天数五，地数五，五位相得而各有合。天数二十有[1]
wǔ dì shù sān shí fán tiān dì zhī shù wǔ shí yòu wǔ cǐ suǒ yǐ chéng biàn huà
五，地数三十，凡天地之数，五十有五，此所以成变化
ér xíng guǐ shén yě
而行鬼神也。

① 有：通“又”。

dà yǎn zhī shù wǔ shí qí yòng sì shí yòu jiǔ fēn ér wéi èr yǐ xiàng liǎng
大衍①之数五十，其用四十有九。分而为二以象两，
guà yī yǐ xiàng sān shé zhī yǐ sì yǐ xiàng sì shí guī qí yú lè yǐ xiàng rùn
挂一以象三，揲②之以四以象四时，归奇于扐③以象闰，
wǔ suì zài rùn gù zài lè ér hòu guà
五岁再闰，故再扐而后挂。

qián zhī cè èr bǎi yī shí yòu liù kūn zhī cè bǎi sì shí yòu sì fán
乾之策，二百一十有六。《坤》之策，百四十有四。凡
sān bǎi yòu liù shí dāng qī zhī rì èr piān zhī cè wàn yòu yī qiān wǔ bǎi èr
三百有六十，当期之日。二篇之策，万有一千五百二
shí dāng wàn wù zhī shù yě shì gù sì yíng ér chéng yì shí yòu bā biàn ér
十，当万物之数也。是故，四营而成《易》，十有八变而
chéng guà bā guà ér xiǎo chéng yǐn ér shēn zhī chù lèi ér zhǎng zhī tiān xià zhī
成卦，八卦而小成。引而伸之，触类而长之，天下之
néng shì bì yǐ
能事毕矣。

xiǎn dào shén dé xíng shì gù kě yǔ chóu zuò kě yǔ yòu shén yǐ zǐ yuē
显道神德行，是故可与酬酢④，可与佑神矣。子曰：
zhī biàn huà zhī dào zhě qí zhī shén zhī suǒ wéi hū
“知变化之道者，其知神之所为乎！”

第十章

yì yǒu shèng rén zhī dào sì yān yǐ yán zhě shàng qí cí yǐ dòng zhě shàng
《易》有圣人之道四焉：以言者尚其辞，以动者尚
qí biàn yǐ zhì qì zhě shàng qí xiàng yǐ bǔ shì zhě shàng qí zhàn
其变；以制器者尚其象；以卜筮者尚其占。

shì yǐ jūn zǐ jiāng yǐ yǒu wéi yě jiāng yǐ yǒu háng yě wèn yān ér yǐ yán
是以君子将以有为也，将以有行也，问焉而以言，
qí shòu mìng yě rú xiǎng wú yǒu yuǎn jìn yōu shēn suì zhī lái wù fēi tiān xià zhī
其受命也如响，无有远近幽深，遂知来物。非天下之
zhì jīng qí shú néng yú cǐ
至精，其孰能于此？

---

① 衍：通“演”，推演，演述。

② 揲：古代多用于数蓍草占卦，以卜吉凶。

③ 扐：手指之间。

④ 酬酢：应对，应付。

sān wǔ yǐ biàn cuò zōng qí shù tōng qí biàn suì chéng tiān dì zhī wén jí
参①伍以变，错综其数，通其变，遂成天地之文；极
qí shù suì dìng tiān xià zhī xiàng fēi tiān xià zhī zhì biàn qí shú néng yǔ yú cǐ
其数，遂定天下之象。非天下之至变，其孰能与于此？

yì wú sī yě wú wéi yě jì rán bú dòng gǎn ér suì tōng tiān xià zhī
《易》无思也，无为也，寂然不动，感而遂通天下之
gù fēi tiān xià zhī zhì shén qí shú néng yǔ yú cǐ
故。非天下之致神，其孰能与于此。

fú yì shèng rén zhī suǒ yǐ jí shēn ér yán jǐ yě wéi shēn yě gù néng
夫《易》，圣人之所以极深而研几也。唯深也，故能
tōng tiān xià zhī zhì wéi jǐ yě gù néng chéng tiān xià zhī wù wéi shén yě gù
通天下之志；唯几也，故能成天下之务；唯神也，故
bú jí ér sù bù xíng ér zhì zǐ yuē yì yǒu shèng rén zhī dào sì yān
不疾而速，不行而至。子曰"《易》有圣人之道四焉"
zhě cǐ zhī wèi yě
者，此之谓也。

第十一章

zǐ yuē fú yì hé wéi zhě yě fú yì kāi wù chéng wù mào tiān
子曰："夫《易》何为者也？夫《易》开物成务②，冒③天
xià zhī dào rú sī ér yǐ zhě yě shì gù shèng rén yǐ tōng tiān xià zhī zhì yǐ
下之道，如斯而已者也。是故圣人以通天下之志，以
dìng tiān xià zhī yè yǐ duàn tiān xià zhī yí
定天下之业，以断天下之疑。"

shì gù shī zhī dé yuán ér shén guà zhī dé fāng yǐ zhì liù yáo zhī yì
是故，蓍之德圆而神；卦之德方以知④，六爻之义
yì yǐ gòng shèng rén yǐ cǐ xiǎn xīn tuì cáng yú mì jí xiōng yǔ mín tong huàn shén
易以贡。圣人以此洗心，退藏于密，吉凶与民同患。神
yǐ zhī lái zhì yǐ cáng wǎng qí shú néng yǔ cǐ zāi gǔ zhī cōng míng ruì zhì
以知来，知以藏往，其孰能与此哉！古之聪明睿知，

① 参：通"三"。
② 务：事业，事物。
③ 冒：包容。
④ 知：智。

shén wǔ ér bú shuāi zhě fū
神武而不杀[1]者夫？

shì yǐ míng yú tiān zhī dào ér chá yú mín zhī gù shì xīng shén wù yǐ qián
是以，明于天之道，而察于民之故，是兴神物以前
mín yòng shèng rén yǐ cǐ zhāi jiè yǐ shén míng qí dé fū
民用。圣人以此斋戒，以神明其德夫！

shì gù hé hù wèi zhī kūn pì hù wèi zhī qián yī hé yī pì wèi zhī biàn
是故，阖户谓之坤，辟户谓之乾，一阖一辟谓之变；
wǎng lái bù qióng wèi zhī tōng xiàn nǎi wèi zhī xiàng xíng nǎi wèi zhī qì zhì ér yòng
往来不穷谓之通；见乃谓之象；形乃谓之器，制而用
zhī wèi zhī fǎ lì yòng chū rù mín xián yòng zhī wèi zhī shén
之谓之法，利用出入，民咸用之谓之神。

shì gù yì yǒu tài jí shì shēng liǎng yí liǎng yí shēng sì xiàng sì xiàng
是故，易有太极，是生两仪，两仪生四象，四象
shēng bā guà bā guà dìng jí xiōng jí xiōng shēng dà yè
生八卦，八卦定吉凶，吉凶生大业。

shì gù fǎ xiàng mò dà hū tiān dì biàn tōng mò dà hū sì shí xuán xiàng
是故，法象莫大乎天地，变通莫大乎四时；县象
zhù míng mò dà hū rì yuè chóng gāo mò dà hū fù guì bèi wù zhì yòng lì chéng
著明莫大乎日月；崇高莫大乎富贵；备物致用，立成
qì yǐ wéi tiān xià lì mò dà hū shèng rén tàn zé suǒ yǐn gōu shēn zhì yuǎn yǐ
器以为天下利，莫大乎圣人；探赜[2]索隐，钩深致远，以
dìng tiān xià zhī jí xiōng chéng tiān xià zhī wěi wěi zhě mò dà hū shī guī
定天下之吉凶，成天下之亹亹[3]者，莫大乎蓍龟。

shì gù tiān shēng shén wù shèng rén zé zhī tiān dì biàn huà shèng rén xiào zhī
是故，天生神物，圣人则之。天地变化，圣人效之。
tiān chuí xiàng xiàn jí xiōng shèng rén xiàng zhī hé chū tú luò chū shū shèng rén zé
天垂象，见吉凶，圣人象之。河出图，洛出书，圣人则
zhī
之。

yì yǒu sì xiàng suǒ yǐ shì yě xì cí yān suǒ yǐ gào yě dìng zhī yǐ
《易》有四象，所以示也。系辞焉，所以告也。定之以
jí xiōng suǒ yǐ duàn yě
吉凶，所以断也。

---

① 杀：通“衰”。

② 赜：深奥。

③ 亹：形容孜孜不倦。

第十二章

《易》曰：“自天佑之，吉无不利。”

子曰：“佑者助也，天之所助，顺也；人之所助者，信也。履信思乎顺，又以尚贤也。是以自天佑之，吉无不利也。”

子曰：“书不尽言，言不尽意；然则圣人之意，其不可见乎？”

子曰：“圣人立象以尽意，设卦以尽情伪，系辞焉以尽其言，变而通之以尽利，鼓之舞之以尽神。”乾坤，其《易》之蕴邪？乾坤成列，而《易》立乎其中矣。乾坤毁，则无以见《易》。《易》不可见，则乾坤或几乎息矣。

是故，形而上者谓之道，形而下者谓之器，化而裁之谓之变，推而行之谓之通；举而错之天下之民，谓之事业。

是故，夫象，圣人有以见天下之赜，而拟诸其形容，象其物宜，是故谓之象。圣人有以见天下之动，而观其会通，以行其典礼，系辞焉以断其吉凶，是故谓之爻。极天下之赜者存乎卦，鼓天下之动者存乎辞，化而裁之存乎变，推而行之存乎道，神而明之存乎其人。

mò ér chéng zhī bù yán ér xìn　cún hū dé xíng
默而成之不言而信，存乎德行。

系辞下传

第一章

bā guà chéng liè xiàng zài qí zhōng yǐ yīn ér chóng zhī yáo zài qí zhōng
八卦成列，象在其中矣。因而重之，爻在其中
yǐ gāng róu xiāng tuī biàn zài qí zhōng yǐ xì cí yān ér mìng zhī dòng zài qí
矣。刚柔相推，变在其中矣。系辞焉而命之，动在其
zhōng yǐ
中矣。

jí xiōng huǐ lìn zhě shēng hū dòng zhě yě gāng róu zhě lì běn zhě yě biàn
吉凶悔吝者，生乎动者也；刚柔者，立本者也；变
tōng zhě qū shí zhě yě jí xiōng zhě zhēn shèng zhě yě tiān dì zhī dào zhēn guàn
通者，趣①时者也；吉凶者，贞胜者也；天地之道贞观
zhě yě rì yuè zhī dào zhēn míng zhě yě tiān xià zhī dòng zhēn fū yī zhě yě
者也。日月之道，贞明者也。天下之动，贞夫一者也。

fú qián què rán shì rén yì yǐ fú kūn tuí rán shì rén jiǎn yǐ yáo yě
夫乾，确然示人易矣；夫坤，隤②然示人简矣。爻也
zhě xiào cǐ zhě yě xiàng yě zhě xiàng cǐ zhě yě yáo xiàng dòng hū nèi jí xiōng
者，效此者也；象也者，像此者也。爻象动乎内，吉凶
xiàn hū wài gōng yè xiàn hū biàn shèng rén zhī qíng xiàn hū cí
见③乎外，功业见乎变，圣人之情见乎辞。

tiān dì zhī dà dé yuē shēng shèng rén zhī dà bǎo yuē wèi hé yǐ shǒu wèi yuē
天地之大德曰生，圣人之大宝曰位。何以守位？曰
rén hé yǐ jù rén yuē cái lǐ cái zhèng cí jìn mín wéi fēi yuē yì
仁。何以聚人？曰财。理财正辞禁民为非曰义。

---

① 趣：通“趋”。

② 隤：《说文》：“隤，下队也。”

③ 见：通“现”。

第二章

gǔ zhě páo xī shì zhī wáng tiān xià yě yǎng zé guān xiàng yú tiān fǔ zé
古者包[①]牺氏之王天下也，仰则观象于天，俯则
guān fǎ yú de guān niǎo shòu zhī wén yǔ dì zhī yí jìn qǔ zhū shēn yuǎn qǔ zhū
观法于地，观鸟兽之文，与地之宜。近取诸身，远取诸
wù yú shì shǐ zuò bā guà yǐ tōng shén míng zhī dé yǐ lèi wàn wù zhī qíng zuò
物，于是始作八卦，以通神明之德，以类万物之情。作
jié shéng ér wéi wǎng gǔ yǐ tián yú gài qǔ zhū lí
结绳而为罔[②]罟[③]，以佃[④]以渔，盖取诸离。

páo xī shì mò shén nóng shì zuò zhuó mù wéi sì róu mù wéi lěi
包牺氏没[⑤]，神农氏作，斫[⑥]木为耜[⑦]，揉[⑧]木为耒[⑨]，
lěi nòu zhī lì yǐ jiào tiān xià gài qǔ zhū yì rì zhōng wéi shì zhì tiān xià zhī
耒耨[⑩]之利，以教天下，盖取诸益。日中为市，致天下之
mín jù tiān xià zhī huò jiāo yì ér tuì gè dé qí suǒ gài qǔ zhū shì hé
民，聚天下之货，交易而退，各得其所，盖取诸噬嗑。

shén nóng shì mò huáng dì yáo shùn shì zuò tōng qí biàn shǐ mín bù juàn
神农氏没[⑪]，黄帝、尧、舜氏作，通其变，使民不倦，
shén ér huà zhī shǐ mín yí zhī yì qióng zé biàn biàn zé tōng tōng zé jiǔ shì
神而化之，使民宜之。易穷则变，变则通，通则久。是
yǐ zì tiān yòu zhī jí wú bú lì huáng dì yáo shùn chuí yī cháng ér tiān xià
以自天佑之，吉无不利。黄帝、尧、舜，垂衣裳而天下
zhì gài qǔ zhū qián kūn
治，盖取诸乾坤。

① 包：通“庖”。
② 罔：通“网”。
③ 罟：渔网。《说文》：“罟，网也。”
④ 佃：畋，耕种。《说文》：“畋，平田野。”
⑤ 没：去逝。
⑥ 斫：用刀、斧等砍。《说文》：“斫，击也。”
⑦ 耜：翻土的工具。
⑧ 揉：煣。使木弯曲。
⑨ 耒：古代指耕地用的农具。《说文》：“耒，手耕曲木也。”
⑩ 耨：古代除草的工具。
⑪ 没：通“殁”。

kū mù wéi zhōu yǎn mù wéi jí zhōu jí zhī lì yǐ jì bù tōng zhì yuǎn
刳①木为舟，剡②木为楫，舟楫之利，以济不通，致远
yǐ lì tiān xià gài qǔ zhū huàn fú niú chéng mǎ yǐn zhòng zhì yuǎn yǐ lì tiān
以利天下，盖取诸涣。服牛乘马，引重致远，以利天
xià gài qǔ zhū suí
下，盖取诸随。

zhòng mén jī tuò yǐ dài bào kè gài qǔ zhū yù
重门击柝③，以待暴客，盖取诸豫。

duàn mù wéi chǔ jué dì wèi jiù chǔ jiù zhī lì wàn mín yǐ jì gài qǔ
断木为杵④，掘地为臼，杵臼之利，万民以济，盖取
zhū xiǎo guò
诸小过。

xián mù wéi hú yǎn mù wéi shǐ hú shǐ zhī lì yǐ wēi tiān xià gài qǔ
弦木为弧，剡木为矢，弧矢之利，以威天下，盖取
zhū kuí
诸睽。

shàng gǔ xué jū ér yě chù hòu shì shèng rén yì zhī yǐ gōng shì shàng dòng xià
上古穴居而野处，后世圣人易之以宫室，上栋下
yǔ yǐ dài fēng yǔ gài qǔ zhū dà zhuàng
宇，以待风雨，盖取诸大壮。

gǔ zhī zàng zhě hòu yī zhī yǐ xīn zàng zhī zhōng yě bú fēng bú shù sàng
古之葬者，厚衣之以薪，葬之中野，不封不树，丧
qī wú shù hòu shì shèng rén yì zhī yǐ guān guǒ gài qǔ zhū dà guò
期无数，后世圣人易之以棺椁，盖取诸大过。

shàng gǔ jié shéng ér zhì hòu shì shèng rén yì zhī yǐ shū qì bǎi guān yǐ
上古结绳而治，后世圣人易之以书契，百官以
zhì wàn mín yǐ chá gài qǔ zhū guài
治，万民以察，盖取诸夬。

① 刳：从中间破开再挖空。《说文》："刳，判也。"
② 剡：削，刮。《说文》："剡，锐利也。"
③ 柝：古代打更用的梆子。《说文》："柝，判也。"
④ 杵：舂米或捶衣的木棒。《说文》："杵，舂杵也。"

第三章

是故，《易》者象也。象也者，像也。彖者材[1]也。爻也者，效天下之动也。是故，吉凶生，而悔吝著也。

第四章

阳卦多阴，阴卦多阳，其故何也？阳卦奇，阴卦偶。其德行何也？阳一君而二民，君子之道也。阴二君而一民，小人之道也。

第五章

《易》曰：“憧憧往来，朋从尔思。”

子曰：“天下何思何虑？天下同归而殊途，一致而百虑，天下何思何虑？日往则月来，月往则日来，日月相推而明生焉。寒往则暑来，暑往则寒来，寒暑相推而岁成焉。往者屈也，来者信[2]也，屈信相感而利

① 材：通“裁”。

② 信：通“伸”。

生焉。尺蠖[1]之屈，以求信也；龙蛇之蛰[2]，以存身也。精义入神，以致用也；利用安身，以崇德也。过此以往，未之或知也；穷神知化，德之盛也。”

《易》曰：“困于石，据于蒺藜，入于其宫，不见其妻，凶。”子曰：“非所困而困焉，名必辱。非所据而据焉，身必危。既辱且危，死期将至，妻其可得见邪[3]！”

《易》曰：“公用射隼于高墉之上，获之无不利。”子曰：“隼[4]者，禽也；弓矢者，器也；射之者，人也。君子藏器于身，待时而动，何不利之有？动而不括，是以出而有获，语成器而动者也。”

子曰：“小人不耻不仁，不畏不义，不见利不劝，不威不惩。小惩而大诫，此小人之福也。《易》曰‘屦校灭趾无咎’此之谓也。”善不积不足以成名；恶不积不足以灭身。小人以小善为无益而弗为也，以小恶为无伤而弗去也。故恶积而不可掩，罪大而不可解。《易》曰：‘何[5]校灭耳，凶’。”

子曰：“危者，安其位者也；亡者，保其存者也；乱者，有其治者也。是故，君子安而不忘危，存而不忘亡，治

① 蠖：一种昆虫。
② 蛰：动物冬眠。《说文》：“蛰，藏也。”
③ 邪：通“耶”。
④ 隼：一种可以帮助打猎的鸟。《说文》：“隼，祝鸠也。”
⑤ 何：通“荷”。

而不忘乱，是以身安而国家可保也。《易》曰：‘其亡其亡，系于苞桑。’”

子曰：“德薄而位尊，知[1]小而谋大，力小而任重，鲜不及矣。《易》曰：‘鼎折足，覆公餗[2]，其形渥，凶。’言不胜其任也。”

子曰：“知几其神乎！君子上交不谄，下交不渎，其知几乎？几者，动之微，吉之先见[3]者也。君子见几而作，不俟终日。《易》曰‘介于石，不终日，贞吉。’介如石焉，宁用终日？断可识矣！君子知微知彰，知柔知刚，万夫之望。”

子曰：“颜氏之子，其殆庶几乎？有不善未尝不知，知之，未尝复行也。《易》曰‘不复远，无祇悔，元吉。’”

“天地絪缊[4]，万物化醇。男女构精，万物化生。《易》曰‘三人行，则损一人；一人行，则得其友’，言致一也。”

子曰：“君子安其身而后动，易其心而后语，定其交而后求。君子修此三者，故全也。危以动，则民不与也；惧以语，则民不应也；无交而求，则民不与也。莫之与，则伤之者至矣。《易》曰：‘莫益之，或击之，立心勿

---

① 知：通“智”。

② 餗：美味佳肴。

③ 见：通“现”。

④ 絪缊：通“氤氲”。

héng xiōng
恒，凶。’”

第六章

zǐ yuē qián kūn qí yì zhī mén yé qián yáng wù yě kūn yīn
子曰：“乾坤，其《易》之门耶？”乾，阳物也；坤，阴
wù yě yīn yáng hé dé ér gāng róu yǒu tǐ yǐ tǐ tiān dì zhī zhuàn yǐ tōng
物也。阴阳合德，而刚柔有体。以体天地之撰①，以通
shén míng zhī dé qí chēng míng yě zá ér bú yuè yú jī qí lèi qí shuāi shì
神明之德。其称名也杂而不越。于稽②其类，其衰世
zhī yì yé
之意耶？

fú yì zhāng wǎng ér chá lái ér wēi xiǎn chǎn yōu kāi ér dāng míng biàn
夫《易》，彰往而察来，而微显阐幽，开而当名，辨
wù zhèng yán duàn cí zé bèi yǐ qí chēng míng yě xiǎo qí qǔ lèi yě dà qí
物正言，断辞则备矣。其称名也小，其取类也大。其
zhǐ yuǎn qí cí wén qí yán qǔ ér zhòng qí shì sì ér yǐn yīn èr yǐ jì mín
旨远，其辞文，其言曲而中，其事肆而隐。因贰以济民
háng yǐ míng shī dé zhī bào
行，以明失得之报。

第七章

yì zhī xìng yě qí yú zhōng gǔ hū zuò yì zhě qí yǒu yōu huàn
《易》之兴也，其于中古乎？作《易》者，其有忧患
hū shì gù lǚ dé zhī jī yě qiān dé zhī bǐng yě fù dé zhī běn yě
乎？是故履，德之基也。谦，德之柄也。复，德之本也。
héng dé zhī gù yě sǔn dé zhī xiū yě yì dé zhī yù yě kùn dé zhī
恒，德之固也。损，德之修也。益，德之裕也。困，德之

① 撰：指天地阴阳等自然现象的变化规律。

② 稽：考察。《说文》：“稽，留之也。”

biàn yě jǐng dé zhī dì yě xùn dé zhī zhì yě lǚ hé ér zhì qiān zūn
辨也。井，德之地也。巽德之制也。履，和而至。谦，尊
ér guāng fù xiǎo ér biàn yú wù héng zá ér bù yàn sǔn xiān nán ér hòu yì
而光。复，小而辨于物。恒，杂而不厌。损，先难而后易。
yì cháng yù ér bù shè kùn qióng ér tōng jǐng jū qí suǒ ér qiān xùn chēng ér
益，长裕而不设。困，穷而通。井，居其所而迁。巽，称而
yǐn lǚ yǐ hé xíng qiān yǐ zhì lǐ fù yǐ zì zhī héng yǐ yì dé sǔn yǐ yuǎn
隐。履以和行，谦以制礼，复以自知，恒以一德，损以远
hài yì yǐ xìng lì kùn yǐ guǎ yuàn jǐng yǐ biàn yì xùn yǐ háng quán
害，益以兴利，困以寡怨，井以辨义，巽以行权。

第八章

yì zhī wéi shū yě bù kě yuǎn wéi dào yě lǚ qiān biàn dòng bù jū zhōu
《易》之为书也不可远，为道也屡迁，变动不居，周
liú liù xū shàng xià wú cháng gāng róu xiāng yì bù kě wéi diǎn yào wéi biàn suǒ
流六虚，上下无常，刚柔相易，不可为典要，唯变所
shì qí chū rù yǐ duó wài nèi shǐ zhī jù yòu míng yú yōu huàn yǔ gù wú yǒu
适。其出入以度外内使知惧。又明于忧患与故。无有
shī bǎo rú lín fù mǔ chū shuài qí cí ér kuí qí fāng jì yǒu diǎn cháng gǒu
师保，如临父母，初率①其辞，而揆②其方，既有典常，苟
fēi qí rén dào bù xū háng
非其人，道不虚行。

第九章

yì zhī wéi shū yě yuán shǐ yào zhōng yǐ wéi zhì yě liù yáo xiāng zá
《易》之为书也，原始要终，以为质也。六爻相杂，
wéi qí shí wù yě
唯其时物也。

① 率：按照。
② 揆：《说文》：“揆，度也。”

其初难知，其上易知，本末也。初辞拟之，卒成之终。若夫杂物撰[1]德，辨是与非，则非其中爻不备。

噫！亦要存亡吉凶，则居可知矣。知者观其彖辞，则思过半矣。二与四同功而异位，其善不同。二多誉，四多惧，近也。柔之为道，不利远者。其要无咎。其用柔中也。三与五同功而异位，三多凶，五多功，贵贱之等也。其柔危，其刚胜邪？

第十章

《易》之为书也，广大悉备。有天道焉，有人道焉，有地道焉。兼三才而两之，故六。六者非它也，三才之道也。道有变动，故曰爻。爻有等，故曰物。物相杂，故曰文。文不当，故吉凶生焉。

第十一章

《易》之兴也，其当殷之末世，周之盛德邪[2]？当文

① 撰：具列。
② 邪：通“耶”。

wáng yǔ zhòu zhī shì yé　shì gù qí cí wēi　wēi zhě shǐ píng　yì zhě shǐ qīng　qí
王与纣之事邪？是故其辞危，危者使平，易者使倾。其
dào shèn dà　bǎi wù bú fèi　jù yǐ zhōng shǐ　qí yào wú jiù　cǐ zhī wèi　yì
道甚大，百物不废。惧以终始，其要无咎，此之谓《易》
zhī dào yě
之道也。

第十二章

fú qián　tiān xià zhī zhì jiàn yě　dé xíng héng yì yǐ zhī xiǎn　fú kūn　tiān
夫乾，天下之至健也，德行恒易以知险。夫坤，天
xià zhī zhì shùn　dé xíng héng jiǎn yǐ zhī zǔ　néng yuè　zhū xīn　néng yán zhū hóu zhī
下之至顺，德行恒简以知阻。能说①诸心，能研诸侯之
lǜ　dìng tiān xià zhī jí xiōng　chéng tiān xià zhī wěi wěi　zhě
虑，定天下之吉凶，成天下之亹亹②者。

shì gù　biàn huà yún wéi　jí shì yǒu xiáng　xiàng shì zhī qì　zhàn shì zhī lái
是故，变化云为，吉事有祥，象事知器，占事知来。
tiān dì shè wèi　shèng rén chéng néng　rén móu guǐ móu　bǎi xìng yǔ néng　bā guà yǐ
天地设位，圣人成能。人谋鬼谋，百姓与能。八卦以
xiàng gào　yáo xiàng yǐ qíng yán　gāng róu zá jū　ér jí xiōng kě xiàn yǐ　biàn dòng
象告，爻象以情言，刚柔杂居，而吉凶可见矣！变动
yǐ lì yán　jí xiōng yǐ qíng qiān　shì gù　ài è xiāng gōng ér jí xiōng shēng　yuǎn
以利言，吉凶以情迁。是故，爱恶相攻而吉凶生，远
jìn xiāng qǔ ér huǐ lìn shēng　qíng wěi xiāng gǎn ér lì hài shēng　fán　yì　zhī qíng
近相取而悔吝生，情伪相感而利害生。凡《易》之情，
jìn ér bù xiāng dé zé xiōng　huò hài zhī　huǐ qiě lìn
近而不相得则凶，或害之，悔且吝。

jiāng pàn zhě　qí cí cán　zhōng xīn yí zhě qí cí zhī　jí rén zhī cí guǎ
将叛者，其辞惭，中心疑者其辞枝，吉人之辞寡，
zào rén zhī cí duō　wū shàn zhī rén qí cí yóu　shī qí shǒu zhě qí cí qū
躁人之辞多，诬善之人其辞游，失其守者其辞屈。

① 说：通“悦”。

② 亹亹：本义缓慢流动，无止无休的意思，可以用来形容孜孜不倦。

说卦传

第一章

xī zhě shèng rén zhī zuò yì yě yōu zàn shén míng ér shēng shī sān tiān liǎng
昔者圣人之作易也，幽赞神明而生蓍，参天两
dì ér yǐ shù guān biàn yú yīn yáng ér lì guà fā huī yú gāng róu ér shēng yáo
地而倚数，观变于阴阳而立卦，发挥于刚柔而生爻，
hé shùn yú dào dé ér lǐ yú yì qióng lǐ jìn xìng yǐ zhì yú mìng
和顺于道德而理于义，穷理尽性以至于命。

第二章

xī zhě shèng rén zhī zuò yì yě jiāng yǐ shùn xìng mìng zhī lǐ shì yǐ lì tiān
昔者圣人之作易也，将以顺性命之理。是以立天
zhī dào yuē yīn yǔ yáng lì dì zhī dào yuē róu yǔ gāng lì rén zhī dào yuē rén yǔ
之道曰阴与阳；立地之道曰柔与刚；立人之道曰仁与
yì jiān sān cái ér liǎng zhī gù yì liù huà ér chéng guà fēn yīn fēn yáng dié yòng
义。兼三才而两之，故易六画而成卦；分阴分阳，迭用
gāng róu gù yì liù wèi ér chéng zhāng
刚柔，故易六位而成章。

第三章

tiān dì dìng wèi shān zé tōng qì léi fēng xiāng báo shuǐ huǒ bú xiāng yì bā guà xiāng cuò shù wǎng zhě shùn zhī lái zhě nì suǒ yǐ yì nì shù yě

天地定位，山泽通气，雷风相薄，水火不相射[1]，八卦相错。数往者顺，知来者逆，所以《易》逆数也。

第四章

léi yǐ dòng zhī fēng yǐ sàn zhī yǔ yǐ rùn zhī rì yǐ xuān zhī gèn yǐ zhǐ zhī duì yǐ yuè zhī qián yǐ jūn zhī kūn yǐ cáng zhī

雷以动之，风以散之，雨以润之，日以烜之；艮以止之，兑以说[2]之，乾以君之，坤以藏之。

第五章

dì chū hū zhèn qí hū xùn xiāng jiàn hū lí zhì yì hū kūn yuè yán hū duì zhàn hū qián láo hū kǎn chéng yán hū gèn

帝出乎震，齐乎巽，相见乎离，致役乎坤，说[3]言乎兑，战乎乾，劳乎坎，成言乎艮。

wàn wù chū hū zhèn zhèn dōng fāng yě qí hū xùn xùn dōng nán yě qí yě zhě yán wàn wù jié qí yě lí yě zhě míng yě wàn wù jiē xiāng jiàn nán fāng zhī guà yě shèng rén nán miàn ér tīng tiān xià xiàng míng ér zhì gài qǔ zhū cǐ yě

万物出乎震，震，东方也。齐乎巽，巽东南也，齐也者，言万物絜[4]齐也。离也者，明也，万物皆相见，南方之卦也。圣人南面而听天下，向明而治，盖取诸此也。

kūn yě zhě dì yě wàn wù jiē zhì yǎng yān gù yuē zhì yì hū kūn duì

坤也者，地也，万物皆致养焉，故曰致役乎坤。兑，

① 射：厌恶。
② 说：通“悦”。
③ 说：通“悦”。
④ 絜：通“洁”。

zhèng qiū yě wàn wù zhī suǒ yuè gù yuē yuè yán hū duì zhàn hū qián qián xī
正秋也，万物之所说，故曰说，言乎兑。战乎乾，乾，西
běi zhī guà yě yán yīn yáng xiāng bó yě kǎn zhě shuǐ yě zhèng běi fāng zhī guà
北之卦也，言阴阳相薄也。坎者，水也，正北方之卦
yě láo guà yě wàn wù zhī suǒ guī yě gù yuē láo hū kǎn gèn dōng běi zhī guà
也，劳卦也，万物之所归也，故曰劳乎坎。艮，东北之卦
yě wàn wù zhī suǒ chéng zhōng ér suǒ chéng shǐ yě gù yuē chéng yán hū gèn
也，万物之所成终而所成始也，故曰成言乎艮。

第六章

shén yě zhě miào wàn wù ér wéi yán zhě yě dòng wàn wù zhě mò jí hū léi
神也者，妙万物而为言者也。动万物者莫疾乎雷，
ráo wàn wù zhě mò jí hū fēng zào wàn wù zhě mò hàn hū huǒ yuè wàn wù zhě
桡万物者，莫疾乎风，燥万物者莫熯①乎火，说②万物者，
mò yuè hū zé rùn wàn wù zhě mò rùn hū shuǐ zhōng wàn wù shǐ wàn wù zhě mò
莫说乎泽，润万物者，莫润乎水，终万物始万物者，莫
shèng hū gèn gù shuǐ huǒ xiāng dǎi léi fēng bú xiàng bèi shān zé tōng qì rán hòu
盛乎艮。故水火相逮，雷风不相悖，山泽通气，然后
néng biàn huà jì chéng wàn wù yě
能变化，既成万物也。

第七章

qián jiàn yě kūn shùn yě zhèn dòng yě xùn rù yě kǎn xiàn yě
乾，健也；坤，顺也；震，动也；巽，入也；坎，陷也；
lí lì yě gèn zhǐ yě duì yuè yě
离，丽也；艮，止也；兑，说③也。

---

① 熯：干燥。《说文》："熯，干貌。"
② 说：通"悦"。
③ 说：通"悦"。

第八章

qián wéi mǎ　kūn wéi niú　zhèn wéi lóng　xùn wéi jī　kǎn wéi shǐ　lí wéi
乾为马，坤为牛，震为龙，巽为鸡，坎为豕，离为
zhì　gèn wéi gǒu　duì wèi yáng
雉①，艮为狗，兑为羊。

第九章

qián wéi shǒu　kūn wéi fù　zhèn wéi zú　xùn wéi gǔ　kǎn wéi ěr　lí wéi mù
乾为首，坤为腹，震为足，巽为股，坎为耳，离为目，
gèn wéi shǒu　duì wéi kǒu
艮为手，兑为口。

第十章

qián　tiān yě　gù chēng fù　kūn　dì yě　gù chēng mǔ　zhèn　yī suǒ ér
乾，天也，故称父；坤，地也，故称母；震，一索而
dé nán　gù wèi zhī cháng nán　xùn　yī suǒ ér dé nǚ　gù wèi zhī zhǎng nǚ　kǎn
得男，故谓之长男；巽，一索而得女，故谓之长女；坎，
zài suǒ ér dé nán　gù wèi zhī zhōng nán　lí　zài suǒ ér dé nǚ　gù wèi zhī zhōng
再索而得男，故谓之中男；离，再索而得女，故谓之中
nǚ　gèn　sān suǒ ér dé nán　gù wèi zhī shào nán　duì　sān suǒ ér dé nǚ　gù
女；艮，三索而得男，故谓之少男；兑，三索而得女，故
wèi zhī shào nǚ
谓之少女。

① 雉：野鸡。

第十一章

乾为天、为圆、为君、为父、为玉、为金、为寒、为冰、为大赤、为良马、为瘠马、为驳马、为木果。

坤为地、为母、为布、为釜、为吝啬、为均、为子母牛、为大舆、为文、为众、为柄、其于地也为黑。

震为雷、为龙、为玄黄、为敷、为大涂、为长子、为决躁、为苍莨①竹、为萑苇②。其于马也，为善鸣、为馵足，为作足，为的颡。其于稼也，为反生。其究为健，为蕃鲜。

巽为木、为风、为长女、为绳直、为工、为白、为长、为高、为进退、为不果、为臭。其于人也，为寡发、为广颡、为多白眼、为近利市三倍。其究为躁卦。

坎为水、为沟渎、为隐伏、为矫輮、为弓轮。其于人也，为加忧、为心病、为耳痛、为血卦、为赤。其于马也，为美脊、为亟心、为下首、为薄蹄、为曳。其于舆也为眚。为通、为月、为盗。其于木也，为坚多心。

离为火、为日、为电、为中女、为甲胄③、为戈兵。其

① 莨：《说文》："莨，艸也。"
② 苇：竹的一种。
③ 胄：头盔。

yú rén yě　wéi dà fù　wéi qián guà　wéi biē　wéi xiè　wéi luó　wéi bàng　wéi
于人也，为大腹，为乾卦。为鳖、为蟹、为蠃[①]、为蚌、为
guī　qí yú mù yě　wéi kē shàng gǎo
龟。其于木也，为科上槁。

gèn wéi shān　wéi jìng lù　wéi xiǎo shí　wéi mén què　wéi guǒ luǒ　wéi
艮为山、为径路、为小石、为门阙[②]、为果蓏[③]、为
hūn sì　wéi zhǐ　wéi gǒu　wéi shǔ　wéi qián huì zhī shǔ　qí yú mù yě　wéi jiān
阍[④]寺、为指、为狗、为鼠、为黔喙之属。其于木也，为坚
duō jié
多节。

duì wéi zé　wéi shào nǚ　wéi wū　wéi kǒu shé　wéi huǐ zhé　wéi fù jué
兑为泽、为少女、为巫、为口舌、为毁折、为附决。
qí yú dì yě　gāng lǔ　wéi qiè　wéi yáng
其于地也，刚卤。为妾、为羊。

---

① 蠃：通“螺”。
② 阙：《说文》：“阙，门观也。”
③ 蓏：《说文》：“蓏，在木曰果，在地曰蓏。”
④ 阍：守门人。《说文》：“阍，常以昏闭门隶也。”

序卦传

yǒu tiān dì rán hòu wàn wù shēng yān yíng tiān dì zhī jiān zhě wéi wàn wù
有天地，然后万物生焉。盈天地之间者，唯万物，
gù shòu zhī yǐ zhūn
故受之以《屯》。

zhūn zhě yíng yě zhūn zhě wù zhī shǐ shēng yě wù shēng bì méng gù shòu zhī
屯者，盈也，屯者物之始生也。物生必蒙，故受之
yǐ méng
以《蒙》。

méng zhě méng yě wù zhī zhì wù zhì bù kě bù yǎng yě gù shòu zhī
蒙者，蒙也，物之穉①也。物穉不可不养也，故受之
yǐ xū
以《需》

xū zhě yǐn shí zhī dào yě yǐn shí bì yǒu sòng gù shòu zhī yǐ sòng
需者，饮食之道也。饮食必有讼，故受之以《讼》。

sòng bì yǒu zhòng qǐ gù shòu zhī yǐ shī
讼必有众起，故受之以《师》。

shī zhě zhòng yě zhòng bì yǒu suǒ bì gù shòu zhī yǐ bì
师者，众也。众必有所比，故受之以《比》。

bì zhě bì yě bì bì suǒ chù yě gù shòu zhī yǐ xiǎo xù
比者，比也。比必所畜也，故受之以《小畜》。

wù xù rán hòu yǒu lǐ gù shòu zhī yǐ lǚ
物畜然后有礼，故受之以《履》。

lǚ ér tài rán hòu ān gù shòu zhī yǐ tài
履而泰，然后安，故受之以《泰》。

tài zhě tōng yě wù bù kě yǐ zhōng tōng gù shòu zhī yǐ pǐ
泰者，通也。物不可以终通，故受之以《否》。

wù bù kě yǐ zhōng pǐ gù shòu zhī yǐ tóng rén
物不可以终否，故受之以《同人》。

---

① 穉：通“稚”，幼小。

yǔ rén tóng zhě wù bì guī yān gù shòu zhī yǐ dà yǒu
与人同者，物必归焉，故受之以《大有》。

yǒu dà zhě bù kě yǐ yíng gù shòu zhī yǐ qiān
有大者，不可以盈，故受之以《谦》。

yǒu dà ér néng qiān bì yù gù shòu zhī yǐ yù
有大而能谦必豫，故受之以《豫》。

yù bì yǒu suí gù shòu zhī yǐ suí
豫必有随，故受之以《随》。

yǐ xǐ suí rén zhě bì yǒu shì gù shòu zhī yǐ gǔ
以喜随人者必有事，故受之以《蛊》。

gǔ zhě shì yě yǒu shì ér hòu kě dà gù shòu zhī yǐ lín lín zhě dà yě wù dà rán hòu kě guān gù shòu zhī yǐ guàn
蛊者，事也。有事而后可大，故受之以《临》。临者，大也。物大然后可观，故受之以《观》。

kě guān ér hòu yǒu suǒ hé gù shòu zhī yǐ shì hé
可观而后有所合，故受之以《噬嗑》。

hé zhě hé yě wù bù kě yǐ gǒu hé ér yǐ gù shòu zhī yǐ bì
嗑者，合也。物不可以苟合而已，故受之以《贲》。

bì zhě shì yě zhì shì rán hòu hēng zé jìn yǐ gù shòu zhī yǐ bāo
贲者，饰也。致饰然后亨则尽矣，故受之以《剥》。

bāo zhě bō yě wù bù kě yǐ zhōng jìn bō qióng shàng fǎn xià gù shòu zhī yǐ fù
剥者剥也。物不可以终尽，剥穷上反下，故受之以《复》。

fù zé bù wàng yǐ gù shòu zhī yǐ wú wàng
复则不妄矣，故受之以《无妄》。

yǒu wú wàng rán hòu kě xù gù shòu zhī yǐ dà xù
有无妄然后可畜，故受之以《大畜》。

wù xù rán hòu kě yǎng gù shòu zhī yǐ yí
物畜然后可养，故受之以《颐》。

yí zhě yǎng yě bù yǎng zé bù kě dòng gù shòu zhī yǐ dà guò
颐者，养也，不养则不可动，故受之以《大过》。

wù bù kě yǐ zhōng guò gù shòu zhī yǐ kǎn
物不可以终过，故受之以《坎》。

kǎn zhě xiàn yě xiàn bì yǒu suǒ lì gù shòu zhī yǐ lí
坎者，陷也。陷必有所丽，故受之以《离》。

lí zhě lì yě
离者，丽也。

yǒu tiān dì rán hòu yǒu wàn wù yǒu wàn wù rán hòu yǒu nán nǚ yǒu nán
有天地，然后有万物；有万物，然后有男女；有男

nǚ rán hòu yǒu fū fù yǒu fū fù rán hòu yǒu fù zǐ yǒu fù zǐ rán hòu yǒu
女，然后有夫妇；有夫妇，然后有父子；有父子然后有
jūn chén yǒu jūn chén rán hòu yǒu shàng xià yǒu shàng xià rán hòu lǐ yí yǒu suǒ
君臣；有君臣，然后有上下；有上下，然后礼仪有所
cuò fū fù zhī dào bù kě yǐ bù jiǔ yě gù shòu zhī yǐ héng
错[①]。夫妇之道，不可以不久也，故受之以《恒》；

héng zhě jiǔ yě wù bù kě yǐ jiǔ jū qí suǒ gù shòu zhī yǐ dùn
恒者，久也。物不可以久居其所，故受之以《遯》。

dùn zhě tuì yě wù bù kě yǐ zhōng dùn gù shòu zhī yǐ dà zhuàng
遯者，退也。物不可以终遯，故受之以《大壮》。

wù bù kě yǐ zhōng zhuàng gù shòu zhī yǐ jìn
物不可以终壮，故受之以《晋》。

jìn zhě jìn yě jìn bì yǒu suǒ shāng gù shòu zhī yǐ míng yí
晋者，进也。进必有所伤，故受之以《明夷》。

yí zhě shāng yě shāng yú wài zhě bì fǎn qí jiā gù shòu zhī yǐ jiā
夷者，伤也。伤于外者必反[②]其家，故受之以《家
rén
人》。

jiā dào qióng bì guāi gù shòu zhī yǐ kuí
家道穷必乖，故受之以《睽》。

kuí zhě guāi yě guāi bì yǒu nàn gù shòu zhī yǐ jiǎn
睽者，乖也。乖必有难，故受之以《蹇》。

jiǎn zhě nán yě wù bù kě zhōng nán gù shòu zhī yǐ xiè
蹇者，难也。物不可终难，故受之以《解》。

xiè zhě huǎn yě huǎn bì yǒu suǒ shī gù shòu zhī yǐ sǔn
解者，缓也。缓必有所失，故受之以《损》。

sǔn ér bù yǐ bì yì gù shòu zhī yǐ yì
损而不已，必益，故受之以《益》。

yì ér bù yǐ bì jué gù shòu zhī yǐ guài
益而不已必决，故受之以《夬》。

guài zhě jué yě jué bì yǒu suǒ yù gù shòu zhī yǐ gòu
夬者，决也。决必有所遇，故受之以《姤》。

gòu zhě yù yě wù xiāng yù ér hòu jù gù shòu zhī yǐ cuì
姤者，遇也。物相遇而后聚，故受之以《萃》。

cuì zhě jù yě jù ér shàng zhě wèi zhī shēng gù shòu zhī yǐ shēng
萃者，聚也。聚而上者谓之升，故受之以《升》。

shēng ér bù yǐ bì kùn gù shòu zhī yǐ kùn
升而不已必困，故受之以《困》。

---

① 错：通“措”。
② 反：通“返”。

kùn hū shàng zhě bì fǎn xià gù shòu zhī yǐ jǐng
困乎上者必反下，故受之以《井》。

jǐng dào bù kě bù gé gù shòu zhī yǐ gé
井道不可不革，故受之以《革》。

gé wù zhě mò ruò dǐng gù shòu zhī yǐ dǐng zhǔ qì zhě mò ruò zhǎng zǐ gù shòu zhī yǐ zhèn
革物者莫若鼎，故受之以《鼎》。主器者莫若长子，故受之以《震》。

zhèn zhě dòng yě wù bù kě yǐ zhōng dòng zhǐ zhī gù shòu zhī yǐ gèn
震者，动也。物不可以终动，止之，故受之以《艮》。

gèn zhě zhǐ yě wù bù kě yǐ zhōng zhǐ gù shòu zhī yǐ jiàn
艮者，止也。物不可以终止，故受之以《渐》。

jiàn zhě jìn yě jìn bì yǒu suǒ guī gù shòu zhī yǐ guī mèi
渐者，进也。进必有所归，故受之以《归妹》。

dé qí suǒ guī zhě bì dà gù shòu zhī yǐ fēng
得其所归者，必大，故受之以《丰》。

fēng zhě dà yě qióng dà zhě bì shī qí jū gù shòu zhī yǐ lǚ
丰者，大也。穷大者必失其居，故受之以《旅》。

lǚ ér wú suǒ róng gù shòu zhī yǐ xùn
旅而无所容，故受之以《巽》。

xùn zhě rù yě rù ér hòu yuè zhī gù shòu zhī yǐ duì
巽者，入也。入而后说[1]之，故受之以《兑》。

duì zhě yuè yě yuè ér hòu sàn zhī gù shòu zhī yǐ huàn
兑者，说也。说而后散之，故受之以《涣》。

huàn zhě lí yě wù bù kě yǐ zhōng lí gù shòu zhī yǐ jié
涣者，离也。物不可以终离，故受之以《节》。

jié ér xìn zhī gù shòu zhī yǐ zhōng fú
节而信之，故受之以《中孚》。

yǒu qí xìn zhě bì xíng zhī gù shòu zhī yǐ xiǎo guò
有其信者必行之，故受之以《小过》。

yǒu guò wù zhě bì jì gù shòu zhī jì jì
有过物者必济，故受之《既济》。

wù bù kě qióng yě gù shòu zhī yǐ wèi jì zhōng yān
物不可穷也，故受之以《未济》终焉。

---

① 说：通“悦”。

杂卦传

qián gāng kūn róu bǐ lè shī yōu lín guàn zhī yì huò
《乾》刚《坤》柔，《比》乐《师》忧。《临》《观》之义，或
yǔ huò qiú zhūn xiàn ér bù shī qí jū méng zá ér zhù zhèn qǐ yě
与或求。《屯》见而不失其居，《蒙》杂而著。《震》，起也。
gèn zhǐ yě sǔn yì shèng shuāi zhī shǐ yě dà xù shí yě wú wàng
《艮》，止也。《损》《益》盛衰之始也。《大畜》，时也。《无妄》，
zāi yě cuì jù ér shēng bù lái yě qiān qīng ér yù dài yě shì hé
灾也。《萃》聚而《升》不来也。《谦》轻而《豫》怠也。《噬嗑》，
shí yě bì wú sè yě duì xiàn ér xùn fú yě suí wú gù yě
食也，《贲》，无色也。《兑》见而《巽》伏也。《随》，无故也，
gǔ zé chì yě bāo làn yě fù fǎn yě jìn zhòu yě míng
《蛊》，则饬也。《剥》，烂也，《复》，反也。《晋》，昼也。《明
yí zhū yě jǐng tōng ér kùn xiāng yù yě xián sù yě héng jiǔ
夷》，诛也。《井》通而《困》相遇也。《咸》，速也。《恒》，久
yě huàn lí yě jié zhǐ yě xiè huǎn yě jiǎn nán yě kuí
也。《涣》，离也。《节》，止也。《解》，缓也。《蹇》，难也。《睽》，
wài yě jiā rén nèi yě pǐ tài fǎn qí lèi yě dà zhuàng zé zhǐ
外也，《家人》，内也。《否》、《泰》反其类也。《大壮》则止，
dùn zé tuì yě dà yǒu zhòng yě tóng rén qīn yě gé qù gù yě
《遁》则退也。《大有》，众也。《同人》，亲也。《革》去故也，
dǐng qǔ xīn yě xiǎo guò guò yě zhōng fú xìn yě fēng duō gù yě
《鼎》取新也。《小过》，过也。《中孚》，信也。《丰》多故也，
qīn guǎ lǚ yě lí shàng ér kǎn xià yě xiǎo xù guǎ yě lǚ
亲寡《旅》也。《离》上而《坎》下也。《小畜》，寡也，《履》，
bú chù yě xū bú jìn yě sòng bú qīn yě dà guò diān yě gòu
不处也。《需》，不进也，《讼》，不亲也。《大过》，颠也。《姤》，
yù yě róu yù gāng yě jiàn nǚ guī dài nán háng yě yí yǎng zhèng yě
遇也，柔遇刚也。《渐》，女归待男行也。《颐》，养正也。

jì jì dìng yě guī mèi nǚ zhī zhōng yě wèi jì nán zhī qióng yě
《既济》，定也。《归妹》，女之终也。《未济》，男之穷也。

guài jué yě gāng jué róu yě jūn zǐ dào zhǎng xiǎo rén dào yōu yě
《夬》，决也，刚决柔也，君子道长，小人道忧也。